中国式现代化研究丛书
张东刚 刘 伟 总主编

GZC 高校主题出版
2022 GAOXIAO ZHUTI CHUBAN

新征程中的政府治理现代化

杨开峰 等◎著

中国人民大学出版社
·北京·

中国式现代化：强国建设、民族复兴的必由之路

历史总是在时代浪潮的涌动中不断前行。只有与历史同步伐、与时代共命运，敢于承担历史责任、勇于承担历史使命，才能赢得光明的未来。2022年10月，习近平总书记在党的二十大报告中庄严宣示："从现在起，中国共产党的中心任务就是团结带领全国各族人民全面建成社会主义现代化强国、实现第二个百年奋斗目标，以中国式现代化全面推进中华民族伟大复兴。"2023年2月，习近平总书记在学习贯彻党的二十大精神研讨班开班式上发表重要讲话进一步强调："概括提出并深入阐述中国式现代化理论，是党的二十大的一个重大理论创新，是科学社会主义的最新重大成果。中国式现代化是我们党领导全国各族人民在长期探索和实践中历经千辛万苦、付出巨大代价取得的重大成果，我们必须倍加珍惜、始终坚持、不断拓展和深化。"习近平总书记围绕以中国式现代化推进中华民族伟大复兴发表的一系列重要讲话，深刻阐述了中国式现代化的一系列重大理论和实践问题，是对中国式现代化理论的极大丰富和发展，具有很强的政治性、理论性、针对性、指导性，对于我们正确理解中国式现代化，全面学习、全面把握、全面落实党的二十大精神，具有十分重要的意义。

现代化是人类社会发展到一定历史阶段的必然产物，是社会基本矛盾运动的必然结果，是人类文明发展进步的显著标志，也是世界各国人民的共同追求。实现现代化是鸦片战争以来中国人民孜孜以求的目标，也是中国社会发展的客观要求。从1840年到1921年的80余年间，无数仁人志士曾为此进行过艰苦卓绝的探索，甚至付出了血的代价，但均未成功。直到中国共产党成立后，中国的现代化才有了先进的领导力量，才找到了正确的前进方向。百余年来，中国共产党团结带领人民进行的一切奋斗都是围绕着实现中华民族伟大复兴这一主题展开的，中国式现代化是党团结带领全国人民实现中华民族伟大复兴的实践形态和基本路径。中国共产党百年奋斗的历史，与实现中华民族伟大复兴的奋斗史是内在统一的，内蕴着中国式现代化的历史逻辑、理论逻辑和实践逻辑。

一个时代有一个时代的主题，一代人有一代人的使命。马克思深刻指出："人们自己创造自己的历史，但是他们并不是随心所欲地创造，并不是在他们自己选定的条件下创造，而是在直接碰到的、既定的、从过去承继下来的条件下创造。"中国式现代化是中国共产党团结带领中国人民一代接着一代长期接续奋斗的结果。在新民主主义革命时期，党团结带领人民浴血奋战、百折不挠，经过北伐战争、土地革命战争、抗日战争、解放战争，推翻帝国主义、封建主义、官僚资本主义三座大山，建立了人民当家作主的新型政治制度，实现了民族独立、人民解放，提出了推进中国式现代化的一系列创造性设想，为实现现代化创造了根本社会条件。在社会主义革命和建设时期，党团结带领人民自力更生、发愤图强，进行社会主义革命，推进社会主义建设，确立社会主义基本制度，完成了中华民族有史以来最广泛而深刻的社会变革，提出并积极推进"四个现代化"的战略目标，建立起独立的比较完整的工业体系和国民经济体系，在实现什么样的现代化、怎样实现现代化的重大问题上作出了宝贵探索，积累了宝贵经验，为现代化建设奠定了根本政治前提和宝贵经验、理论准备、物质基础。在改革开放和社会主义建设新时期，党团结带领人民解放思想、锐意进取，实现了新中国成立以来党的历史上具有深远意义的伟大转折，确立党在社会主义初级阶段的基本路线，坚定不移推进改革开放，开创、坚持、捍卫、发展中国特色社会主义，在深刻总结我国社会主义现代化建设正反两方面经验基础上提出了“中国式现代化”的命题，提出了“建设富强、民主、文明的社会主义现代化国家”的目标，制定了到21世纪中叶分三步走、基本实现社会主义现代化的发展战略，让中国大踏步赶上时代，为中国式现代化提供了充满新的活力的体制保证和快速发展的物质条件。进入中国特色社会主义新时代，以习近平同志为核心的党中央团结带领人民自信自强、守正创新，成功推进和拓展了中国式现代化。我们党在认识上不断深化，创立了习近平新时代中国特色社会主义思想，实现了马克思主义中国化时代化新的飞跃，为中国式现代化提供了根本遵循。明确指出中国式现代化是人口规模巨大的现代化、是全体人民共同富裕的现代化、是物质文明和精神文明相协调的现代化、是人与自然和谐共生的现代化、是走和平发展道路的现代化，揭示了中国式现代化的中国特色和科学内涵。在实践基础上形成的中国式现代化，其本质要求是，坚持中国共产党领导，坚持中国特色社会主义，实现高质量发展，发展全过程人民民主，丰富人民精神世界，实现全体人民共同富裕，促进人与自然和谐共生，推动构建人类命运共同体，创造人类文明新形态。习近平总书记强调，在前进道路上，坚持和加强党的全面领导，坚持中国特色社会主义道路，坚持以人民为中心的发展思想，坚持深化改革开放，坚持发扬斗争精神，是全面建设社会主义现代化国家必须牢牢把握的重大原则。中国式现代化理论体系的初步构建，使中国式现代化理论与实践更加清晰、更加科学、更加可感可行。我们党在战略上不断完善，深入实施科教兴国战略、人才强国战略、乡村振兴战略等一系列重大战略，为中国式现代化提供坚实战略支撑。我们党在实践上不断丰富，推进一系列变革性实践、实现一系列突破性进展、取得一系列标志性成果，推动党和国家事业取得历史性成就、发生历史性变革，特别是消除了绝对贫困问题，全面建成小康社会，为中国式现代化提供了更为完善的制度保证、更为坚实的物质基础、更为主动的精神力量。

思想是行动的先导，理论是实践的指南。毛泽东同志深刻指出："自从中国人学会了马克思列宁主义以后，中国人在精神上就由被动转入主动。"中国共产党是为中国人民谋幸福、为中华民族谋复兴的使命型政党，也是由科学社会主义理论武装起来的学习型政党。中国共产党的百年奋斗史，也是马克思主义中国化时代化的历史。正如习近平总书记所指出的："中国共产党为什么能，中国特色社会主义为什么好，归根到底是马克思主义行，是中国化时代化的马克思主义行。"一百多年来，党团结带领人民在中国式现代化道路上推进中华民族伟大复兴，始终以马克思主义为指导，不断实现马克思主义基本原理同中国具体实际和中华优秀传统文化相结合，不断将马克思关于现代社会转型的伟大构想在中国具体化，不断彰显马克思主义现代性思想的时代精神和中华民族的文化性格。可以说，中国式现代化是科学社会主义先进本质与中华优秀传统文化的辩证统一，是根植于中国大地、反映中国人民意愿、适应中国和时代发展进步要求的现代化。中国式现代化理论是中国共产党团结带领人民在百年奋斗历程中的思想理论结晶，揭示了对时代发展规律的真理性认识，涵盖全面建设社会主义现代化强国的指导思想、目标任务、重大原则、领导力量、依靠力量、制度保障、发展道路、发展动力、发展战略、发展步骤、发展方式、发展路径、发展环境、发展机遇以及方法论原则等十分丰富的内容，其中习近平总书记关于中国式现代化的重要论述全面系统地回答了中国式现代化的指导思想、目标任务、基本特征、本质要求、重大原则、发展方向等一系列重大问题，是新时代推进中国式现代化的理论指导和行动指南。

大道之行，壮阔无垠。一百多年来，党团结带领人民百折不挠，砥砺前行，以中国式现代化全面推进中华民族伟大复兴，用几十年时间走过了西方发达国家几百年走过的现代化历程，在经济实力、国防实力、综合国力和国际竞争力等方面均取得巨大成就，国内生产总值稳居世界第二，中华民族伟大复兴展现出灿烂的前景。习近平总书记在庆祝中国共产党成立100周年大会上的讲话中指出："我们坚持和发展中国特色社会主义，推动物质文明、政治文明、精神文明、社会文明、生态文明协调发展，创造了中国式现代化新道路，创造了人类文明新形态。"我们党科学擘画了中国式现代化的蓝图，指明了中国式现代化的性质和方向。党团结带领人民开创和拓展中国式现代化的百年奋斗史，就是全面推进中华民族伟大复兴的历史，也是创造人类文明新形态的历史。伴随着中国人民迎来从站起来、富起来再到强起来的伟大飞跃，我们党推动社会主义物质文明、政治文明、精神文明、社会文明、生态文明协调发展，努力实现中华文明的现代重塑，为实现全体人民共同富裕奠定了坚实的物质基础。中国式现代化是马克思主义中国化时代化的实践场域，深深植根于不断实现创造性转化和创新性发展的中华优秀传统文化，蕴含着独特的世界观、价值观、历史观、文明观、民主观、生态观等，在文明交流互鉴中不断实现综合创新，代表着人类文明进步的发展方向。

从国家蒙辱到国家富强、从人民蒙难到人民安康、从文明蒙尘到文明复兴，体现了近代以来中华民族历经苦难、走向复兴的历史进程，反映了中国社会和人类社会、中华文明和人类文明发展的内在关联和实践逻辑。中国共产党在不同历史时期推进中国式现代化的实践史，激活了中华文明的内生动力，重塑了中华文明的历史主体性，以面向现代化、面向世界、面向未来的思路建设民族的、科学的、大众的社会主义文化，以开阔的世界眼光促进先进文化向文明的实践转化，勾勒了中国共产党百余年来持续塑造人类文明新形态的历史画卷。人类文明新形态是党团结带领人民独立自主地持续探索具有自身特色的革命、建设和改革发展道路的必然结果，是马克思主义现代性思想和世界历史理论同中国具体实际和中华优秀传统文化相结合的产物，是中国共产党百余年来持续推动中国现代化建设实践的结晶。习近平总书记指出："一个国家走向现代化，既要遵循现代化一般规律，更要符合本国实际，具有本国特色。中国式现代化既有各国现代化的共同特征，更有基于自己国情的鲜明特色。"世界上没有放之四海而皆准的现代化标准，我们党领导人民用几十年时间走完了西方发达国家几百年走过的工业化进程，在实践创造中进行文化创造，在世界文明之林中展现了彰显中华文化底蕴的一种文明新形态。这种文明新形态既不同于崇尚资本至上、见物不见人的资本主义文明形态，也不同于苏联东欧传统社会主义的文明模式，是中国共产党对人类文明发展作出的原创性贡献，体现了现代化的中国特色和世界历史发展的统一。

中国式现代化是一项开创性的系统工程，展现了顶层设计与实践探索、战略与策略、守正与创新、效率与公平、活力与秩序、自立自强与对外开放等一系列重大关系。深刻把握这一系列重大关系，要站在真理和道义的制高点上，回答"中华文明向何处去、人类文明向何处去"的重大问题，回答中国之问、世界之问、人民之问、时代之问，不断深化正确理解和大力推进中国式现代化的学理阐释，建构中国自主的知识体系，不断塑造发展新动能新优势，在理论与实践的良性互动中不断推进人类文明新形态和中国式现代化的实践创造。

胸怀千秋伟业，百年只是序章。习近平总书记强调："一个国家、一个民族要振兴，就必须在历史前进的逻辑中前进、在时代发展的潮流中发展。"道路决定命运，旗帜决定方向。今天，我们比历史上任何时期都更接近中华民族伟大复兴的目标，比历史上任何时期都更有信心、有能力实现这个宏伟目标。然而，我们必须清醒地看到，推进中国式现代化，是一项前无古人的开创性事业，必然会遇到各种可以预料和难以预料的风险挑战、艰难险阻甚至惊涛骇浪。因而，坚持运用中国化时代化马克思主义的思想方法和工作方法，坚持目标导向和问题导向相结合，理顺社会主义现代化发展的历史逻辑、理论逻辑、实践逻辑之间的内在关系，全方位、多角度解读中国式现代化从哪来、怎么走、何处去的问题，具有深远的理论价值和重大的现实意义。

作为中国共产党亲手创办的第一所新型正规大学，始终与党同呼吸、共命运，服务党和国家重大战略需要和决策是中国人民大学义不容辞的责任与义务。基于在人文社会科学领域"独树一帜"的学科优势，我们凝聚了一批高水平哲学社会科学研究团队，以习近平新时代中国特色社会主义思想为指导，以中国式现代化的理论与实践为研究对象，组织策划了这套"中国式现代化研究丛书"。"丛书"旨在通过客观深入的解剖，为构建完善中国式现代化体系添砖加瓦，推动更高起点、更高水平、更高层次的改革开放和现代化体系建设，服务于释放更大规模、更加持久、更为广泛的制度红利，激活经济、社会、政治等各个方面良性发展的内生动力，在高质量发展的基础上，促进全面建成社会主义现代化强国和中华民族伟大复兴目标的实现。“丛书”既从宏观上展现了中国式现代化的历史逻辑、理论逻辑和实践逻辑，也从微观上解析了中国社会发展各领域的现代化问题；既深入研究关系中国式现代化和民族复兴的重大问题，又积极探索关系人类前途命运的重大问题；既继承弘扬改革开放和现代化进程中的基本经验，又准确判断中国式现代化的未来发展趋势；既对具有中国特色的国家治理体系和治理能力现代化进行深入总结，又对中国式现代化的未来方向和实现路径提出可行建议。

展望前路，我们要牢牢把握新时代新征程的使命任务，坚持和加强党的全面领导，坚持中国特色社会主义道路，坚持以人民为中心的发展思想，坚持深化改革开放，坚持发扬斗争精神，自信自强、守正创新，踔厉奋发、勇毅前行，在走出一条建设中国特色、世界一流大学的新路上，秉持回答中国之问、彰显中国之理的学术使命，培养堪当民族复兴重任的时代新人，以伟大的历史主动精神为全面建成社会主义现代化强国、实现中华民族伟大复兴作出新的更大贡献！

序　言

党的十九届五中全会审议通过了《中共中央关于制定国民经济和社会发展第十四个五年规划和二〇三五年远景目标的建议》，为我国全面建设社会主义现代化国家新征程擘画了蓝图。在新征程中，政府治理现代化的着力点是什么？还面临什么样的挑战和任务？这是公共管理研究者和实践者都关心的问题。从大的方向来看，问题的基本答案已经比较清晰了，因为十八大、十九大以来党中央关于深化改革的系列决定，包括十八届三中全会《关于全面深化改革若干重大问题的决定》、十九大报告、十九届三中全会《关于深化党和国家机构改革的决定》、十九届四中全会《关于坚持和完善中国特色社会主义制度、推进国家治理体系和治理能力现代化若干重大问题的决定》等，都对政府治理现代化的相关方面提出了要求，指明了方向。党的二十大进一步明确了新时代新征程中国共产党的中心任务、要把握的重大原则，以及十二个领域的发展任务和发展方略。要全面深入准确地理解这些要求、挑战、任务，还需要对它们背后的历史逻辑、理论逻辑、实践逻辑有清晰的认识。

本书汇报了我们初步的学习体会。政府治理现代化是国家治理体系和治理能力现代化的重要组成部分，同“现代化”一样，政府治理现代化也是一个动态的概念，随着治理环境的变化而变化，同时受到哲学社会科学相关理论的影响，特别是公共管理领域相关理论的影响，因此我们在第一章中简要介绍了五种重要的公共管理理论，并在第二章中分析了新征程中政府治理现代化面临的经济、政治、社会、文化、生态与国际环境。在此基础上，我们把政府治理现代化归纳为九个方面，其中排在第一位的就是有为政府，或者更全面地说，是有为政府、有效市场、有能社会的有机结合，体现为构建边界更清晰的政府，这是改革开放以来我国政府治理现代化的主线，也是未来发展的关键。其他八个方面包括协同政府、法治政府、责任政府、服务政府、透明政府、智能政府、廉洁政府、素质政府。这九个方面相互关联，相互促进，相辅相成，构成了一个系统的整体，体现了不同的现代治理价值，涵盖了政府治理现代化的主要内容。当然，政府治理现代化还有其他方面的内容或者说法，比如回应性政府、参与性政府等等，本书没有单列，一方面是因为篇幅限制，另一方面是因为它们与本书关注的九个方面有诸多重合之处，或者可以体现在九个方面之中。

全书基本上遵循了相同的结构。首先，我们梳理新中国成立以来的建设历程，总结 70 多年来的建设经验。政府治理现代化具有路径依赖性，只有准确了解历史、了解我们从何处来，才能更好理解我们往何处去，这体现了历史逻辑。其次，我们描述政府治理现代化不同方面目前面临的挑战和问题。改革需要奔着问题去，扭住问题改，坚持问题导向，把握住问题的主要矛盾和矛盾的主要方面，这体现了实践逻辑。最后，我们对未来发展提出一些思考和建议。这些思考既是基于十八届三中全会以来的相关文件和精神，也是基于现实的挑战和问题，还结合了相关的理论思考，试图综合反映历史逻辑、实践逻辑和理论逻辑。当然，由于水平有限，时间紧张，疏漏之处在所难免，有些认识不尽全面、不尽准确，有待进一步研究。

本书是一个团队成果。我的博士后和研究生们做了不少基础工作，在不同程度上参与了本书不同章节的讨论和资料整理等相关工作，他们分别是祁志伟（第九章）、佘卓霖（第十一章）、邢小宇（第四章）、杜亚斌（第八章）、王璐璐（第三章）、储梦然（第五章）、郑连虎（第六章）、仇纳青（第十章）、刘杨（第七章）、段诗涵（第一章）、高灿玉（第二章）、文伟铭（第二章）、姬丁颐（第二章），在此向他们表示感谢。同时，也要感谢中国人民大学出版社的支持和帮助。最后需要提到，本书受国家社科基金专项项目“国家治理体系和治理能力现代化指标体系研究”（17VZL003）支持。

目　录

第一章

绪　论

党的十八届三中全会提出："全面深化改革的总目标是完善和发展中国特色社会主义制度，推进国家治理体系和治理能力现代化"①。党的十九届四中全会进一步提出，要"把我国制度优势更好转化为国家治理效能"②。政府治理处于国家治理的核心和主导地位，是国家治理重要的子系统。推进国家治理体系和治理能力现代化，政府治理体系和治理能力现代化是关键，这在中国尤其如此。当前，我国开启全面建设社会主义现代化国家新征程，无论是统筹推进经济建设、政治建设、文化建设、社会建设、生态文明建设"五位一体"的总体布局，还是协调推进全面建设社会主义现代化国家、全面深化改革、全面依法治国、全面从严治党的战略布局，都有赖于政府治理体系和治理能力的现代化。

作为本书的第一章，这里首先试图对政府治理及其现代化做一个界定，并说明它与国家治理及其现代化的区别与联系。其次，在讨论政府治理现代化的时候，经常会使用一些相关的理论和概念，特别是一些公共管理的理论和概念，因此我们在这里对相关的理论做一些简要的介绍。最后，对新征程中我国政府治理现代化的总体要求和目标进行讨论。

---

① 中共中央关于全面深化改革若干重大问题的决定．人民日报，2013-11-16.

② 中共中央关于坚持和完善中国特色社会主义制度 推进国家治理体系和治理能力现代化若干重大问题的决定．人民日报，2019-11-06.

一、什么是政府治理现代化

理解政府治理现代化，需要将其层层剖开，从“治理”、“政府治理”和“现代化”的概念以及内涵入手，抽丝剥茧，逐层深入。

（一）治理

“治理”一词已经成为我国政府文件与学术论文使用的高频词。在党的十九届四中全会通过的《中共中央关于坚持和完善中国特色社会主义制度、推进国家治理体系和治理能力现代化若干重大问题的决定》中，“治理”一词的使用频次占第十位，并被列为六组热词之一[①]。截至2021年8月，在中国知网上以“治理”为关键词进行搜索，发现了超过一百万条结果。“治理”已经成为理解当代中国政治与学术不可或缺的关键词[②]。

“治理”的词义相当模糊。在中国传统语境中，治理可能用来指管理、清理、整治、统治、控制等，例如《孔子家语·贤君》提到“吾欲使官府治理，为之奈何”。今天的日常用语里也还有类似的说法，比如说对网络诈骗现象进行治理。近几十年来，治理的含义发生了变化，不同的意识形态、治理学说对治理的定义和看法有所不同，但是来自西方的理论往往使人们产生一种错觉，即治理是人类处理社会政治事务的趋同模式。比如，20世纪90年代以来新自由主义提出“没有政府的治理”“更少的统治，更多的治理”，强调让更多元的治理主体采用更多样的治理工具来

---

① 词频分析来了！6组热词读懂四中全会重磅文件.（2019-11-05）[2022-03-12]. http://wap.peopleapp.com/article/4770942/4657071.

② 任剑涛.奢侈的话语：“治理”的中国适用性问题.行政论坛，2021，28（2）.

处理公共问题和公共事务[①]，影响就很大。实际上，有的治理理论特别强调市场的作用，推崇基于市场的治理；有的理论特别强调自治的社会网络的角色，推崇规范、互惠和非正式制度的作用；有的理论既强调市场，又强调社会网络，看轻政府的功能，推崇基于市场和网络的治理；有的理论强调政府、市场、社会三者之间的平衡，推崇元治理或者混合治理。

虽然治理的含义存在争议，但是我们可以在争议背后找到一些基本共识，从不同的治理实践中归纳出普遍性特征，找到共性因素。在这个意义上，"治理"不应当被等同于一种具体的治理模式，哪怕是一种理想模式——因为治理作为不同的实践模式已经存在并正在不同国家发挥作用。也就是说，当我们给治理一个定义，需要考虑它是否能容纳不同国家、不同部门、不同层级的多元化的治理实践。这样一个定义必然是把治理看作一个具有普遍性的活动、过程、制度或者它们的综合体。俞可平的治理定义，"在一个既定的范围内运用权威维持秩序，满足公众的需要"[②]，就具有普遍性，没有指涉特定的权威运用模式，也没有特别说明它是一种活动、过程，还是制度。

我们认为，治理往往涉及一个广义上的群体或者组织，比如企业、基金会、政府部门、国家、国际组织等，它指的是组成这个群体或者组织的不同主体，通过特定的制度安排和权责配置，协调相互关系，配置相关资源，实现群体或者组织的良性发展。国家治理就是为了创造公共价值、实现公共利益，组成国家的不同主体通过特定的制度安排和权责配置，协调

① 詹姆斯·N. 罗西瑙. 没有政府的治理. 南昌：江西人民出版社，2001.

② 俞可平. 治理和善治引论. 马克思主义与现实，1999 (5).

政府、市场、社会关系，动员和配置各种资源，实现国家良性发展。从这个意义上看，国家治理就是治国理政。

在本书中，我们特别强调作为制度意义上的治理：治理就是配置主体责权利的制度安排。这样，我们就可以区分不同政治经济制度下的制度安排，比如自由市场经济的治理、社会主义市场经济的治理、协调型市场经济的治理等；也可以区分现实的治理和未来的治理。当然，不同时代有不同的制度安排，进而我们可以区分传统治理与现代治理。就现代治理而言，治理的主体越来越多元化，治理的环境越来越全球化，治理的问题越来越复杂化，治理的技术越来越科学化，治理的过程越来越民主化。这些是“现代治理”的特征，而不是“治理”的特征。格里·斯托克（Gerry Stoker）总结提出治理的五个论点：治理主体是多元的，治理主体间的责任界限存在模糊性，治理主体权力是相互依赖的，治理要建立自主自治的网络，政府的作用范围和手段要重新界定①。这五个论点只是对现代治理的总体趋势的一种总结。

强调制度安排意义上的治理，也是新时代中国特色国家治理理论与实践的一个重要特点。2013 年，习近平在题为《切实把思想统一到党的十八届三中全会精神上来》的讲话中指出，“国家治理体系是在党领导下管理国家的制度体系，包括经济、政治、文化、社会、生态文明和党的建设等各领域体制机制、法律法规安排，也就是一整套紧密相连、相互协调的国家制度”②。制度体系与国家治理之间一体两翼，相互协调、相互支撑、相

---

① Stoker G. Governance as theory: five propositions. International social science journal，1998，50（155）.

② 习近平．习近平谈治国理政：第 1 卷．北京：外文出版社，2018：91.

互促进。党的十九届四中全会《决定》进一步强调了中国特色国家治理的制度密码和十三个显著制度优势，强调坚持和完善中国特色社会主义制度、推进国家治理体系和治理能力现代化的总体目标是，“到我们党成立一百年时，在各方面制度更加成熟更加定型上取得明显成效；到二〇三五年，各方面制度更加完善，基本实现国家治理体系和治理能力现代化；到新中国成立一百年时，全面实现国家治理体系和治理能力现代化，使中国特色社会主义制度更加巩固、优越性充分展现”①。

（二）政府治理

我国学者对政府治理的理解大体有三种。第一种是内部说，认为政府治理是政府内部的治理，即以行政体制改革为中心，包括行政理念转变、政府职能优化、管理方式创新等内容②。第二种是外部说，从政府与市场、社会的互动关系出发，认为政府治理是政府运用治理方式行使公共权力，配置公共资源，解决公共问题，实现治理公共事务的目的。如张成福认为，“政府治理”是政府从社会获取公共权力后，代表社会施政，督促共同体成员服从法律，并要求政府及其工作人员履行社会契约责任，约束政府行为，保证公共意志和公共利益的实现③。第三种是综合说，认为政府治理既包括政府对自身的内部管理，也包括政府对市场的宏观调控以及对社会的管理。如王浦劬认为，在中国共产党治国理政的理论和话语体系里，“政府治理”是指中国共产党领导的国家行政体制和治权体系根

---

① 中共中央关于坚持和完善中国特色社会主义制度 推进国家治理体系和治理能力现代化若干重大问题的决定．人民日报，2019－11－06．

② 俞可平．中国治理变迁30年（1978—2008）．吉林大学社会科学学报，2008（3）．

③ 张成福．责任政府论．中国人民大学学报，2000（2）．

据人民民主专政的国体规定，从党和人民根本利益一致性出发，维护社会安全和秩序、供给制度规则和公共服务，促进公共利益的实现和增量①。

党的十八届三中全会做出《中共中央关于全面深化改革若干重大问题的决定》，两次提到“政府治理”的概念，使之从理论论证层次推进到了制度实践层面。首先，在“加快转变政府职能”的要求中表示，“科学的宏观调控，有效的政府治理，是发挥社会主义市场经济体制优势的内在要求。必须切实转变政府职能，深化行政体制改革，创新行政管理方式，增强政府公信力和执行力，建设法治政府和服务型政府”②。这说明政府治理的重要内容是对经济活动和市场活动的治理。作为市场经济中的“有形之手”，其通过健全宏观调控体系、全面正确履行政府职能、优化政府组织结构等重要手段，使得市场经济健康运行，更好发挥政府作用，进行经济和市场治理活动，推动建设法治政府和服务型政府。此外，在“创新社会治理体制”的要求中提到“实现政府治理和社会自我调节、居民自治良性互动”。党的十九大报告在“打造共建共治共享的社会治理格局”中再次强调“实现政府治理和社会调节、居民自治良性互动”③。这表明政府治理不包含社会调节与居民自治的治理方式。在强调政府治理重要性的同时，需要将政府的主导作用与社会组织的调节补充、居民的自治等多方面力量结合起来，打造共建共治共享的社会治理格局。

---

① 王浦劬．国家治理、政府治理和社会治理的含义及其相互关系．国家行政学院学报，2014(3).

② 中共中央关于全面深化改革若干重大问题的决定．人民日报，2013-11-16.

③ 习近平．决胜全面建成小康社会 夺取新时代中国特色社会主义伟大胜利：在中国共产党第十九次全国代表大会上的报告．北京：人民出版社，2017：49.

党的十九届四中全会审议通过了《中共中央关于坚持和完善中国特色社会主义制度、推进国家治理体系和治理能力现代化若干重大问题的决定》，提出要“坚持和完善中国特色社会主义行政体制，构建职责明确、依法行政的政府治理体系”①。在中国的语境下，行政体系是政府体系的重要组成部分，行政体制改革是政府治理的重要抓手。相关内容主要包括完善国家行政体制、优化政府职责体系、优化政府组织结构、健全充分发挥中央和地方两个积极性体制机制四个方面，旨在通过创新行政方式，提高行政效能，建设职责明确、依法行政、人民满意的政府治理体系。同时，《决定》再次提出要“实现政府治理和社会调节、居民自治良性互动，夯实基层社会治理基础”。

党的十九届五中全会审议通过了《中共中央关于制定国民经济和社会发展第十四个五年规划和二〇三五年远景目标的建议》，提出“加快转变政府职能。建设职责明确、依法行政的政府治理体系。深化简政放权、放管结合、优化服务改革，全面实行政府权责清单制度。持续优化市场化法治化国际化营商环境。实施涉企经营许可事项清单管理，加强事中事后监管，对新产业新业态实行包容审慎监管。健全重大政策事前评估和事后评价制度，畅通参与政策制定的渠道，提高决策科学化、民主化、法治化水平。推进政务服务标准化、规范化、便利化，深化政务公开。深化行业协会、商会和中介机构改革”②。政府治理的内涵进一步延伸，通过进行从理念到体制的深刻变革、厘清政府权责边界、打造国际一流的营商环境、提

---

① 中共中央关于坚持和完善中国特色社会主义制度 推进国家治理体系和治理能力现代化若干重大问题的决定．人民日报，2019－11－06.

② 中共中央关于制定国民经济和社会发展第十四个五年规划和二〇三五年远景目标的建议．(2020-11-03)[2022-02-12]. http://www.gov.cn/zhengce/2011－11/03/content _ 5556991.htm.

升行政决策质量、创新行政管理和服务方式，提升政府服务水平、推动政府职能转变，创建职责明确、依法行政的政府治理体系。《建议》依然强调了政府治理与社会调节和居民自治的互动，提出“实现政府治理同社会调节、居民自治良性互动”。

总的来看，政府治理是指政府行政系统作为治理主体，管理公共事务和提供公共服务。其包含着政府对于自身、对于市场及对于社会实施的公共管理活动。首先是政府内部的自我治理。通过转变政府职能、完善国家行政体制、优化组织结构和创新管理方式建立职责明确的法治政府和服务型政府，确保组织运行的高效性和权力的正当性，应对公共事务和公众需求的变化。其次是政府对市场经济活动的治理。通过健全宏观调控体系、完善监管手段、优化营商环境、提升政务服务水平正确履行政府职能，使得市场经济健康运行，更好发挥政府作用，进行经济和市场治理活动，实现权力运行的合法性和民主正当性。最后是政府和社会公共组织、公民的“协商共治”。以政府为主导，通过建立良好的互动关系，打造社会治理共同体。随着社会与市场的发展变化，政府治理面临的问题愈加复杂，新的公共问题层出不穷，单一的管理主体、管理方式已经不能适应时代的发展，政府治理需要更加高效、合理、多元，这就需要政府不断革新自我，寻求与经济社会发展相适应的市场、社会与政府协同共治的治理机制。三个方面的治理内容是有机统一的整体，通过政府内部体制和运行机制的优化调适，提高政府治理能力，为有效治理社会与市场奠定制度基础；而社会与市场的发展变化，不断考验政府处理公共事务的有效性和正当性，促使其不断革新自我，提升对社会和市场的治理水平。

（三）现代化

准确把握政府治理现代化的含义，需要对“现代化”有一个清晰的认识。一般而言，现代化是指在科学技术革命的冲击下，各个社会业已进行或正在进行的转变过程。胡鞍钢教授从要素角度，提出现代化就是传统要素被现代化要素替代的变革过程，归纳出现代化内涵的五个方面：历史与发展，全社会范围，要素组合，连续与累积，全方位。现代化意味着传统关系、思维方式变化，利用知识、科技、教育、文化等一系列要素实现社会变革。罗纳德指出，现代化的进程与工业社会的进步带来了社会文化的转型，即物质主义的价值观（经济与物质安全第一）向后物质主义的价值观（自我表现与生活质量）转型①。工业革命后，西方国家进入后现代社会，人们更加追求生活质量与幸福感。有学者指出，新的“现代化”除了经济富裕外还包括自由、平等、协作等要素②。根据上述学者对现代化的定义可以看出，现代化渗透在社会生活的方方面面，随着现代化程度的加深，民众对政府提出了更多的要求，不仅仅局限于经济因素，公平、平等等价值观在政府履行职能过程中扮演着越来越重要的角色，这也预示着法治化建设的重要意义。

2019 年 10 月，十九届四中全会强调，“坚持和完善中国特色社会主义制度、推进国家治理体系和治理能力现代化，是全党的一项重大战略任务”③。2020 年 10 月，十九届五中全会再次提出，到 2035 年，“基本实现国家治理体系和治理能力现代化，人民平等参与、平等发展权利得到充分

---

① 罗纳德·英格尔哈特．现代化与后现代化．北京：社会科学文献出版社，2013.

② 唐天伟，曹清华，郑争文．地方政府治理现代化的内涵、特征及其测度指标体系．中国行政管理，2014（10）.

③ 中共中央关于坚持和完善中国特色社会主义制度 推进国家治理体系和治理能力现代化若干重大问题的决定．人民日报，2019－11－06.

保障，基本建成法治国家、法治政府、法治社会”[①]。标示着国家治理体系和治理能力现代化成为“第五个现代化”，法治建设为其保驾护航。

法治化是现代化的内在要求。在法治轨道上推进治理现代化，是创新政府治理的重要基础[②]。“依法治国是推进国家治理现代化的重要内容和主要途径，而推进国家治理体系和治理能力现代化，核心是要推进国家治理法治化。”[③] 法治化既是政府治理现代化的出发点和根本遵循，也是政府治理现代化的主要目标和具体任务。

现代化既是目标又是过程。各个国家的现代化既有共同特征，更有基于自己国情的特色。2021 年 7 月 6 日，在中国共产党与世界政党领导人峰会上，习近平总书记提出了中国式现代化的概念。党的二十大报告明确，新时代新征程中国共产党的中心任务就是团结带领全国各族人民全面建成社会主义现代化强国、实现第二个百年奋斗目标，以中国式现代化全面推进中华民族伟大复兴。中国式现代化是中国共产党领导的社会主义现代化，与其他国家的现代化相比，具有五个基于中国国情的特色，即人口规模巨大的现代化、全体人民共同富裕的现代化、物质文明和精神文明相协调的现代化、人与自然和谐共生的现代化、走和平发展道路的现代化。报告指出，中国式现代化的本质要求，是坚持中国共产党领导，坚持中国特色社会主义，实现高质量发展，发展全过程人民民主，丰富人民精神世界，实现全体人民共同富裕，促进人与自然和谐共生，推动构建人类命运共同体，创造人类文明新形态。

---

① 中共中央关于制定国民经济和社会发展第十四个五年规划和二〇三五年远景目标的建议．(2020-11-03)[2022-02-12]. http://www.gov.cn/zhengce/2011－11/03/content_5556991.htm.

② 李涛．国家治理现代化的改革动力与法治路径．广东社会科学，2021 (2).

③ 李林．依法治国与推进国家治理现代化．法学研究，2014 (5).

（四）政府治理现代化

推进政府治理现代化需要科学地理解它的内涵和本质。薄贵利在《推进政府治理现代化》一文中指出政府治理现代化的本质特征是分权化、民主化、科学化和法治化，并从这四个方面详细阐述了当前问题和解决对策[①]。何增科在《政府治理现代化与政府治理改革》一文中提出政府治理包含有效治理和民主治理两个核心面向，并从政府治理模式、结构、机制、工具等方面探讨中国如何走向政府治理现代化[②]。魏淑艳等在《中国政府治理现代化：能力政府、法治与问责制的均衡发展》一文中强调政府治理现代化呼唤能力政府，但是能力政府必须辅以法治和问责制，以制约政府权力膨胀[③]。

结合以上对治理、政府治理、现代化概念的把握，笔者认为政府治理现代化即：在科学技术革命的冲击下，通过政府治理理念的转变、治理结构的优化、治理机制的完善、治理模式的创新和治理工具的改进，提升治理水平，提高对人民需求回应的有效性和高效性。中国式政府治理现代化是中国式现代化的一部分。治理理念的转变表现为从一味地追求经济快速发展向提高人民幸福感、促进人的解放转变，坚持人民至上，坚持丰富人民精神世界，实现共同富裕。治理结构的优化表现为合理划分中央与地方的权力等，以实现人民与治理者之间的关系更加和谐。治理机制的完善表现为政府治理过程中公民参与行为和政府政策实施行为的规则和程序更加

---

① 薄贵利．推进政府治理现代化．中国行政管理，2014（5）．

② 何增科．政府治理现代化与政府治理改革．行政科学论坛，2014（2）．

③ 魏淑艳，路稳玲，李富余．中国政府治理现代化：能力政府、法治与问责制的均衡发展．理论探讨，2016（5）．

规范化、法治化，更加符合全过程人民民主的要求。治理模式的创新表现为政府一改以往无所不在、无所不管的“管家婆”身份，摇身扮演着公共治理的掌舵者、多元行动的协调者的角色，深化简政放权、放管结合、优化服务改革，转变政府职能。治理工具的改进表现为政府为实现治理目标采取的行动策略和方式的改进，比如，改革规制，将控制式的规制改为以绩效为基础的规制，加强数字政府建设等。

二、政府治理现代化相关理论

（一）治理理论

治理理论是当今国际学术界最热门的前沿理论之一，“不仅拥有较为完善的理论框架和逻辑体系，还形成了一套评估社会发展和管理优劣的价值标准”①。“更少的统治，更多的治理”成为当前一些国家政府改革和发展的口号。治理理论的创始人之一詹姆斯·N. 罗西瑙在其代表作《没有政府的治理》中将“治理”定义为一系列活动领域里的非正式的管理机制，它们虽未得到正式授权，却能有效发挥作用②。

西方学者之所以提出治理概念主要是因为他们在社会资源配置中看到了市场失灵和政府失效③，这也是治理理论兴起的主要原因④。自由资本主义时期，受亚当·斯密理论的影响，政府的职能被严格限定，政府充当“守夜人”的角色。随着世界性经济危机的爆发，市场失灵出现，即因市

---

① 龙献忠，杨柱．治理理论：起因、学术渊源与内涵分析．云南师范大学学报（哲学社会科学版），2007（4）.

② 詹姆斯·N. 罗西瑙．没有政府的治理．南昌：江西人民出版社，2001.

③ 俞可平．治理和善治引论．马克思主义与现实，1999（5）.

④ 吴新民，张振久．治理理论视野下的政府职能转变．人才资源开发，2021（8）.

场缺陷而引起的资源配置的无效率，使人们认识到了市场机制的缺陷，为政府全面干预经济和社会公共事务提供了空间。由于公共管理者也是“经济人”，他们通过追求规模的最大化来增加自己升迁的机会并扩大自己的势力范围，这就必然导致政府职能无限扩张，也导致政府服务差、效率低，逐渐失去公民信任，出现管理危机，最终导致政府失效，即政府机制无法使资源配置达到最佳情形。针对政府失效现象，各国掀起了一场政府管理改革运动，但因过分强调市场机制和私人企业的作用，忽视了公共事务管理和私人部门管理的差别，在实践中日益暴露出较大的局限性，再次产生诸多失效现象。因此“愈来愈多的人热衷于以治理机制对付市场和/或国家政府协调的失败”[①]。

罗伯特·罗茨（R. Rhodes）认为治理至少包含以下六种内涵：其一，作为最小国家的治理，它指的是削减国家开支、缩小政府的规模以取得更大的效益；其二，作为公司的治理，它指的是指导和控制组织的体制；其三，作为新公共管理的治理，它指的是把私人部门的管理手段引入公共部门，把激励机制引入公共服务；其四，作为善治的治理，它指的是强调效率、法治、责任并且被审计监督的公共服务体系；其五，作为社会控制论系统的治理，它指的是政府与社会、公共部门与自愿部门以及私人部门之间的合作与互动；其六，作为自组织网络的治理，它指的是建立在信任与合作基础上的自主且自我管理的网络[②]。

如果将各国学者对治理理论的认识进行一番梳理，可以概括为以下五

① 鲍勃·杰索普．治理的兴起及其失败的风险：以经济发展为例的论述．国际社会科学杂志（中文版），1999（1）.

② Rhodes R. The new governance：governing without government. Political studies，1996，44（4）.

种论点：其一，治理意味着一系列来自政府但又不限于政府的社会公共机构和行为者，它对传统的政府权威提出挑战，认为政府并不是唯一的权力中心。各种公共的和私人的机构只要其行使的权力得到公众的认可，都可能成为在各个共同层面上的权力中心。其二，治理视角明确指出在为社会和经济问题寻求解决方案的过程中，存在着界限和责任方面的模糊性。它表明，在现代社会，国家正在把原先由它独自承担的责任转移给公民社会，即各种私人部门和公民自愿性团体，后者正在承担着原先由国家承担的责任。这样国家与社会之间、公共部门与私人部门之间的界限和责任便日益变得模糊不清。其三，治理明确肯定在涉及集体行为的各个社会公共机构之间存在着权力依赖。所谓权力依赖，是指致力于集体行动的组织必须依靠其他组织；为达到目的，各个组织必须交换资源、为共同的目标进行谈判；交换的结果不仅取决于各个参与者的资源，也取决于游戏规则以及进行交换的环境。其四，治理意味着参与者最终形成一个自主的网络。这一自主的网络在某一特定的领域中拥有发号施令的权威，它与政府在特定的领域中进行合作，分担政府的行政责任。其五，治理意味着办好事情的能力并不仅限于政府的权力，并不仅限于政府的发号施令或运用权威。在公共事务的管理中，还存在着其他的管理方法和技术，政府有责任使用这些新的方法和技术来更好地对公共事务进行控制和引导①。

针对如何克服治理的失效，不少学者和国际组织提出了“善治”（good governance）概念。“善治”是使公共利益最大化的社会管理过程，也是治理的理想模式。它的本质特征是政府与公民对公共生活的合作管

① 格里·斯托克．作为理论的治理：五个论点．国际社会科学杂志（中文版），1999（1）．

理[1]，强调政府与公民的良好合作以及公民的积极参与，实现管理的民主化。从政治倾向上看，治理理论虽然主要是一种公共管理理论，但具有强烈的意识形态倾向，这就决定了我们在借鉴治理理论时，必须有所鉴别。尽管如此，治理理论对我国的政府体制改革仍然具有极其重要的启示意义。

（二）新公共管理理论

新公共管理是个非常松散的概念，它既指一种试图取代传统公共行政学的管理理论，又指一种新的公共行政模式，但更多还是指一种公共管理运动，在这里我们从宽泛的意义上把它称为理论，从这个角度看，新公共管理理论是国内外近几十年来行政改革的重要理论基础。

作为一种改革思想和模式，新公共管理是对时代要求的积极回应。曾经主导西方传统公共行政的理论基础有二：一是伍德罗·威尔逊与弗兰克·古德诺所提出的“政治—行政二分法”，二是马克斯·韦伯的官僚制理论，它们成为早期西方公共行政发展的指导思想。但随着公共行政实践的发展，这两个理论都受到了挑战。一方面，政治与行政在现实中无法完全分离，公共行政人员都是具有主观能动性的个体，因其具有专业知识而经常参与公共政策的制定过程，甚至直接制定政策。另一方面，官僚制作用的发挥也受到现实制约。韦伯致力于建立的官僚队伍是非人格化、标准化办公、完全理性、职业化、专业化的组织，要像机器一样精确，但现实中公共行政人员并非完美的个体，都受到非理性因素的影响，并且都有个人利益。机构臃肿、办事拖沓、效率低下、反应迟缓是官僚制度运行的常

---

① 俞可平．治理和善治：一种新的政治分析框架．南京社会科学，2001（9）.

见问题，多样化的社会需求进一步加剧了官僚制的缺陷与现实的冲突。面对日益多样化的公民需求，官僚制缺乏敏感性和回应力，与公民的关系渐行渐远。新公共管理运动正是在传统公共行政理论受到挑战的环境下产生的。

新公共管理理论认为社会个体都是理性的“经济人”，倾向于实现个人利益最大化，公共行政人员也是如此。它强调应该正视公共行政人员的利益需求，通过激励机制激发个人潜能，提高公共资源的利用效率，改善工作效能，而不是通过严格的规制来束缚个人主动创新精神。从操作手段来看，基于公共选择理论、委托—代理理论和交易成本理论，新公共管理理论主张政府应以顾客为导向，提高公共服务效能，注重结果导向的政府绩效管理。

新公共管理理论的基本思想可以做如下概括[①]：

第一，政府的管理职能是“掌舵”而不是“划桨”。政府在公共管理中应该只是制定政策而不是执行政策，即政府应该把管理和具体操作分开，政府只起“掌舵”的作用而不是“划桨”的作用。

第二，政府服务应以顾客或市场为导向。要改变传统公共行政模式下的政府与社会之间的关系，并强调市场竞争机制或准市场竞争机制的使用，“市场不仅在私营部门存在，也在公共部门内部存在”[②]。

第三，政府应广泛采用授权或分权的方式进行管理。由于信息技术的发展，加快决策的压力猛烈冲击着政府的决策系统，政府需要对不断变化的社会做出迅速反应。政府也应该像企业一样采取分权的办法，通

① 梅志罡．新公共管理理论及其借鉴意义．行政论坛，2006（1）.

② 戴维·奥斯本，特德·盖布勒．改革政府．上海：上海译文出版社，1996：288.

过减少层级、授权和分散决策权的办法迅速做出反应，从而有效地解决问题。

第四，政府应广泛采用私营部门成功的管理手段和经验。政府应根据服务内容和性质的不同，采取相应的供给方式。政府可以把巨大的官僚组织分解为许多半自主性的执行机构，特别是把商业功能和非商业功能分开，决策与执行分开。

第五，政府应在公共管理中引入竞争机制。政府管理应广泛引进竞争机制，取消对公共服务供给的垄断性，让更多私营部门参与公共服务供给，通过这种方式将竞争机制引入到政府管理中来，从而提高服务质量和效率。

第六，政府应重视提供公共服务的效率、效果和质量。根据交易成本理论，认为政府应重视管理活动的产出和结果，关心公共部门服务的效率和质量，能够主动、灵活、低成本地对外界情况的变化以及不同的利益需求做出反应。

第七，政府应放松管制，实施明确的绩效目标控制。反对传统公共行政重遵守法律法规、轻绩效评估的做法，主张放松严格的行政规制，实行严格的目标控制，即确定组织、个人的具体目标，并根据绩效目标对完成情况进行测量和评估。

第八，公务员不必保持中立。主张对部分高级公务员实行政治任命，让他们参与政策制定并承担相应责任，以保持他们的政治敏感性。

新公共管理模式起因于传统行政管理模式的失效，必然对传统行政管理模式进行否定。从人性假设的颠覆到管理方式上的变革，从“权威的组织”到为顾客提供服务的“企业家”，新公共管理呈现出与传统行政管理完全不同的特点。作为一种思潮与实践，新公共管理可以被描述为一种追求“3E”，即 economy（经济）、efficiency（效率）和 effectiveness（效益）的运动。不管对其具体内容有多少种不同的表述，其核心都是强调使用企业管理的理论、原则、经验、方法和技术，引入市场竞争机制，注重结果管理而非过程管理，提倡顾客导向和服务改善。

（三）整体性政府理论

随着社会管理和公共服务需求日益复杂化，新公共管理理论的缺陷日趋明显，出现了碎片化公共服务和碎片化治理的困境。在深入分析碎片化治理及协调与整合问题的基础上，希克斯通过《整体政府》（1997）、《全观型治理：整体政府的战略》（1999）、《走向整体治理：新的改革议程》（2002）等著作，提出了整体性政府理论，并形成了一个跨部门协同的系统化理论体系[①]，旨在消除碎片化，增强政府出台政策的整体性、相关性以及部门间的关联性，使公民可以得到更优质的公共服务[②]。该理论的核心要点是以“协调、整合和责任”为主要内容，主张部门内机构之间的协调、合作与整合。

整体性政府理论兴起的原因主要有三个方面：一是新公共管理理论的衰微。新公共管理理论对于 20 世纪 90 年代英国新出现的问题显示出很多不适用的情况，导致人们在理论和实践上对其进行了反思，有学者指出，整体性政府理论的产生是由新公共管理理论的不适应性导致的[③]。二是信

---

① 曾维和．后新公共管理时代的跨部门协同：评希克斯的整体政府理论．社会科学，2012（5）.

② 郑石明．整体政府理论对我国政府大部制改革的启示．湖南师范大学社会科学学报，2012（5）.

③ Christensen T，Legreid P. The whole of government approach to public sector reform. Public administration review，2007，67（6）.

息技术的快速发展。信息技术革命产生的强大推动力使得分割管理模式的弊端日益凸显，公民对高品质服务的需求和削减财政预算的要求迫切需要新的政府改革理论提供支撑。三是全球化的快速发展。随着全球化时代的到来，各国所面临的问题不断趋同，一些整合性的改革措施在极短的时间内形成共鸣，并得到快速发展。

克利斯托弗·波利特（Christopher Pollitt）将整体性政府定义为一种通过横向和纵向协调的思想与行动，以实现预期利益的政府治理模式[①]。它包括四个方面的内容：排除相互破坏与腐蚀的政策情境；更好地联合使用稀缺资源；促进某一政策领域中不同利益主体的团结与协作；为公民提供无缝隙而非分离的服务。希克斯将整体性政府理论概括为九大基本内容：部门间主义、跨功能合作、以网络为中心的协调机制、中央集权化及增设机构扩展其职责、限制机构转嫁成本的能力、协同服务生产方式、个案管理者、信息管理与跨组织边界整合、整体预算与采购[②]。同时强调，这些内容必须通过整体性运作，才能达到提供整合性公共服务的目的。将整体性政府理论进一步拓展，从宏观上研究跨部门协同问题，把政府与非政府组织、私人组织的协同包括进来，就形成了整体治理理论。它是整体性政府理论在全球层面的扩展。

（四）新公共服务理论

以登哈特为代表的理论家，在对新公共管理理论，尤其是企业家政府理论进行深刻剖析、辩证否定的基础上，建立了新公共服务理论。“新公

① Pollitt C. Joined-up government：a survey. Political studies review，2003，1（1）.

② Perri 6. Holistic government. London：Demos，1997.

共服务”，指的是关于公共行政在服务公民社会时，其运行体系所应发挥功能的一套系统的价值观念。新公共服务理论是在民主的公民权理论、组织人本主义、公民社区理论、新公共行政与后现代公共行政等理论的基础上提炼出来的，在其视角下，政府的主要使命是为公民服务，政府管理的着力点既不是传统公共行政所强调的“划桨”，也不是新公共管理所突出的“掌舵”，而应该是建立具有资源聚合力与现实回应力的组织机构，以更好地承担服务公共利益的职责①。

新公共服务理论主要包括以下观点②：

第一，政府的职能是服务，而不是掌舵。尽管政府过去在为社会“划桨”与“掌舵”方面出色地发挥过作用，但全球化与信息化时代的公共政策涉及各类社会群体与多种多样的利益集团，为经济社会发展提供结构和方向的政策是许多不同意见和利益的混合物。如今政府的作用既不是“划桨”也不是“掌舵”，而是服务，服务的具体形式就是提供议程安排，使各方利益相关者坐到一起，协商解决大家共同面临的公共问题。

第二，追求公共利益。政府的作用不仅在于将人们聚集在一个无拘无束、真诚对话的环境中，共商社会应该选择的发展方向，政府还有责任确保经由这些程序而产生的解决方案完全符合公平与公正的规范，确保公共利益居于主导地位。因此，公共管理者应积极地为公民通过对话清晰地表达自己的价值观念并形成共同的公共利益观念提供舞台，应该鼓励公民采

---

① 王枫云．从新公共管理到新公共服务：西方公共行政理论的最新发展．行政论坛，2006（1）.

② 珍妮特·V. 登哈特，罗伯特·B. 登哈特．新公共服务：服务，而不是掌舵．北京：中国人民大学出版社，2004：译者前言 6-10.

取一致的行动，而不应该仅仅通过促成妥协简单地回应不同的利益需求。这样，公民就可以理解不同的利益，具备更长远、更广博的社会利益观念。

第三，在思想上要具有战略性，在行动上要具有民主性。为了达到实现公共利益的目标，不仅要确立一种战略性的远见，而且要使所有相关各方共同参与到政策执行过程中。政府应该采取一定的措施激发人们重新恢复公民自豪感与公民责任感，这种自豪感与责任感会进一步发展成为一种强烈的参与意愿。在这种情况下，所有相关各方都会共同努力为参与、合作和达成共识创造机会。思想上的战略性，有助于确保政府的开放性，行动上的民主性，有助于确保政府的可接近性与回应力，能够更好地为公民服务。

第四，为公民服务，而不是为顾客服务。政府与公民的关系不同于企业与顾客的关系，因为政府服务的对象是全体公民。顾客的需求有先后之分、利益有长期和短期之分，而对于公民，政府要公平和公正地为他们提供服务，没有先后之分。政府要关注的是全体公民的公共利益，而公共利益产生于关于共同价值观念的对话中，故政府必须要努力与公民建立信任与合作关系，注重公民的呼声。

第五，责任并不简单。公共管理者的责任实际上极为复杂。他们受到并且应该受到包括公共利益、宪法法律、政府、媒体、职业标准、社会价值观念、环境因素、民主规范、公民需要在内的各种制度和标准等复杂因素的影响，他们应该对这些复杂因素负责。

第六，重视人，而不只是重视生产率。强调通过人进行管理，公共组织及其所参与的网络要在尊重所有人的基础上，通过合作和分享领导权来运作。如果要求公务员具有责任心、奉献精神和公民意识，那么公共组织的管理者首先要善待这些公务员。公务员既不只是一种官僚职业的雇员，也不只是市场的参与者，他们希望自己与别人有所区别，要求得到承认和支持，希望能够实现自身价值。

第七，公民权和公共服务比企业家精神更重要。企业家注重的是最大限度地提高生产率和增加利润，而公共管理者绝对不能采取这样的行为和思维方式，他们不是公共机构的所有者，政府的所有者是公民。公共管理者有责任通过担当公共资源的管理员、公共组织的监督者、公民权利和民主对话的促进者、社区参与的催化剂以及基层领导者等角色来为公民服务。因而，公共管理者必须将其解决公共问题的角色定位为负责任的参与者，而非企业家。

新公共服务理论给我们提供了一个充分重视民主、公民权利和公共利益的行政理念和一个指引公共部门实践创新的新范式。在新公共服务的视野中，政府的作用不是控制或激励，而是服务，民主的观念与对公民权和公共利益的崇尚，不仅应贯穿于政府运行中，而且应在行政组织内部牢固加以确立①。

（五）新公共治理理论

传统公共行政和新公共管理是公共管理史上比较公认的两种模式，但斯蒂芬·奥斯本认为二者都没有抓住 21 世纪公共服务设计、提供和管理的复杂现实，他在对两种模式进行批评的基础上提出问题——是否需要对公共政策执行和公共服务提供更有见识的理解，即超越“行政—管理”二

---

① 王枫云．从新公共管理到新公共服务：西方公共行政理论的最新发展．行政论坛，2006 (1).

分法，用一种更全面和整合的方法来研究和实践公共政策的执行和公共服务的提供？而新公共治理就承担这样的使命。它既不是传统公共行政的一部分，也不是新公共管理的一部分，而是具有自身特点的一种话语。它建立在多元主义国家之上，旨在理解在这种背景下公共政策的制定和执行[①]。

奥斯本认为，新公共治理的思想来源主要有五方面：(1) 社会—政治治理，主要涉及社会中的机构关系。为了理解公共政策的制定和执行，必须完整地了解这些关系及其互动。在这一观点看来，政府不再是公共政策中最显著的角色，它必须依赖社会中其他的行动者来获得自己的合法性和影响力。(2) 公共政策治理。主要涉及政策精英与网络如何互动来产生和治理公共政策过程。(3) 行政治理。涉及有效地运用公共行政及对其重新定位来解决当代国家的问题。(4) 合同治理。与新公共管理的内在机制相关，特别是与公共服务提供中的合同关系的治理有关。(5) 网络治理。与“自我组织的跨组织网络”如何与政府一起或独自提供公共服务有关，强调那些执行公共政策和提供公共服务的网络[②]。

在奥斯本看来，今天的国家更应该被称为“多组织”国家和多元主义国家。这种国家使得公共政策执行和公共服务提供产生了日益增长的复杂性、多元性和破碎性。如果把新公共治理看成一种公共服务提供范式，它扎根于制度理论和网络理论。这些理论强调一个存在着多个组织的国家，在那里，一些各自独立的行动者为公共服务的提供做出贡献。这些理论也

① 竺乾威．新公共治理：新的治理模式？．中国行政管理，2016 (7).

② 斯蒂芬·奥斯本．新公共治理？：公共治理理论和实践方面的新观点．北京：科学出版社，2016：译者前言 6.

强调一个多元主义的国家，在那里，多种过程提供决策系统所需的信息。它建立在开放系统的理论之上，关注在这样一个多元的环境里使公共政策执行和公共服务提供得以可能并受到制约的制度压力和外部环境压力。作为这两种多元形式的结果，它的重点在于组织间的关系以及过程的治理，强调公共服务组织与其环境互动基础上的服务效益和结果。新公共治理既是这种背景下的产物，也是对它的回应①。

奥斯本认为，要把新公共治理作为一个公共政策执行和公共服务管理的理论框架建立起来，需要进一步完善其知识体系，提出关于新公共治理的一系列基本的新问题。这些新问题强调在一个多组织和多元主义的国家里公共服务信奉的原则，强调公共服务系统而不是强调单个的公共服务组织，主要包括：（1）基本问题。公共政策执行和公共服务提供最基本的分析单位是什么？它们对理论和实践的含义是什么？（2）结构问题。怎样的组织结构最有助于提供公共服务？（3）可持续问题。如何维持一个可持续发展的公共服务系统，这一可持续性意味着什么？（4）价值问题。什么样的价值可以支撑在这样的系统中公共政策的执行和公共服务的提供？（5）关系技能问题。在关系的处理过程中需要哪些最重要的技能？（6）责任问题。在一个碎片化的多组织和多元系统中，问责的实质是什么？（7）评估问题。如何评价一个开放的公共服务提供系统中的可持续性、问责和关系表现？②

三、政府治理现代化总体要求及目标

我国发展环境面临深刻复杂变化，处于重要的战略机遇期。当今世界

① 竺乾威．新公共治理：新的治理模式？．中国行政管理，2016（7）．

② 斯蒂芬·奥斯本．新公共治理？：公共治理理论和实践方面的新观点．北京：科学出版社，2016：译者前言 9－10．

正经历百年未有之大变局，新一轮科技革命和产业变革深入发展，国际力量对比深刻调整，同时国际环境日趋复杂，不稳定性不确定性明显增加，新冠肺炎疫情影响广泛深远，经济全球化遭遇逆流，世界进入动荡变革期。我国虽然现已转向高质量发展阶段，拥有制度优势显著、治理效能提升、经济长期向好、市场空间广阔、社会大局稳定等诸多优势和条件，但同时发展不平衡不充分问题仍然突出，重点领域关键环节改革任务仍然艰巨，创新能力不适应高质量发展要求，农业基础还不稳固，城乡区域发展和收入分配差距较大，生态环保任重道远，民生保障存在短板，社会治理还有弱项①。

纷繁复杂的治理环境为全面建设社会主义现代化国家新征程带来新特征新要求、新矛盾新挑战。十九届五中全会通过的《建议》中提到，“十四五”时期经济社会发展“以满足人民日益增长的美好生活需要为根本目的，统筹发展和安全，加快建设现代化经济体系，加快构建以国内大循环为主体、国内国际双循环相互促进的新发展格局，推进国家治理体系和治理能力现代化，实现经济行稳致远、社会安定和谐，为全面建设社会主义现代化国家开好局、起好步”②。党的二十大报告指出，我们在重点领域改革还有不少硬骨头要啃，要着力破解深层次体制机制障碍，不断彰显中国特色社会主义制度优势，不断增强社会主义现代化建设的动力和活力，把我国制度优势更好转化为国家治理效能。

新征程中的政府治理需要建设边界更清晰的有为政府。构建职责明

---

① 中共中央关于制定国民经济和社会发展第十四个五年规划和二〇三五年远景目标的建议．(2020-11-03)[2022-02-12]. http://www.gov.cn/zhengce/2011-11/03/content_5556991.htm.

② 同①.

确、依法行政的政府治理体系是推进行政体制改革和政府治理现代化的必经之路。各级政府放管结合，坚决克服政府职能错位、越位、缺位现象，才有助于快速形成边界清晰、分工合理、权责一致、运转高效、依法保障的政府职能体系。明确政府边界不仅是对完善国家行政体制、优化政府职责体系、加快转变政府职能的现实需求的回应，也为加快推进政府治理现代化新征程提供方向、指明道路。

新征程中的政府治理需要建设更加协同的政府。充分调动各级力量、集中力量办大事是我国国家制度和国家治理体系的显著优势，也是确保国家治理效能得到新提升的关键。解决改革发展稳定中的关键问题离不开政府各层级、各区域和各部门的有效协同，发挥政府在高质量发展和现代化建设中的引领作用需要上下联动、横向协同，增强整体合力。正如十九届五中全会通过的《建议》中所指出的，“坚持系统观念。加强前瞻性思考、全局性谋划、战略性布局、整体性推进，……，坚持全国一盘棋，更好发挥中央、地方和各方面积极性”①。

新征程中的政府治理需要建设更讲法治的政府。法律是治国之重器，法治是国家治理体系和治理能力的重要依托。全面依法治国是国家治理的一场深刻革命，法治政府建设是全面依法治国的重点任务和主体工程。实行法治，是我们党总结治国理政正反两方面历史经验得出的重要结论。习近平总书记指出：“治理一个国家、一个社会，关键是要立规矩、讲规矩、守规矩。法律是治国理政最大、最重要的规矩。”② 十九届四中全会《决

① 中共中央关于制定国民经济和社会发展第十四个五年规划和二〇三五年远景目标的建议.(2020-11-03)[2022-02-12]. http://www.gov.cn/zhengce/2011-11/03/content_5556991.htm.

② 中共中央文献研究室.习近平关于全面依法治国论述摘编.北京：中央文献出版社，2015：12.

定》将“坚持全面依法治国，建设社会主义法治国家，切实保障社会公平正义和人民权利”[①] 明确为我国国家制度和国家治理体系的显著优势之一。在全面提升我国国家治理现代化水平、建设社会主义现代化国家的新时代新征程中，社会主义法治肩负着重要的保驾护航作用。

新征程中的政府治理需要建设权责更加明确的责任政府。权责统一是全面推进依法行政和法治政府建设中持续坚持的制度目标。在十九届四中全会《决定》中，“责任”一词出现了 19 次，重要性可窥一二。习近平总书记指出：“要健全贯彻党中央重大决策部署督查问责机制，加强对贯彻新发展理念、构建新发展格局、推动高质量发展等决策部署落实情况的监督检查。”[②] 责任政府建设需要不断向更广、更深处发展，这是推进国家治理体系和治理能力现代化的必然要求。

新征程中的政府治理需要建设人民更加满意的服务型政府。让人民满意，是服务型政府的本质，也是政府治理的最终目标。将二者紧密联系，进一步突出了人民的主体地位，丰富了服务型政府的内涵，对服务型政府建设提出了更高层次的要求。党的十九大报告指出：“党的一切工作必须以最广大人民根本利益为最高标准。我们要坚持把人民群众的小事当作自己的大事，从人民群众关心的事情做起，从让人民群众满意的事情做起，带领人民不断创造美好生活！”[③] 这为建设人民满意的服务型政府指明了方

① 中共中央关于坚持和完善中国特色社会主义制度 推进国家治理体系和治理能力现代化若干重大问题的决定．人民日报，2019-11-06.

② 习近平在十九届中央纪委五次全会上发表重要讲话强调 充分发挥全面从严治党引领保障作用确保“十四五”时期目标任务落到实处．(2021-01-22)[2022-03-12]. http://cpc.people.com.cn/n1/2021/0122/c64094-32009280.html.

③ 习近平．决胜全面建成小康社会 夺取新时代中国特色社会主义伟大胜利：在中国共产党第十九次全国代表大会上的报告．北京：人民出版社，2017：50.

向。站在新的时代方位，我们要继续坚持以人民为中心，总结历史经验，针对服务型政府建设中的短板，围绕持续转变政府职能，全方位推进服务型政府建设，以满足人民群众日益增长的美好生活需要。

新征程中的政府治理需要建设更加公开的透明政府。进入新时代，我国社会矛盾发生重大变化，对党和国家的工作也提出了新的要求，呼唤更加透明的政府治理。无论是通过公开强化对权力的制约和监督，还是建立透明的预算制度，十八大以来党的历次大会通过的决议都为透明政府建设指明了方向。党的十八大报告指出，“推进权力运行公开化、规范化，完善党务公开、政务公开、司法公开和各领域办事公开制度”①。这不仅表明透明公开的主体要从狭义的政府走向广义的政府，而且阐明了公开的范围要从一般的静态信息拓展到动态的运行和决策信息。透明政府建设既是世界政治发展的前进方向，也是推进国家治理体系和治理能力现代化的必然需要。

新征程中的政府治理需要建设更加智能的政府。随着现代政府管理事务的日益复杂，亟须建立更加敏捷、高效、利民的智能政府。党的十八大以来，党中央提出了建设“网络强国”的战略目标任务，习近平总书记强调“没有信息化就没有现代化”②，明确指示要建设全国大数据中心，构建跨层级、跨地域、跨系统、跨部门、跨业务的公共服务平台。建设更加智能的政府是国家治理体系和治理能力现代化的显著标志，有助于推动政府治理结构和治理过程的转型，激发经济社会的内生动力，为国家现代化建设提供保障，也是实现“十四五”规划和2035年远景目标的关键议题。

---

① 胡锦涛．坚定不移沿着中国特色社会主义道路前进 为全面建成小康社会而奋斗：在中国共产党第十八次全国代表大会上的报告．北京：人民出版社，2012：29.

② 中央网络安全和信息化领导小组第一次会议召开 习近平发表重要讲话．(2014-02-27) [2022-03-12]. http://www.cac.gov.cn/2014-02/27/c_1116669857.htm.

新征程中的政府治理需要建设更加廉洁的政府。廉洁是政府的第一形象，是政府公信力的基石，廉洁从政是政府取信于民、持久巩固执政地位的根本。强力推进廉洁政府建设，是促进高质量发展的有力保障。作为治国理政中的关键议题，腐败问题一直受到党和政府的高度重视。党的十八大以来，党和政府直面重大风险考验，以强烈的使命忧患感和自我革命精神正风肃纪、反腐惩恶。习近平总书记在党的十九大报告中强调“反腐败斗争形势依然严峻复杂”，要求“巩固压倒性态势、夺取压倒性胜利的决心必须坚如磐石”[①]。加强廉洁政府建设是落实全面从严治党要求的重要任务，是做好经济社会发展工作的重要保障，也是站在新征程的历史起点上，推进国家治理体系和治理能力现代化的重要手段。

新征程中的政府治理需要建设更有能力的公务员队伍。公务员队伍是代表国家治国理政和服务民生的主体，其整体素质和工作水平与党和政府的执政能力和公众形象息息相关。十九届四中全会《决定》明确提出“把提高治理能力作为新时代干部队伍建设的重大任务”，“把制度执行力和治理能力作为干部选拔任用、考核评价的重要依据”[②]，这些重要论述标志着对公务员的要求已经突破了“管理”的范围，提升到了国家治理体系和治理能力现代化的高度。建设堪当民族复兴重任的高素质干部队伍，不仅能更好地执政和服务人民，而且对于全面开启建设社会主义现代化国家新征程、推动新征程中政府治理现代化，具有重要的历史意义和现实意义。

新征程中的政府治理现代化建设的总体要求及目标为：建设更加有

---

① 习近平．决胜全面建成小康社会 夺取新时代中国特色社会主义伟大胜利：在中国共产党第十九次全国代表大会上的报告．北京：人民出版社，2017：67.

② 中共中央关于坚持和完善中国特色社会主义制度 推进国家治理体系和治理能力现代化若干重大问题的决定．人民日报，2019－11－06.

为、更加协同、更讲法治、更负责任、更让人民满意、更加公开透明、更加智能、更加廉洁、更有素质的政府（如图1-1所示）。“见出以知入，观往以知来。”[①] 总结历史经验，立足现实问题，才能更好地展望未来，提升政府治理现代化水平。本书对每个目标政府的建设都将从历史回顾、现实挑战和未来发展三个方面展开。章节中部分数据来自2018年中国地方治理综合调查（Chinese Local Governance Survey，CLGS）[②]，该调查受到国家自然科学基金重点资助，由中国人民大学具体执行，定期、系统地收集中国地方治理各个方面的数据。

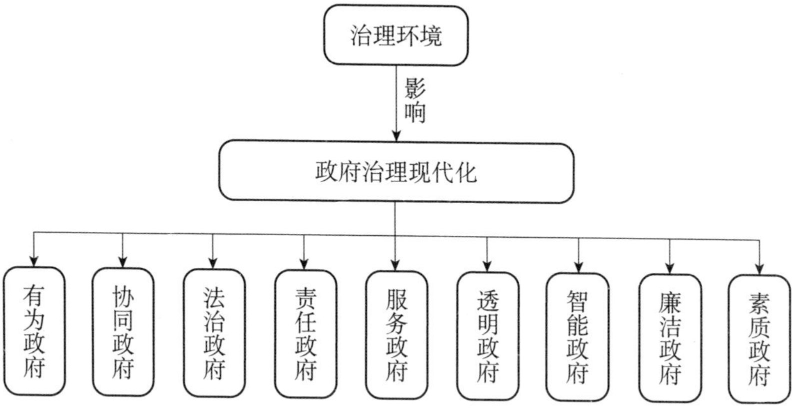

图1-1 政府治理现代化总体要求及目标

① 严北溟，严捷．列子译注．上海：上海古籍出版社，2016：207.

② 第一期调查的时间为2018年1月至3月，调查范围涵盖全国29个省（自治区、直辖市）（不含新疆、西藏和港澳台）的116个城市和自治州。该调查采用配额抽样的方法获取个体层面的样本，配额依据包括受访者的性别、年龄和受教育程度等，最终获取的有效样本为23 026个。除了样本总体的受教育程度偏高以外，样本的其他特征与中国人口的总体特征大致相符。

第二章

新征程的治理环境

中国特色社会主义事业总布局是“五位一体”，要统筹推进经济建设、政治建设、文化建设、社会建设、生态文明建设，其中，经济建设是根本，政治建设是保障，文化建设是灵魂，社会建设是条件，生态文明建设是基础。除了经济、政治、文化、社会、生态文明五个重要的国内环境，国际环境也是影响国家治理的重要环境因素。改革开放以来，中国在经济、政治、文化、社会、生态文明以及国际环境领域均取得了重大成就，为新时代发展中国特色社会主义事业奠定了坚实基础、创造了有利条件。但同时，外部环境变化也为国家治理带来了许多新的风险挑战。

一、经济环境

新中国成立以来，我国的经济发展取得了举世瞩目的辉煌成就。在建党百年的历史节点回顾我国经济发展历程，一方面，土地革命、社会主义改造、五年规划实施、改革开放等一系列重大选择和行动使社会主义市场经济体制在我国逐步建立起来；另一方面，世界正处于百年未有之大变局，经济全球化、世界金融危机、中美贸易摩擦和新冠肺炎疫情等重大机遇和挑战持续改变着我国经济的外部条件。历史路径和国际局势共同塑造着新征程中我国政府治理的经济环境。

（一）经济建设取得巨大成就

1. 经济实力跃升，发展势头强劲

2020 年，我国 GDP 达到 101.6 万亿元，比上年增长 2.3%，全球占比达到 17.4%，经济总量位居世界第二位。人均 GDP 达到 72 447 元，比上年增长 2.0%，在疫情下逆势正增长，连续两年超过 1 万美元[①]。受新冠肺炎疫情影响，世界各国在 2020 年出现了普遍的经济衰退，而我国成功统筹疫情防控与经济社会发展，保持了经济正增长。中国银行研究院发布的《2022 年经济金融展望报告》预计我国 2022 年全年 GDP 增长 5%左右[②]。

2. 产业结构优化，供给侧改革推进

改革开放以来，我国产业结构由“二一三”向“三二一”模式转化。第一产业占国内生产总值比重从 1978 年的近 30%持续下降至 2020 年的 7.7%；第二产业占比缓慢下降，维持在不低于 37%的高位水平；第三产业呈现持续增长态势，2020 年占国内生产总值比重为 54.5%，对经济增长拉动作用逐渐加大，显示出工业化阶段向城市化阶段过渡的延续性[③]。供给侧改革方面，2021 年第三季度，我国工业产能利用率为 77.1%，处于近年同期较好水平；企业营收成本下降，1—8 月份，规模以上工业企业每百元营业收入中的成本同比减少 0.65 元。补短板成效明显，2021 年 1—10 月份，教育、卫生投资同比分别增长 10.1%和 28.9%[④]。

---

① 国家统计局．中华人民共和国 2020 年国民经济和社会发展统计公报．中国统计，2021（3）.

② 中国银行研究院发布《2022 年经济金融展望报告》预计 2022 年中国 GDP 增长 5%左右．(2021-12-01) [2022-03-12]. http://www.cbimc.cn/content/2021 - 12/01/content _ 453806.html.

③ 中国社会科学院经济研究所．中国经济报告（2020）. 北京：中国社会科学出版社，2020.

④ 国家统计局新闻发言人就 2021 年 10 月份国民经济运行情况答记者问．(2021-11-15) [2022-03-12]. http://www.stats.gov.cn/xxgk/jd/sjjd2020/202111/t20211115 _ 1824549.html.

3. 消费投资协同驱动，基础设施建设转型

改革开放以来，我国需求结构大致经历了消费主导型（1978—2002年）、投资和进出口快速增长型（2003—2013年）以及消费和投资协同驱动型（2014年至今）的演变历程[①]。2021年前三季度，最终消费支出、资本形成总额、货物和服务净出口对经济增长贡献率分别为64.8%、15.6%和19.5%[②]。2008年，我国推行了“四万亿元投资”的经济刺激计划，在基础设施建设方面取得了重大成就，2020年，面对新冠肺炎疫情带来的经济下行趋势，我国又进行了一系列传统基础设施建设项目。与此同时，加快新型基础设施建设成为新主题。发展新一代信息网络，拓展5G应用，建设数据中心，增加充电桩、换电站等刺激新消费和助力产业升级的一系列信息基础设施、融合基础设施、创新基础设施建设项目上马。2020年3月和4月基建项目申报金额增速超过200%，总计高达13万亿元，创历史新高[③]。

4. 多种所有制经济共同发展，社会财富源泉充分涌流

改革开放以来，我国经济所有制结构呈现多元化的发展路径，非公有制经济推动经济增长的作用越来越显著。2000年至2018年，我国公有制经济占比从将近60%不断下降到约15%，混合所有制经济占比由20%提升到约43%，民营经济占比由不到5%上升至20%以上，外贸和港澳台资经济占比则稳定在20%左右。我国所有制结构的演进有三个特征：一是不

---

① 中国社会科学院经济研究所．中国经济报告（2020）．北京：中国社会科学出版社，2020.

② 赵同录：经济运行继续保持恢复态势．（2021-10-19）[2022-03-12]. http://www.ce.cn/xwzx/gnsz/gdxw/202110/19/t20211019_37005032.shtml.

③ 同①.

同所有制企业规模显著增加；二是不同所有制企业效率差距不断缩小（主要得益于国有企业效率提高）；三是不同所有制经济的创新能力都呈攀升趋势。在农村，全国性的土地确权和所有权、承包权、经营权三权分置，促进了农村第一、第二、第三产业融合发展，县域经济逐渐成为乡村振兴的中心①。

5. 积极融入全球化潮流，主动开放迎接机会挑战

我国自2001年加入世贸组织以来，坚持推进更高水平对外开放，促进外贸基本稳定，积极利用外资，高质量共建"一带一路"，推动贸易和投资自由化便利化，致力于加强与各国经贸合作，实现互利共赢。我国成为一百四十多个国家和地区的主要贸易伙伴，货物贸易总额居世界第一。2020年，全年货物进出口总额321 557亿元，比上年增长1.9%。其中，出口179 326亿元，增长4.0%；进口142 231亿元，下降0.7%。对外持续放宽市场准入，2020年实际使用外商直接投资金额10 000亿元，增长6.2%。自贸区建设取得新突破，2020年11月成功签署《区域全面经济伙伴关系协定》（RCEP），与柬埔寨签署自贸协定，签署《中欧地理标志协定》。与"一带一路"沿线国家合作持续深化，对"一带一路"沿线国家非金融类直接投资额178亿美元，增长18.3%；在沿线国家承包工程完成营业额911亿美元，占全国对外承包工程完成营业额的58.4%②。营商环境持续改善，我国营商环境的世界排名由2012年的第91位跃升到2020年的第31位。

6. 技术创新驱动增强，数字经济蓬勃发展

党的十九大报告指出："创新是引领发展的第一动力，是建设现代化

---

① 中国社会科学院经济研究所．中国经济报告（2020）．北京：中国社会科学出版社，2020.

② 国家统计局．中华人民共和国2020年国民经济和社会发展统计公报．中国统计，2021（3）.

经济体系的战略支撑。"[①] 自 1995 年实施科教兴国战略以来，我国科技投入连年攀升，2020 年研究与试验发展（R&D）经费支出 24 426 亿元，占 GDP 的 2.4%，已经达到中等发达国家水平。科研投入增加带来科技成果的爆发式增长，自 1995 年以来我国国内专利申请量和授权量连年攀升。2020 年全年授予专利权 363.9 万件，比上年增长 40.4%，PCT 专利申请受理量 7.2 万件。全年共签订技术合同 55 万项，技术合同成交金额 28 252 亿元，比上年增长 26.1%[②]。科技进步对经济增长的贡献率超过 60%[③]。一些关键核心技术实现突破，我国已进入创新型国家行列。

在新冠肺炎疫情影响下，社会治理和生产生活的实际需要拉动了以数字经济为代表的新兴产业发展。互联网平台经济增长迅速，人工智能为新行业与传统行业赋能，区块链经济日趋成为国内投资热点。2020 年生产恢复以来，新产业新业态逆势快速增长，高技术制造业增加值比上年增长 7.1%，战略性新兴服务业企业营业收入比上年增长 8.3%。网上零售额逆势增长，全年达到 11.8 万亿元，比上年增长 10.9%[④]。

（二）经济建设面临风险挑战[⑤]

1. 需求结构失衡，发展增速下降

与发达国家相比，我国人均 GDP 还较低，收入分配格局还不完善，需求结构中的消费占比较低，结构失衡的问题仍然存在。由于结构依赖和

---

① 习近平．决胜全面建成小康社会 夺取新时代中国特色社会主义伟大胜利：在中国共产党第十九次全国代表大会上的报告．北京：人民出版社，2017：31.

② 国家统计局．中华人民共和国 2020 年国民经济和社会发展统计公报．中国统计，2021（3）.

③ 我国创新型国家建设取得决定性成就．科技日报，2021-03-01.

④ 同②.

⑤ 本部分的数据和论述主要参考中国社会科学院经济研究所《中国经济报告（2020）》（北京：中国社会科学出版社，2020）一书。

调整黏性、人口红利下降以及新冠肺炎疫情蔓延和国际贸易环境的变化，我国需求结构的变迁和优化难以在短期内实现，因此短期内消费和投资协同驱动仍然会是我国的主要需求结构。2010年以来，我国的经济发展速度逐渐放缓，在新冠肺炎疫情的影响下，2020年的GDP增长率已经降到2.3%。粗放型资本积累、劳动力再生产及配置方式和政府直接干预的资源配置体制抑制了全要素生产率提升，随着经济发展步入新常态，创新、协调、绿色、开放、共享的高质量发展势在必行。

2. 产业结构存在矛盾，供给效率相对较低

我国的产业结构虽经不断调整，但在合理性上与发达国家仍有差距。农业深加工及服务落后，制造业大而不强，工业经济增长主要以投资拉动和数量扩张为主，以附加值、技术含量为特征的增长水平较低，第三产业占比仍然较小，质量不高，国际竞争力不强。受到二元经济和劳动力素质低下等初始条件制约，我国工业化走的是一条低成本、数量型扩张的路子，长期从事完全竞争产品生产，自主技术创新缺乏①。与发达国家相比，我国的全要素生产率较低，工业化过程中偏重于物质资本积累的问题比较突出，自身蕴含着边际效益递减和不可持续性。21世纪以来，国内传统制造业产品趋于饱和，在国际上面临较大的竞争压力。

3. 农业现代化面临挑战，县域城镇化存在困境

中国社会科学院经济研究所编写的《中国经济报告（2020）》将我国农业现代化面临的挑战总结为四个方面：一是分散的农户与现代农业对接困难；二是农业全要素生产率低下，缺乏竞争力；三是耕地面积持续减

① 黄群慧．改革开放40年中国的产业发展与工业化进程．中国工业经济，2018（9）.

少；四是农产品存在结构性问题，农产品价格形成机制不科学，计划经济思维依旧存在，粮食危机仍然潜在。

为实现城乡一体化发展，必须壮大县域经济，承接适宜产业转移，但县级财政能力难以承担巨大的支出责任，县域基础设施规模小、效益低，社会资本进入县域基础设施建设领域存在障碍，城乡公共服务设施存在供给不足和结构性失衡，乡村各项设施配置和服务水平与城市的差距较大。

4. 科技创新水平不高，重点行业“缺芯少核”

我国的科技创新仍存在许多问题。一是综合创新能力不强，2020 年中国创新在世界排名第 14 位，这与我国排名第二的 GDP 体量并不相称；二是基础研究薄弱，我国的 R&D 经费投入在基础研究领域基本保持在 5%左右，大幅低于发达国家，源头创新能力不足；三是关键技术受制于人，重大装备、精密仪器、重要材料、关键元器件、基础软件等领域“缺芯少核”，目前用于集成电路制造的光刻机、刻蚀机、光栅刻画机、晶圆级封装设备、沉积设备、晶圆切割设备、离子注入设备以及 3D 打印设备、高端工业机器人、超高精度机床等基本依赖进口；四是科技成果转化率低，仅为 10%左右，远低于发达国家 40%的水平，研发成果多因成熟度不高而无法应用于生产实践；五是创新生态不完善，科技创新行政化管理严重，GDP 导向的政绩考核不符合创新规律，创新人才管理机制落后，评价与激励体系不尽完善，知识产权保护力度有待加强。

5. 区域发展不平衡，南北差距持续增大

受制于区位要素和历史积累，我国仍然处于区域发展不平衡的状况当中。从经济发展格局来看，华东地区经济所占比重达到全国 35%以上，中南地区次之，稳定在25%以上，华北地区在10%～15%徘徊，西南地区则在10%左右波动，西北地区一直保持在5%左右，东北地区在20世纪90年代保持在10%以上，但近年来衰退明显，已经降到5%左右。传统的东部、中部和西部差距已经缩小，但南北差距持续拉大；中西部地区承接东部产业并通过制造业和服务业双轮驱动提高了经济竞争力，但东北地区和一些北方省份却由于产业升级缓慢导致经济竞争力不足，经济落后又导致大量人才流失。

6. 国际形势复杂多变，全球经济“高低不平”

《中国经济报告2020》把全球经济状况概括为“高低不平”。“高”是高债务、高杠杆、高风险。21世纪以来，全球债务总量增长迅猛，实体部门总债务从21世纪初的不足60万亿美元增长到2019年6月的187万亿美元，全球债务占GDP比重也从192%增长到242%。“低”是低增长、低通胀、低利率。2019年第三季度，美国、日本和欧盟的经济增长率分别为2.1%、1.7%和1.7%。“不平”是收入分配不平等和财富分配不平等。新冠肺炎疫情暴发后，“高低不平”的问题进一步加剧，逆全球化浪潮、地缘政治冲突和民粹主义的泛滥等也带来了其他风险。置身于互相关联、互相影响的国际环境中，我国不仅要处理好本国的经济问题，也要寻求破解错综复杂的全球经济困局。

二、政治环境

政治环境影响并制约着政治系统与政治行为，是特定政治主体从事政治生活所面对的各种现象和条件的总和，分为包括政治资源、政治模式、政治局势等的政治体系内环境和包括自然环境、社会环境和国际环境等的政治体系外环境[①]。本部分着重从政治体系内环境来进行分析。

(一) 政治建设取得巨大成就

1. 中国特色社会主义政治制度优越性得到更好发挥

近年来，包括人民代表大会制度、中国共产党领导的多党合作和政治协商制度、基层民主制度、民族区域自治制度在内的各项政治制度建设都得到了更进一步的深化发展。

在人民代表大会制度建设方面，党和国家不断完善法律法规，加强了人大监督有效性，保证了党领导立法工作。2016 年，中共中央出台《关于加强党领导立法工作的意见》，为党领导立法提供了重要法律依据，形成了立法工作重大立法项目和重大问题向中央请示报告的常态化、制度化机制。2020 年，十三届全国人大修改《中华人民共和国全国人民代表大会和地方各级人民代表大会选举法》，健全了人民代表的选举、履职制度。另外，中共中央还出台了《关于建立健全全国人大专门委员会、常委会工作机构组织起草重要法律草案制度的实施意见》等文件，制定了《关于建立预算审查前听取人大代表和社会各界意见建议的机制的意见》，强化了人大监督职责。

在中国共产党领导的多党合作和政治协商制度建设方面，中共中央进一步明确深化了社会主义民主协商的思想、原则、方式与定位。2015 年，中共中央印发《关于加强社会主义协商民主建设的意见》，颁布关于统一战线工作的第一部党内法规《中国共产党统一战线工作条例（试行）》。前者明确了社会主义民主协商的指导思想、基本原则以及政党协

---

① 张顺．试论政治环境的内涵与意义．长白学刊，2001（4）.

商、人大协商等协商方式[①]，后者完善了统战工作的思想与任务[②]。2018年3月，习近平明确提出，中国共产党领导的多党合作和政治协商制度是从中国土壤中生长出来的新型政党制度[③]，明确了政治协商制度的定位。

在基层民主制度建设方面，中共中央不断完善法律法规，加强基层民主建设制度化与法制化。《中华人民共和国村民委员会组织法》《关于建立健全村务监督委员会的指导意见》等一系列法律法规的出台与完善加强了村级民主管理和监督，提升了乡村治理水平。《中华人民共和国城市居民委员会组织法》《全民所有制工业企业职工代表大会条例》等一系列法律法规加强了城市居民委员会、全民所有制工业企业职工代表大会的建设，促进了城市与全民所有制企业基层社会主义民主的发展。通过不断完善法律法规，我国依法推进了基层群众自治制度建设，不断健全基层选举、议事、公开、述职、问责等机制。

在民族区域自治制度建设方面，中共中央不断完善中国特色解决民族问题的制度保障，民族地区经济社会发展水平以及各族人民生活水平不断提高。2012年至2020年的9年间，内蒙古、广西、西藏、宁夏、新疆5个自治区以及云南、贵州、青海3个多民族省的地区生产总值从5.1万亿元增长到10.4万亿元；人均地区生产总值从2.7万元增长到5.2万元；城镇化率从43.1%提高到55.1%。民族地区3 121万贫困人

① 中共中央文献研究室．十八大以来重要文献选编：中．北京：中央文献出版社，2016.

② 中共中央印发《中国共产党统一战线工作条例（试行）》.（2015-09-22）［2022-03-12］. http://www.xinhuanet.com//politics/2015-09/22/c_1116645297.htm.

③ 习近平在看望参加政协会议的民盟致公党无党派人士侨联界委员时强调 坚持多党合作发展社会主义民主政治 为决胜全面建成小康社会而团结奋斗.（2018-03-05）［2022-03-12］. http://tv.cctv.com/2018/03/05/VIDEpMb3528djXSckT7Wa0K9180305.shtml.

口全部脱贫，民族自治地方420个国家级贫困县全部摘帽，与全国一道实现了全面小康①。

总的来看，党的十八大以来，我国社会主义民主政治制度化、规范化、程序化全面推进，中国特色社会主义政治制度优越性得到更好发挥，生动活泼、安定团结的政治局面得到巩固和发展。

2. 公务员队伍越发廉洁

“十三五”时期，我国反腐败斗争压倒性态势已经形成并巩固。党的十八大以来，以习近平同志为核心的党中央深入推进党风廉政建设和反腐败斗争，推动全面从严治党取得卓著成效。党的十九大以来，党中央坚定不移全面从严治党，坚持“老虎”“苍蝇”一起打，保持反腐败高压态势。坚持无禁区、全覆盖、零容忍，坚持重遏制、强高压、长震慑，坚持受贿行贿一起查。中央纪委国家监委公布的2020年监督执纪情况显示，本年度，中央纪委国家监委立案审查调查中管干部24人；全国纪检监察机关共立案61.8万件，处分60.4万人；全国有1.6万人向纪检监察机关主动投案，6.6万人主动交代问题②。越来越多违纪违法腐败分子或主动投案自首或被捉拿归案，成为当前反腐败斗争压倒性胜利巩固发展的鲜活印证。十九届六中全会通过了《中共中央关于党的百年奋斗重大成就和历史经验的决议》，指出“反腐败斗争取得压倒性胜利并全面巩固，消除了党、国家、军队内部存在的严重隐患”。

---

① 中国发布丨民族区域自治制度好不好、行不行，中国人民最有发言权.(2021-12-04)[2022-03-12]. http://news.china.com.cn/2021-12/04/content_77910455.html.

② 贯彻落实中央纪委五次全会精神（四） 一刻不停推进反腐败斗争.(2021-03-22)[2022-03-12]. https://www.ccdi.gov.cn/special/sjj5cqh/sjj5cqh_yw/202103/t20210322_238274.html.

3. 政府信任稳居高位

政治信任是对现任政府以及在任政治权威的信任[①]，社会的正常运行与经济的稳定发展都有赖于政府与民众的良性互动。2020 年 3 月，爱德曼国际公关公司在于比利时布鲁塞尔举办的“信任峰会”上发布了“2020 信任晴雨表”，其对全世界 28 个主要经济体 3.4 万人进行的信任度调查结果显示，中国民众对政府打出的信任分数高达 82，连续三年位列各经济体首位[②]。实践上，在抗击新冠肺炎疫情过程中，令行禁止是中国公民对政府信任与支持最生动的表达。例如，千万级人口的城市武汉遵循“封城”指令，封闭坚守整整 76 天；14 亿人宅家过年，积极响应“不要聚集”的呼吁。中国政府赢得人民的高度信任，这份信任是中国政府坚持以人为本、为民负责以及敢于担当的体现，是中国人民对中国共产党、中国政府以及中国政治制度的信任。

（二）政治建设面临风险挑战

1. 国际意识形态划线现象仍存，拉帮结派行为频出

意识形态是与社会经济基础相对的思想和政治的上层建筑[③]。某些西方发达国家在竞争中惯于操弄意识形态霸权，凭借其政治、经济、科技等方面的优势向全球灌输其意识形态，塑造全球舆论和公共意见，政治化、污名化中国的发展[④]。部分发达国家假借民主的名义，干涉别国内政，维护其在世界上的独霸地位，公然在世界上制造分裂。2021 年 3 月，中美举

---

① 李连江．差序政府信任．二十一世纪，2012（131）．

② 2020 信任峰会报告：中国政府信任度排名蝉联第一．（2020-03-05）[2022-03-12]．http://world.people.com.cn/n1/2020/0305/c1002-31619193.html.

③ 马克思，恩格斯．德意志意识形态．北京：人民出版社，1961．

④ 阚道远．警惕国际经济竞争中的西方意识形态霸权．思想理论教育导刊，2021（9）．

行高层战略对话前夕，美方利用访问日本和韩国对中方施压，并宣布在涉港问题上扩大对中国制裁①。2021 年 5 月，七国集团（G7）外长会在伦敦举行，东道主英国借机邀请多个位于印太地区的“嘉宾国”外长参会，强调维持以欧美为主导的“国际秩序”，试图扩大 G7 影响力的版图。英国称，这些国家都是支持“民主”的“志同道合者”，拥有“共同价值观”②。2021 年 12 月，“美欧涉华对话”第二次会议在华盛顿举行。美欧将中国定义为“制度性对手”，并声明将继续在多边机制中关注中国人权问题，公然进行意识形态划线，挑动对立对抗③。

2. 政治制度运行过程中仍存在不足

人民代表大会制度方面，人大代表的履职能力仍有不足，履职的记录和考核机制不够完善，履职评价和连任标准并不明确。具体来说，人大代表的履职基本局限于开人代会环节，人代会结束后的履职积极性不高；全国很多地方还没有建立系统、严格的人大代表履职考核制度；人大代表的履职评价和连任标准不明确，各地都在探索中且标准各不相同④。社会的快速发展带来了复杂繁多的社会问题，科技的进步改变了人们信息获取的方式，这些变化对人大制度提出了新的挑战，对人大代表发挥密切联系群众、反映民意的桥梁的作用以及人大代表监督工作的有效性提出了更高要求。

---

① 外交部回应美涉华消极言行：拉帮结派对华施压是枉费心机.(2021-03-18)[2022-03-12]. http://www.xinhuanet.com/2021-03/18/c_1127228221.htm.

② 全球连线 | 拉帮结派搞“小圈子” 他们的企图太明显.(2021-05-06)[2022-03-12]. http://www.xinhuanet.com/world/2021-05/06/c_1211143653.htm.

③ 外交部回应“美欧涉华对话”：坚决反对以意识形态划线.(2021-12-03)[2022-03-12]. https://news.bjd.com.cn/2021/12/03/10012830.shtml.

④ 付宇程.以全过程人民民主理念为指引 完善新时代人大制度.中国党政干部论坛，2021(9).

政治协商制度方面，协商主体的协商意识、政协委员履职能力以及人民群众参与政治协商的积极性仍有不足。就领导干部而言，一些领导干部对人民政协的性质、地位和作用仍然存在一些模糊认识甚至是错误的观点；就政协委员而言，一些委员的履职动机和履职能力较差，认为政协委员是“副业”，本职工作才是“主业”；就社会公众而言，尽管很多地方召开政协常委会都会邀请群众参会，但真正热心报名参与会议的群众不多[①]。

基层民主制度方面，群众参与程度和质量不高，政府引导的方式与力度仍有不足。就农村基层民主而言，由于大量的农村人口向城市迁移，留在本地的农村居民较少且多为文化素质不高、政治意识薄弱、参政能力不强的老弱妇孺，进而造成了农村基层民主协商的“质”与“量”不足[②]。就城市基层民主而言，人口流动较大、城市居民关系较为疏离的城市特征对政府引导群众参与提出了挑战，也增加了对大数据、云计算、人工智能等现代智慧技术的使用需求。民族区域自治方面，新疆分裂势力、“藏独”势力仍然存在，威胁民族统一与国家安全。

3. 政府信任呈现“差序”，信任建设仍需加强

政府信任是重要的政治资源与社会资本，关乎政府的合法性基础和政策实施[③]。许多实证研究表明，我国公民对政府信任程度总体较高。但是，群众对政府的信任呈现出对中央政府信任程度较高、对地方政府尤其是基

① 蒯正明．全过程民主视域下深化人民政协协商民主建设路径探析．学术界，2021（6）.

② 朱哲，史博，包阿古达木．农村基层协商民主制度建设面临问题及对策．理论探讨，2016（6）.

③ Marc J. Hetherington. The political relevance of political trust. American political science review，1998（4）；Margaret Levi，Laura Stoker. Political trust and trustworthiness. Annual review of political science，2000（1）.

层政府信任程度较低的“差序”状态，即“差序政府信任”[①]。除此之外，近年来食品安全问题、公共卫生安全问题以及抗击疫情期间部分官员的失职事件被媒体屡屡曝光，致使部分政府公信力相对减弱，造成严重的不良影响。例如，疫情初期多地干部存在疫情防控不力、擅离职守等失职失责问题，对政府形象造成了不良影响。与此同时，互联网和自媒体的兴起与广泛应用对政府公信力提出了严峻挑战。

三、社会环境

回顾建党百年来的伟大征程，我国社会建设水平得到极大提升，国民素质和社会文明程度达到新高度，人的全面发展、全体人民共同富裕取得实质性进展。在开启全面建设社会主义现代化国家新征程的新起点，我们应深刻认识到我国社会主要矛盾变化带来的新环境和新需求，认识到我国还面临着城乡、区域发展不够协调，收入分配不够公平，民生保障存在短板，社会治理存在弱项，人口结构失衡等老问题和新挑战。

（一）社会建设取得巨大成就

1. 脱贫攻坚全面胜利，乡村振兴继往开来

十八大以来，我国扶贫事业进入波澜壮阔的攻坚阶段，打赢了人类历史上规模最大的脱贫攻坚战，历史性地解决了绝对贫困问题，取得了世界瞩目的成绩。2021 年，现行标准下 9 899 万农村贫困人口全部脱贫，832 个贫困县全部摘帽，12.8 万个贫困村全部出列，区域性整体贫困得到解

① 李连江．差序政府信任．二十一世纪，2012（131）.

决，绝对贫困得以消除，全面小康社会胜利建成[①]。与此同时，脱贫攻坚和乡村振兴衔接紧密，在脱贫攻坚胜利收官之时，国家乡村振兴局挂牌成立。2021 年中央一号文件指出，对摆脱贫困的县，从脱贫之日起设立 5 年过渡期，做到扶上马送一程。过渡期内保持现有主要帮扶政策总体稳定，并逐项分类优化调整，合理把握节奏、力度和时限，逐步实现由集中资源支持脱贫攻坚向全面推进乡村振兴平稳过渡[②]。

2. 就业状况持续改善，居民收入稳步提升

“十三五”期间，我国就业状况持续改善，城镇新增就业超过六千万人[③]。2016—2019 年，我国每年城镇新增就业保持在 1 300 万人以上[④]，居民人均可支配收入同比增长速度均在 8%以上。2020 年，面对新冠肺炎疫情的负面影响，我国积极推动“六稳”“六保”，城镇新增就业 1 186 万人[⑤]，全国居民人均可支配收入 32 189 元，同比增长 2.1%[⑥]。

3. 基本公共服务水平不断提高，多层次社会保障体系得到优化

我国大力推动基本公共服务制度体系建设和基本公共服务均等化，取得了丰硕成果。第一，以国家基本公共服务标准为基础的基本公共服务标准体系逐步形成。一系列关系人民群众基本生活保障的重大制度安排逐步

---

① 习近平：在全国脱贫攻坚总结表彰大会上的讲话.（2021-02-25）[2021-12-05]. http://www.gov.cn/xinwen/2021-02/25/content_5588869.htm.

② 中共中央国务院关于全面推进乡村振兴加快农业农村现代化的意见．人民日报，2021-02-22.

③ 中共中央关于制定国民经济和社会发展第十四个五年规划和二〇三五年远景目标的建议．人民日报，2020-11-04.

④ 超 6 000 万人：城镇新增就业筑牢民生之基.（2020-12-07）[2021-12-05]. http://www.xinhuanet.com/video/2020-12/07/c_1210919011.htm.

⑤ 李克强．政府工作报告：2021 年 3 月 5 日在第十三届全国人民代表大会第四次会议上.（2021-03-05）[2021-12-05]. http://www.gov.cn/guowuyuan/zfgzbg.htm.

⑥ 国家统计局．全国及分城乡居民收支情况.［2021-12-05］. https://data.stats.gov.cn/easyquery.htm? cn=C01&zb=A0A01&sj=2020.

建立健全。第二，公共服务设施更加完善。全国义务教育学校（包括教学点）办学条件已经全部达到了“20条底线”要求，中西部和农村教育明显加强，高等教育进入普及化阶段；健康中国建设全面推进，纵向到底、横向到边的公共卫生体系加快构建，每千人医疗卫生机构的床位数达到了6.51张。第三，我国建成了世界上规模最大的社会保障体系。截至2020年底，城乡居民最低生活保障平均标准分别达到每人678元/月和5 962元/年，基本养老保险、基本医疗保险、失业保险和工伤保险的参保人数分别达到9.99亿人、13.6亿人、2.17亿人和2.68亿人，保障能力更加稳固，社会兜底能力和保障水平都在显著提高。第四，区域、城乡更加均衡。绝大多数地区实现了县域内义务教育基本均衡发展，85%以上的随迁子女进入公办学校就读，或者享受政府购买学位服务，第一批10个区域医疗中心试点项目启动实施，推动实现高水平健康服务就近享有①。

4. 疫情防控取得重大成果，社会治理体系更加完善

在党中央坚强领导下，社会各界共同参与，开展了疫情防控的人民战争，取得了重大战略成果。一方面，我国迅速采取一系列防疫举措，在较短时间内有效控制疫情，并统筹推进疫情防控和经济社会发展，保障人民基本生活，保证复工复产，着力援企稳岗，彰显了强大的社会治理能力。另一方面，新冠肺炎疫情对各个社会主体产生了深刻影响，促使我国调整治理思路，更新治理理念，改进治理体系，提高治理能力。“后疫情”时代的社会治理理念更加注重常态化防疫、危机预防和生命至上；官员选拔培养更加注重专业配置和应急能力；社会各界参与社会治理的意愿和能力

① 基本公共服务有了国家标准.（2021-04-22）[2021-12-05]. http://www.gov.cn/xinwen/2021-04/22/content_5601245.htm.

大幅增加；社会各界的配合默契程度提高；信息技术和大数据在社会治理中的应用更加广泛。多元参与、多元方法的“公域之治”有了新的实践，共建共治共享的社会治理体系不断完善。

5. 社会组织蓬勃发展，多元共治格局逐渐形成

我国始终坚持党对社会组织的全面领导，社会组织的作用在国家治理中越来越重要。截至 2019 年底，社会组织总量为 86.63 万个，增速为 5.98%，全国社会组织 GDP 贡献为 6 230.03 亿元，吸纳各类就业人员 1 009.21 万人，占总就业人口的 1.3%，解决就业的潜力不断增加。专业性方面，持证社会工作者总量呈上升趋势，2019 年持证社会工作者共有 53.1 万人，增长率为 20.96%。社会组织积极参与到脱贫攻坚、“一带一路”建设等治理情景中，为中国治理和中国参与全球治理做出了卓越贡献。社会组织不断扩大提供服务的广度和深度，已经成为社会治理不可或缺的力量①。

6. 社会分层结构不断优化，社会流动机制持续改进

21 世纪以来，我国社会分层结构的巨大变迁表现出新的特征与趋势。按居民收入计算，2009 年至今，我国基尼系数呈现波动下降态势，2020 年降至 0.468，累计下降 0.023，不同群体之间居民收入差距总体缩小②。城乡人口结构发生根本变化，居民的生产方式和生活方式发生巨大变迁，职业结构出现重大变化。正规教育渠道、专业技术渠道和市场渠道成为中产社会形成的三大渠道。总的来说，我国社会总体代际流

---

① 黄晓勇．中国社会组织报告（2020）．北京：社会科学文献出版社，2020.

② 国家统计局．《中国的全面小康》白皮书新闻发布会答记者问．(2021-09-29)[2021-12-05]. http://www.stats.gov.cn/tjsj/zxfb/202109/t20210929_1822623.html.

动率相对较高，社会活力充沛，更多的人有机会通过自己的奋斗实现地位上升①。

（二）社会建设面临风险挑战

1. 分配结构亟待优化，收入差距仍然较大

区位条件禀赋、分配制度、人口流动、改革转轨、工业化城市化的快速发展和新经济业态的产生都会对收入差距产生影响。虽然我国的基尼系数自 2009 年之后开始有所下降，但仍高于 0.4 的收入差距警戒线。城乡居民收入比超过 2.5，地区间的收入差距又有上扬趋势。居民财产差距不断扩大，而且家庭财产构成以房产为主，导致人均财产受房价影响较大。总体来说，目前我国的收入差距仍然处于世界高位②。

2. 公共服务不平衡不充分，重点领域改革面临困境

公共服务具有需求密度导向的特征，同时面临着人工成本膨胀和需求个性化的困难，公共服务供给数量和质量难以匹配社会需求。在人均收入增长了 122.61 倍的情况下，我国的医疗卫生资源投入只增长了 80 倍左右，卫生人员数、床位数都只增长了几倍；公共服务资源按照行政等级配置，农村在教育和医疗服务等资源供给上远低于城镇，产生了大量的需求外溢，加剧了地区城乡之间的不平衡③。随着“双减”政策的实施，出现了教育供给的大量缺口，急需公共部门补充。在公共服务领域的改革过程中，我国面临着“条块分割”的体制协调和制度创新困境，“互联网＋”与大数据背景对公共服务供给理念产生新的冲击，社会力量成为决定公共服

---

① 李强．21 世纪以来中国社会分层结构变迁的特征与趋势．河北学刊，2021（5）.

② 中国社会科学院经济研究所．中国经济报告（2020）．北京：中国社会科学出版社，2020.

③ 同②.

务水平越来越重要的因素。教育改革、人口政策、社会福利和劳动时长等有千丝万缕的联系，解决其中任一部分的问题都需要进行全局性的改革。

3. 国内疫情零星反复，世界疫情仍处大流行

新冠肺炎疫情带来的影响是全方位的。一方面，它严重危害人民的生命健康，冲击生产生活秩序，使经济出现了短期的负增长；另一方面，疫情对国家治理能力和水平提出重大考验，一些政府工作存在不足，一些地方形式主义、官僚主义仍较突出，少数干部不担当、不作为、不会为、乱作为，公共卫生应急管理等方面暴露出不少薄弱环节[①]。虽然疫情防控取得重大成果，疫苗普及率不断提高，但境外输入压力仍然较大，境外输入造成局部疫情扩散的风险依然存在，病毒变异给防疫带来的新问题层出不穷。我国的各项治理行动都要考虑疫情态势，新冠肺炎疫情本身就是当前国家治理面临的一个重要环境。

4. 人口结构失衡，老龄化问题突出

第七次全国人口普查数据显示，我国总人口为 1 443 497 378 人，相比 2010 年增长 5.38%，年平均增长率为 0.53%[②]，人口增长速度进一步减缓，并首次出现老年人口比重（18.7%）超过少儿比重（17.95%）的情况，65 岁及以上的老年人口总量为 1.91 亿人，已占到总人口的 13.5%，与 2010 年相比上升 4.63 个百分点，老龄化更加严重，生育水平已处于超

---

① 李克强．政府工作报告：2020 年 5 月 22 日在第十三届全国人民代表大会第三次会议上．(2020-05-29)[2021-12-05]. http://www.gov.cn/premier/2020-05/29/content_5516072.htm.

② 国家统计局，国务院第七次全国人口普查领导小组办公室．第七次全国人口普查公报（第二号）：全国人口情况．中国统计，2021 (5).

低水平（总和生育率仅为1.3）[①]。性别结构虽趋向合理但依旧失衡（出生人口性别比为111.3）[②]。

虽然国家及时出台了“二孩”和“三孩”政策，但生育保险尚未全覆盖、普惠托育体系尚未形成、教育内卷与教育资源不均、房价高住房负担重、女性就业歧视、育儿过程中父职缺失等对生育不友好的社会环境问题仍然存在，这些因素加重了育龄群体的生育负担，消减了其生育意愿。加上家庭结构的承载能力不足、社会生育观念转变，我国生育政策的有效实施面临着阻碍[③]。此外，相比进入老龄化的发达国家而言，我国的人均GDP相对较低，社会抚养压力更大。人口危机作为渐行渐近的“灰犀牛”，对国家治理提出了严峻的挑战。

5. 城镇化问题明显，城乡二元结构突出

第七次全国人口普查数据显示，我国居住在城镇的人口为90 199万人，占63.89%，比2010年上升14.21个百分点[④]，距离较高收入经济体的81.3%仍有近20个百分点的空间。我国城镇化在快速推进过程中积累了一些问题。一是城镇发展不平衡。大城市规模快速扩张，房价偏高、交通拥堵、环境污染等“城市病”凸显。中小城市和小城镇产业支撑不足，就业岗位较少，经济社会发展后劲不足。二是农民工市民化任务依然繁重。由于人地挂钩、人钱挂钩等政策尚未完全落地，多元化成本分担机制

---

① 韦艳．从第七次人口普查数据看新时代中国人口发展．西安财经大学学报，2021（5）．

② 国家统计局，国务院第七次全国人口普查领导小组办公室．第七次全国人口普查公报（第四号）：人口性别构成情况．中国统计，2021（5）．

③ 聂建亮，董子越．“三孩”政策：积极影响、多重障碍与因应策略．广州大学学报（社会科学版），2021（6）．

④ 国家统计局，国务院第七次全国人口普查领导小组办公室．第七次全国人口普查公报（第七号）：城乡人口和流动人口情况．中国统计，2021（5）．

不完善，市、区级地方政府推进农民工市民化的积极性还有待提高。三是城镇发展特色不足。有的地方把城镇化简单等同于城市建设，贪大求快，忽视城市精细管理和广大居民需求，忽视地方文化的传承创新和城市个性塑造。四是我国城乡居民收入差距较大。一个重要原因是城乡一体化的土地市场尚未形成，农村资源变资本、变财富的渠道还不畅通。同时，城乡社会保障制度尚未完全并轨，实现城乡基本公共服务均等化任务还十分艰巨。进城落户农民承包地经营权、宅基地使用权和集体收益分配权“三权”退出机制不畅，缺乏自主退出的制度安排，也不利于农业人口有序转移①。消除城乡二元结构还需努力。

6. 社会变迁加快，失范问题凸显

改革开放以来，我国经历了快速的社会变迁和急剧的社会转型，在全球化背景下，不同的意识形态、思想文化、生活方式在中国幅员辽阔、人口众多、差别迥异的社会中激荡。大量的社会变迁不是按照时间顺序依次产生，而几乎是在同一时间出现，呈现出集中性、复合性、叠加性的特征。在这样的情况下，现有法律法规难以完全匹配时代的需要，整个社会不可避免地存在失范现象。如何处理好现代和传统、本土与外国、东方与西方之间的关系，找到社会治理的“最大公约数”，实现高效科学的社会整合，考验着公共管理者的智慧。

7. 社会流动迟缓，社会分层存在固化风险

新冠肺炎疫情暴发以来，以实体服务业为主体的大量中小微企业受到巨大冲击，中产阶层受疫情打击较重。我国中产阶层的 73%处于中产阶层的

---

① 人民日报整版观察：新型城镇化面临哪些问题.（2019-04-19）[2021-12-03]. http://opinion.people.com.cn/n1/2019/0419/c1003-31037972.html.

边缘状态[①]，一旦受到经济上的冲击，就可能会从中产阶层跌入低收入群体。此外，由于政府资源大体依照行政级别配置，大城市、超大城市人口社会经济地位与小城市、小城镇人口社会经济地位的分化，导致小城市人才流失，大城市房价持续攀升。虽然我国总体代际流动率较高，但随着城市化、产业化的逐步完成，未来造成较高流动率的有利条件将逐步弱化。所以，继续深化改革，破除多种体制机制障碍，保持比较高的代际流动率仍是重要任务[②]。

2018 年中国人民大学中国地方治理综合调查包含了社会环境的相关问题，询问公众对“本市社会环境和谐，安全有序”的认同态度。调查结果显示，比较同意该说法者占 42.37%，完全同意者仅占 19.35%，说明我国的社会环境建设仍有较大的进步空间。

四、文化环境

一个国家、一个民族的强盛，不仅需要高度发展的物质文明，还需要强大的精神力量作为支撑。独特的文化传统、独特的历史命运、独特的基本国情，决定了我国必须要走中国特色社会主义文化发展道路[③]。习近平总书记在哲学社会科学工作座谈会上指出：“文化自信是更基本、更深沉、更持久的力量。”[④]

（一）文化建设取得巨大成就

1. 中国特色社会主义文化制度更加完善

中国特色社会主义文化制度是指现阶段国家通过宪法和法律等规范社

---

① 李强．当代中国社会分层．北京：生活·读书·新知三联书店，2019.

② 李强．21 世纪以来中国社会分层结构变迁的特征与趋势．河北学刊，2021（5）.

③ 中共中央宣传部．习近平新时代中国特色社会主义思想学习纲要．北京：学习出版社，人民出版社，2019.

④ 习近平．在哲学社会科学工作座谈会上的讲话．北京：人民出版社，2016：17.

会文化生活，调整以社会意识形态为核心的各种文化生活的基本原则和规则的总和。党的十八届三中全会围绕坚持和完善中国特色社会主义制度、推进国家治理体系和治理能力现代化的总目标，对推进文化体制机制创新做出部署。十九届四中全会在党的历史上首次系统阐释繁荣发展社会主义先进文化的制度，把文化制度提升到中国特色社会主义制度范畴，使之成为国家制度的有机组成部分，反映了党对文化建设规律和国家制度建设规律的认识提高到新阶段①。经过多年发展，中国特色社会主义文化事业的体制机制，包括党和政府对文化事业的领导体制、文化事业单位管理体制、文化队伍管理制度、网络文化管理等方面的体制机制不断改革完善和健全，把社会效益放在首位，社会效益和经济效益相统一的文化事业管理体制机制逐步形成②。

2. 社会主义意识形态更加凝聚

意识形态建设决定文化前进方向和发展道路。十八大以来，以习近平同志为核心的党中央高度重视意识形态工作，就意识形态领域的许多方向性、战略性问题做出部署，着力解决意识形态领域党的领导弱化问题，从根本上扭转了意识形态领域一度出现的被动局面，巩固和发展了主流意识形态③。党中央先后召开了全国宣传思想工作会议、文艺工作座谈会、党的新闻舆论工作座谈会、网络安全和信息化工作座谈会、哲学社会科学工作座谈会、全国党校工作会议、全国高校思想政治工作会议等，习

---

① 肖贵清，刘仓．中国特色社会主义文化制度：战略意义、逻辑结构、构建路径．南开学报（哲学社会科学版），2020（6）.

② 本书编写组．中国特色社会主义理论与实践研究（2018 年版）．北京：高等教育出版社，2018.

③ 中共中央宣传部．习近平新时代中国特色社会主义思想学习纲要．北京：学习出版社，人民出版社，2019.

近平总书记发表了一系列重要讲话，深刻回答了新的历史条件下宣传思想文化工作的重大理论和现实问题[①]。经过不懈努力，马克思主义在我国社会主义意识形态中的指导地位进一步巩固；中国特色哲学社会科学学科体系、学术体系和话语体系逐渐完善；意识形态阵地建设逐步加强，党管媒体原则不断贯彻至新媒体领域，互联网和高校意识形态工作不断发展。

3. 社会主义核心价值观更加深入人心

核心价值观是一个民族赖以维系的精神纽带，是一个国家共同的思想道德基础。2013 年 12 月，中共中央办公厅印发《关于培育和践行社会主义核心价值观的意见》，要求把培育和践行社会主义核心价值观融入国民教育全过程、落实到经济发展实践和社会治理中。全社会普遍开展爱国主义教育活动和群众性精神文明创建活动，社会主义核心价值观被纳入国民教育体系，推动社会主义核心价值观进教材、进课堂、进学生头脑。一些重大礼仪活动上升到国家层面[②]。此外，建成中国共产党历史展览馆、建立健全党和国家功勋荣誉表彰制度、设立烈士纪念日等，大力弘扬主旋律和正能量，推动社会主义核心价值观入脑入心。

4. 中华优秀传统文化更加创新发展

中华优秀传统文化是中华民族的根和魂，是中国特色社会主义根植的文化沃土。习近平总书记高度重视中华优秀传统文化，并将其作为治国理政的重要思想文化资源。近年来，我国实施中华优秀传统文化传承发展工程，推动中华优秀传统文化创造性转化、创新性发展，越来越多的传统经

---

① 本书编写组．中国共产党简史．北京：人民出版社，中共党史出版社，2021：403.

② 同①404.

典、戏曲、书法等内容走入课堂、走进校园，融入国民教育体系。各地采取多种方式，让收藏在博物馆里的文物、陈列在大地上的遗产、书写在古籍里的文字都活起来，发挥其弘扬中华优秀传统文化的重要作用，提升中华文化的影响力①。

5. 文化事业和文化产业更加蓬勃发展

发展文化事业和文化产业，是满足人民日益增长的美好生活需要的必然要求，也是激发全民族文化创新创造活力的必然要求。近年来，我国以基本公共文化服务标准化均等化为抓手，以基层和农村为重点，深入实施文化惠民工程，健全设施网络，创新运行方式，提高服务水平，丰富群众性文化活动，推动文化小康顺利实现并不断巩固。2017 年 3 月，《中华人民共和国公共文化服务保障法》施行，实现了人民群众基本文化权益的法律保障。在健全现代文化产业体系和市场体系方面，近年来，我国深入实施“互联网＋”“文化＋”行动，不断优化文化产品供给结构，以更好满足人民多样化、多层次、多方面的精神文化需求；同时，培育壮大文化市场主体，创新生产经营机制，完善文化融资体制，完善文化经济政策，培育新型文化业态②。

（二）文化建设面临风险挑战

伴随社会主义市场经济和改革开放的不断深入，人们思想活动的独立性、选择性、多变性、差异性也日益增强，各种思想观念交织并存，各种文化激荡共生，社会意识呈现多样化的趋势，主流价值观念受到前所未有

---

① 本书编写组．中国共产党简史．北京：人民出版社，中共党史出版社，2021：404－405.

② 本书编写组．中国特色社会主义理论与实践研究（2018 年版）．北京：高等教育出版社，2018.

的冲击。

1. 意识形态领域的冲击

长期以来，一些西方国家把它们演绎的“自由”“民主”“人权”等价值观鼓吹为“普世价值”，在世界范围内进行推销。在以美国为首的西方国家的刻意渲染下，其输出的制度文化影响了国内某些人士和社会政治势力，极大冲击了我国社会主义政治制度的基础。“马克思主义过时论”“淡化意识形态论”等错误观点不仅忽视了马克思主义的与时俱进性，而且曲解马克思主义的真正内涵，妄图动摇马克思主义的群众基础。更有不怀好意者极力宣扬新时代的意识形态建设已经无关紧要，强行割裂经济发展与上层建筑的关系，意图迷惑中国共产党主动放弃对思想文化领域的领导，进而颠覆我国政权。

2. 宗教思潮的挑战

作为文化最为重要的载体形式之一，当代世界性宗教热潮的发展正冲击着传统的文化边界。改革开放以来，各种宗教思潮涌入，一些宗教的基本教义和价值观念已经渗入社会。虽然在党和政府的积极引导下，宗教与社会主义社会相适应已经成为我国宗教事业发展的普遍共识和基本要求，但仍未杜绝一些不良分子打着宗教的旗号试图控制我国宗教活动，牟取政治阴谋与政权颠覆的可能性。有些人甚至利用现代化建设中道德诚信危机等社会现象，试图用宗教教义来建设社会道德，对社会主义核心价值体系的建设与发展形成干扰[①]。

---

① 张淑玉．文化认同视角下我国国家文化安全面临的挑战及对策思考．时代报告（学术版），2011 (11).

3. 文化创新能力的欠缺

现阶段，我国自身的文化生产力相对落后，文化创新有待加强，文化自信不够坚定，文化强国尚未建成，鲜有称得上创新并引起世界关注的思想理论成果或艺术作品。大众文化凝聚力不强，具有娱乐性、消费性、多变性等特征的大众文化更倾向于迎合大众短期的消费偏好，满足一时的感官需求，而不是重视文化的规范、教化与创新功能。尤其是互联网与自媒体的快速发展，更强化了文化产品的“快餐化”、碎片化和娱乐化，不利于文化创新的持续发展。浮躁的网络环境也致使质量参差不齐的西方文化产品大量充斥文化市场，进而使国民的价值观念、精神信仰及生活方式等受其影响和控制，一定程度上可能会威胁国家文化安全①。

2018 年中国人民大学中国地方治理综合调查包含了文化环境的相关问题，询问公众对“本市居民的文化生活丰富多彩”的认同态度。如果将“比较同意”和“完全同意”视为公众对城市文化环境感到满意或评价较高，那么公众对文化环境感到满意的比例为 54.1%，略高于 50%。这一调查结果表明我国文化环境的现实情况和公众的期望之间还存在较大的差距，文化环境的建设任重道远。

五、生态环境

习近平总书记指出：“要像保护眼睛一样保护生态环境，像对待生命一样对待生态环境。”② 生态环境是关系党的使命宗旨的重大政治问题，也

---

① 张淑玉．文化认同视角下我国国家文化安全面临的挑战及对策思考．时代报告（学术版），2011（11）．

② 中共中央文献研究室．习近平关于社会主义生态文明建设论述摘编．北京：中央文献出版社，2017：8．

是关系民生的重大社会问题。

（一）生态建设取得巨大成就

1. 制度完善：最严格的生态环境保护制度

建设生态文明，重在建章立制，生态环境保护制度的不断完善既是生态环境建设的重要基础，也是突出成就。2013 年 11 月，党的十八届三中全会将“生态文明体制改革”纳入全面深化改革的目标体系，提出紧紧围绕建设美丽中国深化生态文明体制改革，加快建立生态文明制度，健全国土空间开发、资源节约利用、生态环境保护的体制机制，推动形成人与自然和谐发展现代化建设新格局。2015 年，中共中央、国务院先后印发《关于加快推进生态文明建设的意见》和《生态文明体制改革总体方案》，从总体目标、基本理念、主要原则、重点任务、制度保障等方面对生态文明建设进行全面系统部署安排。在这些顶层设计指引下，生态文明制度建设全面展开并不断向纵深推进，建立了自然资源资产产权制度、国土空间开发保护制度、生态文明建设目标评价考核制度和责任追究制度、生态补偿制度、河湖长制、林长制、环境保护“党政同责”和“一岗双责”等制度，取得了一系列重大突破①。

2. 理念转变：坚持人与自然和谐共生

党中央就生态文明建设提出了一系列新理念、新思想和新战略，使党和国家对生态文明建设的规律认识更加深化，谋篇布局更加成熟。党的十九大提出，我们要建设的现代化是人与自然和谐共生的现代化，在人与自然和谐共生的现代化的基础上，到 2035 年实现生态环境根本好转，美丽

---

① 本书编写组．中国共产党简史．北京：人民出版社，中共党史出版社，2021：409.

中国目标基本实现，到本世纪中叶要把我国建成富强民主文明和谐美丽的社会主义现代化强国。这意味着我国的发展和增长思路已经完全从污染的、粗放的方式向精细化、集约化的生态友好方式转变。一方面，更加深刻地树立和践行了“绿水青山就是金山银山”的发展理念，对经济发展和环境保护之间的辩证关系认识更加充分；另一方面，更加深刻地认识到了“保护生态环境就是保护生产力”的建设规律①。

3. 治理优化：统筹山水林田湖草的系统治理

我国生态环境的治理方式不断优化，采取了多措施协调统筹的系统治理，治理成效显著提高。

第一，通过全面停止天然林商业性采伐、实施沙化土地封禁保护区试点、加大退耕还林退牧还草工程力度、全面停止新增围填海、推进大规模国土绿化等一系列重要举措，森林、草原、湿地等重要生态功能区得到休养生息。20 世纪 80 年代至今，我国森林覆盖率由 12%提高到 23.04%，森林蓄积量由 90.28 亿立方米提高到 175.6 亿立方米，人工林面积居全球第一。全国城市建成区绿化覆盖率由 10.1%提高到 41.11%，人均公园绿地面积由 3.45 平方米提高到 14.8 平方米②。

第二，全面推行河长制、湖长制，落实主体责任，协调各方力量，优化治理方式。同时，长江流域落实“十年禁渔”，长江、黄河、海岸带等重要生态系统推进实施保护和修复的重大工程。一是基本实现了大江大河水质的明显改善。截至 2020 年底，长江干流首次全线达到Ⅱ类水质，珠

---

① 本书编写组. 中国特色社会主义理论与实践研究（2018 年版）. 北京：高等教育出版社，2018.

② 美丽中国，渐行渐近：我国生态文明建设成就综述.（2021-06-09）[2021-11-05]. http://www.gov.cn/xinwen/2021-06/09/content_5616500.htm.

江流域水质达到优质，黄河、淮河和松花江等流域水质也有了明显提升。在 1 940 个国家地表水考核断面中，水质优良（Ⅰ～Ⅲ类）断面比例为 84.6%，同比上升 7.0 个百分点；劣Ⅴ类断面比例为 1.0%，同比下降 1.8 个百分点[①]。二是基本消除了城市黑臭水体。截至 2020 年底，全国地级及以上城市 2 914 个黑臭水体消除比例达到 98.2%[②]。

第三，推动实现生态保护补偿对重点领域和重要区域全覆盖，补偿水平同经济社会发展状况相适应。以此为起点，我国还在探索开展跨地区、跨流域补偿试点，生态损害者赔偿、受益者付费、保护者得到合理补偿等运行机制。

4. 生活进步：逐步形成绿色发展和生活方式

习近平总书记指出："推动形成绿色发展方式和生活方式是发展观的一场深刻革命。"[③] 我国绿色发展方式正加快形成，实行资源总量和强度双控制度，严守水资源红线，严控新增建设用地规模；推动能源生产和消费革命，能源结构调整不断加快，中国已经成为世界利用新能源和可再生能源第一大国。全面节约资源有效推进，能源资源消耗强度大幅下降。大幅提高生态环保标准，倒逼传统产业改造升级，持续化解环境污染重、资源消耗大、达标无望的落后与过剩产能，加快发展节能环保产业和循环经济。通过发展绿色信贷、绿色债券、绿色保险等绿色金融产品，开展碳排放权、排污权交易等试点，更多社会资本被引导投入绿色产业。

---

① 生态环境部通报 2020 年 12 月和 1—12 月全国地表水、环境空气质量状况.（2021-01-16）[2022-03-12]. http://www.gov.cn/xinwen/2021-01/16/content_5580339.htm? _zbs_baidu_bk.

② 美丽中国，渐行渐近：我国生态文明建设成就综述.（2021-06-09）[2021-11-05]. http://www.gov.cn/xinwen/2021-06/09/content_5616500.htm.

③ 中共中央党史和文献研究院．十八大以来重要文献选编：下．北京：中央文献出版社，2018：759.

绿色生活方式日益成为人们的普遍共识和共同追求。党中央倡导简约适度、绿色低碳的生活方式，反对奢侈浪费和不合理消费，引导形成文明健康的生活风尚。绿色产品和服务供给不断增加，共享经济、服务租赁、二手交易等新业态蓬勃发展，节能环保产品受到消费者青睐，“光盘行动”、低碳出行等倡议得到全社会积极响应①。绿色消费文化和生活方式正在融入我们的日常生活，成为全社会共同参与、协力推动的良好风尚。

（二）生态建设面临风险挑战

虽然近几年环境治理颇具成效，但仍存在许多不足，目前还存在以下挑战：

1. 农村生态环境问题仍需重视

我国农村地域广、地域偏，生态执法体系建设不足，执法和监管力量薄弱，直接降低了农村生态环保监管覆盖面，客观上加剧了农村地区环境违法的现象和问题。同时，农村是一个熟人社会，部分农村监管者出于“人情”“利益”等因素的考虑，降低了对生态环境违法者的惩处力度，严重损害了生态环保法律的权威性，阻碍了农村生态文明建设。此外，我国农村地区普遍财政状况不佳，生态文明建设资金投入不足，迟滞了农村生态文明持续、健康发展。

具体来看，一是农村生活垃圾污染问题尚待解决。近年来，随着农村经济发展和农民物质生活水平提升，农村生活垃圾开始大量出现，由于没有明确的垃圾管理制度和专业的管理人员，导致农村生活垃圾随意倾倒、焚烧、填埋，对农村生态环境产生了较大影响。二是粗放的农业生产过程

① 本书编写组．中国共产党简史．北京：人民出版社，中共党史出版社，2021：412.

仍然存在，进一步加剧了农村生态环境污染。目前，我国仍有部分地区农业生产方式落后，过量施用农药化肥，农业灌溉水资源浪费现象严重，加剧了土壤污染和水土流失问题。三是农村畜牧养殖业的粪便污染、种植业的地膜污染和秸秆焚烧导致的大气污染等问题进一步恶化了农村生态环境。部分农村乡镇企业尚未形成完善的产业体系，生产技术水平低，工艺落后，能源消耗和污染排放高，不利于农村生产方式的绿色转型。这些问题是农村生态文明建设与乡村振兴过程中必须解决的重大问题[①]。

2. 水环境治理任重道远

为了平衡经济发展和水环境保护，我国已实行了多种政策法规，虽然取得了显著成效，但水环境治理依旧任重道远。

首先，流域水环境问题日益突出，呈现出显著的跨界流域污染特征和水环境复合型污染特征。同时，生态环境安全评估和风险管理体系尚未建立，维护水生态系统健康迫在眉睫。

其次，河流、湖泊、城市水体、饮用水水源保护有待加强，水质提升不可能一蹴而就。水质虽有提升，但仍有待加强，需要长期持续的治理。水利部对全国700多条长约十万公里的河流进行的水资源质量评估表明，河流水质仍然存在一定的污染情况，不能用于灌溉的约占46.5%，低于V类的河流占10.6%。城市河流的污染状况更为严重，在14个大中型城市河段中，有63.8%的河段仍然存在严重污染。此外，城乡居民存在一定的饮用水安全问题，地表饮用水水源地不合格的约占25%，其中淮河、辽河、海河、黄河、西北诸河近一半水质不合格，华北平原地下水水源地约

① 吴婷．我国农村生态文明建设存在的问题及对策研究：评《农业绿色发展与生态文明建设》．生态经济，2021（4）．

35%的水质不合格。全国尚有 3 亿多人面临饮用水安全问题，其中约有 1.9 亿人饮用水有害物质含量超标，农村有 6 300 万人饮用高氟水，200 多万人饮用高砷水，3 800 多万人饮用苦咸水。

最后，水生态环境管理体系尚不完善。一是水环境目标管理体系不完善，风险管理薄弱；二是污染源管理与水体水质管理脱节，技术研发与应用脱节；三是监测预警体系和信息化平台建设仍存在不足，监测预警体系建设滞后，监测设备和技术落后、监测网络不健全、监测数据应用渠道不畅，监控能力仍然比较薄弱[①]。

3. 大气污染问题长期存在

尽管近年来大气污染治理取得一定成效，但大气污染问题仍将长时间存在并给我国生态环境建设带来挑战。

首先，污染物发生变化，大气污染由煤烟型向复合型转变，但我国尚未形成完善的治理机制。当前，由传统煤烟型污染带来的可吸入颗粒物（PM10）、二氧化硫等已经不再是我国的主要大气污染物。与 2015 年相比，2020 年可吸入颗粒物（PM10）浓度下降了 27.3%，二氧化硫同样呈平稳下降趋势[②]。然而，臭氧、挥发性有机物（VOCs）、细颗粒物（PM2.5）、氨氮、氮氧化物（NO_x）等排放却显著上升，成为我国大气环境的主要污染物，复合型大气污染问题仍然突出。以全国臭氧浓度为例，2020 年较 2015 年升高了 12.2%，臭氧浓度超标的城市也大幅增加。由于我国大气污染治理起步较晚，治理机制尚不完善。一方面，我国尚未形成

① 宋晓聪，沈鹏，赵慈，等．2021—2035 年我国水污染防治战略路径研究．环境保护，2021(10).

② 中国气象局．2020 年大气环境气象公报．(2021-04-06)[2021-11-05]. http://zwgk.cma.gov.cn/zfxxgk/gknr/qxbg/202104/t20210406_3052405.html.

成熟的污染源综合管理系统，并未将互联网、物联网、大数据、云计算等技术同排污许可制度、污染源数据库等充分结合起来，未能形成环评、许可、监管与执法的全过程智能闭环。另一方面，针对新的复合型污染的防治方法还处在发展阶段，面对多种来源的多种污染物在一定大气条件下相互作用形成的复杂大气污染体系，传统的治理工具和手段具有单一性和局限性。需要加强对复合型大气污染的深入研究，重视并监测诸如灰霾、光化学烟雾、高浓度臭氧等的污染情况，同时还要提高对非传统污染行业的监管能力与力度。

其次，大气污染具有区域性，区域联防联控机制仍需强化。京津冀、长三角、珠三角以及其他部分城市群通常表现出较明显的大气污染特征。以2020年为例，京津冀及周边地区27个城市重度污染天数比例为3.3%，严重污染天数比例为0.2%，以臭氧为首要污染物的超标天数占比46.6%；长三角地区41个城市重度污染天数比例为0.5%，以臭氧为首要污染物的超标天数最多，占比达50.7%[①]。大气污染的区域性意味着治理需要具有整体性与协同性。但是，目前我国的综合治理与联防联控机制强度不够，如何打破行政边界，协调多元主体，统一治理目标，完善合作网络，理顺协调机制，实现区域统筹，严格联合执法，仍然是未来大气污染跨区域综合治理的重要挑战。

最后，企业环保意识较弱，政府监管不足。一是企业的发展观念转换不够充分，仍旧有部分企业在处理污染问题时宁愿花费更多的排污费用，却不愿将资金运用在大气污染治理上，甚至存在超排、偷排大气污染物的

---

① 中华人民共和国生态环境部．2020中国生态环境状况公报．(2021-05-26)［2021-11-05］. https://www.mee.gov.cn/hjzl/sthjzk/zghjzkgb/202105/P020210526572756184785.pdf.

现象。二是部分地方政府侧重于经济发展，环境保护投入不够充足。当前，仍有部分地方政府为经济收益大但污染性高的项目开绿灯，产业结构不够优化，没有着力推动新能源和环保节能相关产业的发展。一些地区的生态环境部门存在工作不到位的情况，对于不法企业偷排、超排大气污染物等情况的联合执法力度不够，即使下达整改命令，后期监督追踪也不到位[①]。

2018年中国人民大学中国地方治理综合调查包含了生态环境的相关问题，询问公众对“本市的环境优美，没有污染”的认同态度。调查结果显示，比较同意该说法者有30.88%，完全同意者仅有12.98%。如果将“比较同意”和“完全同意”视为公众对城市生态环境感到满意或评价较高，那么公众对生态环境感到满意的比例为43.86%，低于50%。这一结果表明，我国生态环境建设仍未能使大多数公众满意，生态环境现状与公众期望之间还存在较大的差距。

六、国际环境

国际环境是动态过程、结构体系，也是一种分析框架，它包括国际政治环境、国际经济环境、国际安全环境、国际科技环境、国际文化环境和国际地理环境等[②]。本部分将主要从国际政治、国际经济与国际安全方面介绍中国国际环境建设取得的成就和面临的挑战。

（一）对外交流取得巨大成就

1. 维护世界和平的坚定立场深入人心

我国始终高举和平、发展、合作、共赢的旗帜，积极营造良好外部环

① 赵振乾．我国大气污染治理现状分析．中国资源综合利用，2021（5）.
② 方柏华．论国际环境：基本内容和分析框架．世界经济与政治，2001（3）.

境，推动构建新型国际关系和人类命运共同体。在第七十五届联合国大会召开期间，习近平总书记发表了重要讲话，强调中国将始终做多边主义的践行者，积极参与全球治理体系改革和完善，维护以联合国为核心的国际体系，维护以国际法为基础的国际秩序，支持联合国在国际事务中发挥核心作用①。作为全球最大的发展中国家，中国始终坚持走和平发展、开放发展、合作发展、共同发展的道路。

2. 国际援助行动影响深远

我国始终坚持向经济困难的其他国家提供力所能及的援助，帮助受援国增强自主发展能力，丰富和改善人民生活，促进经济发展和社会进步。在抗击疫情的战役中，我国对众多国家以及世卫组织、非盟等国际组织提供紧急援助，包括检测试剂、口罩等医疗物资。2020 年 3 月，我国向世卫组织提供了 2 000 万美元捐款，大力支持抗击疫情的国际合作。2021 年 3 月，我国已经并正在无偿向 69 个有急需的发展中国家提供疫苗援助，同时向 43 个国家出口疫苗。此外，中国加入了世卫组织“新冠肺炎疫苗实施计划”，承诺首批提供 1 000 万剂疫苗，明确用于发展中国家急需②。截至 2021 年 11 月，中国向世界 110 多个国家和国际组织提供了超过 17 亿剂疫苗，向“新冠肺炎疫苗实施计划”供应超过 7 000 万剂疫苗，并捐赠 1 亿美元，还同 30 多个国家发起“一带一路”疫苗合作伙伴关系倡议，同 19 个发展中国家开展疫苗联合生产③。中国对外援助充分体现了为全人类

---

① 习近平在第七十五届联合国大会一般性辩论上发表重要讲话.（2020-09-23）[2022-03-12]. https://news. cctv. com/2020/09/23/ARTIHjrCWdj79CHRKSAcbsGq200923. shtml.

② 外媒点赞中国开展疫苗国际合作.（2021-03-09）[2022-03-12]. http://paper. people. com. cn/rmrb/html/2021 - 03/09/nw. D110000renmrb _ 20210309 _ 6 - 04. htm.

③ 外交部：中国已成为世界上对外提供新冠疫苗最多的国家.（2021-11-12）[2022-03-12]. http://world. people. com. cn/n1/2021/1112/c1002 - 32281116. html.

进步而奋斗的初心使命，体现了我国坚持正确义利观、推动构建人类命运共同体的责任担当，赢得了广大发展中国家的尊重和信任。

3. “一带一路”国际合作平台深受欢迎

我国坚持共商共建共享，推动共建“一带一路”高质量发展，推进一大批关系沿线国家经济发展、民生改善的合作项目，使共建“一带一路”成为当今世界深受欢迎的国际合作平台。共建“一带一路”为世界经济增长开辟了新空间，为国际贸易和投资搭建了新平台，为完善全球经济治理拓展了新实践，为增进各国民生福祉做出了新贡献。截至 2021 年 1 月，中国已同 171 个国家和国际组织签署 205 份共建合作协议，共同开展了 2 000 多个项目。2013—2021 年，中国与“一带一路”合作伙伴贸易额累计超过 9.2 万亿美元，中国企业在沿线国家直接投资累计超过 1 300 亿美元①。“一带一路”已成为当今世界范围最广、规模最大的国际合作平台②。

4. 全球治理中的国际影响力得到提升

党的十八大以来，我国始终秉承共商共建共享的全球治理观，推动国际秩序的公正化与合理化。

一方面，我国通过国际合作应对气候变化、难民危机、地区维和、可持续发展等全球问题。例如，近年来我国积极落实《巴黎协定》，提前完成 2020 年应对气候变化相关目标。2020 年 9 月，在中国宣布“力争 2030 年前二氧化碳排放达到峰值，努力争取 2060 年前实现碳中和”的基础上，

---

① “一带一路”，风景这边独好.（2021-06-26）[2022-03-12]. http://finance.people.com.cn/n1/2021/0626/c1004-32141277.html.

② 建设更加紧密的“一带一路”伙伴关系.（2021-06-25）[2022-03-12]. http://cpc.people.com.cn/n1/2021/0625/c64387-32140170.html.

习近平主席进一步做出“到2030年，中国单位国内生产总值二氧化碳排放将比2005年下降65%以上，非化石能源占一次能源消费比重将达到25%左右”的庄严承诺。

另一方面，以习近平同志为核心的党中央多次通过联合国、上海合作组织、金砖会议、二十国集团等多边国际机制、国际重要场合提出中国关于全球治理的新理念和新主张。2020年，习近平在各种国际多边场合提出“人类卫生健康共同体”“亚太命运共同体”“中非卫生健康共同体”等概念。“构建人类命运共同体”被纳入联合国《非洲发展新伙伴关系的社会层面》决议。在习近平有关全球治理、推动二十国集团合作等主张中，体现构建人类命运共同体的理念也多处被写入2019年《二十国集团领导人大阪峰会公报》[①]。2020年4月联合国大会通过的强化多边主义应对疫情的74/270号决议写入了我国提出的“以人民为中心”等理念[②]，凸显了我国在全球治理中的国际影响力。

（二）国际环境面临风险挑战

1. 国际经济格局发生深刻变化，全球贸易摩擦日益升级

近四十年来，全球经济呈现“东升西降”态势，以中国为代表的新兴经济体在全球经济中占比大幅度提升。1980年，中国占全球GDP的比重仅为1.7%，据世界银行公开信息，2020年中国GDP约为全球总量的17.4%。同时，2020年美国GDP占全球的比例高达24.7%，日本依然稳居全球第三名，全球占比约为5.9%。全球化趋势下中国经济快速增长的

---

① 中华人民共和国外交部政策规划司．中国外交2020年版．北京：世界知识出版社，2020.

② 中国国际问题研究院．国际形势和中国外交蓝皮书（2020/2021）．北京：世界知识出版社，2021.

现状使得部分国家将中国视作竞争对手并予以打击。近年来，中美两国经济博弈不断，美国针对中国实施贸易保护政策。2018 年 3 月 23 日，特朗普指令对从中国进口商品大规模加征关税，中国同样做出加税回应，中美贸易摩擦日益升级。在中美经济关系发生变化以及国际经济循环动力不足的大背景下，中国提出“双循环”新发展格局①。

2. 中美关系日益紧张

2017 年底，特朗普政府在美国《国家安全战略报告》中将中国称为“战略竞争者”。2021 年 3 月拜登政府发布《过渡时期国家安全战略指南》，延续对中国“战略竞争者”的定位，提到“威权势力”在全球范围内“推销”其威权治理模式，侵蚀了现有国际规则，威胁了民主国家。拜登政府将中美竞争视为全方位的竞争，而非单一的意识形态竞争或经济竞争。《过渡时期国家安全战略指南》强调中国是唯一能够运用经济、外交、军事和技术力量对稳定和开放的国际体系发起持续挑战的潜在竞争者②。针对中国，拜登政府积极打造应对中国联盟，拉拢盟友，尝试构建长期的统一战线。例如，美国在“印太”地区建立以“四边机制”为基础的“民主国家技术联盟”，推动“四边机制”与湄公河国家的对接③。美国在军事、经贸、科技、人权、南海等议题上始终实施对华强硬。例如，美国以国家安全名义升级对中国投资的审查，拒绝给在美国学习科学和技术的中国学生发放签证；将部分中国公司加入黑名单并施加制裁；严厉指责中国的涉

---

① 钟飞腾．“双循环”新发展格局与中国对外战略的升级．外交评论（外交学院学报），2021（2）.

② The White House. Interim national security strategic guidance. (2021-03-03)[2022-03-12]. https://www.whitehouse.gov/briefing-room/statements-releases/2021/03/03/interim-national-security-strategic-guidance/.

③ 杨悦．东盟对中美竞争的认知与应对．国际问题研究，2021（4）.

疆政策；游说欧洲禁用中国安检企业同方威视的产品；因涉港问题对相关中国官员实施签证限制；终止一些由中国资助的文化交流项目等[①]。

3. 中欧竞争日益升级

2018 年 6 月，欧盟委员会官方智库报告称，"从长远看，中国是欧盟的主要挑战"[②]。2019 年 3 月，欧盟在《欧盟—中国：战略展望》报告中强调，欧洲与中国除了是合作和谈判伙伴外还是经济和制度性的竞争对手，并提出以十大行动来平衡中国对欧洲带来的机遇与挑战[③]。法国总统马克龙表示："最终在中国这般重要的问题上，我们实现了维护欧洲主权的目标"[④]。欧盟将中国定义为制度性对手，将中国的经济行为进行政治化解读[⑤]，指出"中国企业在欧洲的并购不是简单的追求利润，而是长期的国家发展目标，是输出政治影响力，与第三世界的贸易和投资关系也受寻求影响力驱动，多边倡议同样服务于中国的地缘战略目标"[⑥]。近年来，欧盟借助贸易救济和投资限制等政策工具，实施强硬甚至带有保护主义特征的对华经贸政策。

4. 领土争端不断，地区安全仍需加强

近年来，南海问题、钓鱼岛问题仍是许多国家频繁炒作的对象。域外国家多次借口"航行自由"出入我国领海、领空，严重侵犯了我国领土和主权完整，无故恶化地区局势。2020 年，美国打着维护国际秩序的旗号要

---

① 王帆．中美关系的未来：走向"新冷战"抑或战略合作重启？．国际问题研究，2021（1）.

② 金玲．"主权欧洲"、新冠疫情与中欧关系．外交评论（外交学院学报），2020（4）.

③ European Commission. EU-China：a strategic outlook. March 12，2019.

④ AFP. Macron hails Europe "awakening" to China threat. March 21，2019.

⑤ 同②.

⑥ Leonard M，Pisani-Ferry J，Ribakova E，et al. Securing Europe's economic sovereignty. Survival，2019，61（5）.

求联合国拒绝中国的海洋主张，美国国务卿蓬佩奥 7 月 13 日发布的“美国对南海海洋权利主张的立场”声明，系统性地反对中国在南海中南部的大部分海洋主张。中国指出美国正在“挑起南海争端，违背美国政府在南海主权问题上不持立场的公开承诺”[①]。另外，也有一些国家非法占据、抢占我国领土，恶意制造军事威胁。例如，2020 年 4 月有关外军违反两国协议协定，抵边越线搭建便桥、修建道路，频繁在边境越线争控，试图单方面改变边境管控现状，导致边境局势陡然升温[②]。

5. 受新冠肺炎疫情影响，国际环境不稳定性不确定性明显增加

疫情蔓延初期，一些国家提出“中国病毒论”等带有种族主义和极端主义倾向的主张，给中国外交带来严峻挑战。一方面，新冠肺炎疫情使世界经济格局和全球秩序都备受冲击，导致世界经济衰退和经济全球化退潮。另一方面，疫情防控和疫后重建虽为国际合作提供了动力，但是受疫情破坏性影响，欧美国家的内顾倾向强化，对多边主义的支持和贡献受到更大的限制，突出反映在对全球治理参与热情减弱，实质贡献下降[③]。例如，美国针对世界卫生组织的停款、退群等消极做法，疫情扩散责任的纷争等，都恶化了国际合作环境。世界各国超越国内政治压力、淡化意识形态、加强国际合作仍有很长的路要走。

---

① Foreign Ministry spokesperson Zhao Lijian's regular press conference on July 14, 2020. (2020-07-14)[2022-03-12]. https://www.fmprc.gov.cn/ce/celk/eng/fyrth/t1797731.htm.

② 寸土不让！边境冲突中誓死捍卫国土，团长重伤、4 名官兵牺牲！全过程首次披露.(2021-02-19)[2022-03-12]. https://m.thepaper.cn/baijiahao_11383318.

③ 毛瑞鹏. 多边主义与中国的联合国外交. 国际问题研究，2020 (5).

第三章

边界更清晰的政府治理

构建边界更清晰的政府治理是新时代坚持和完善中国特色社会主义制度，推进国家治理体系和治理能力现代化的重要内容。党的十九届四中全会明确提出“构建职责明确、依法行政的政府治理体系”。习近平总书记指出：“转变政府职能是深化行政体制改革的核心，实质上要解决的是政府应该做什么、不应该做什么，重点是政府、市场、社会的关系，即哪些事应该由市场、社会、政府各自分担，哪些事应该由三者共同承担。”[①] 构建边界更清晰的政府治理，关键在于加快转变政府职能，明确政府自身职能定位以及厘清政府与市场和社会的关系。迈向政府治理现代化新征程，需要首先回顾我国政府边界变化和调整历程，在此基础上分析当前面临的现实挑战及其未来走向。

一、历史回顾

我国政府边界或定位是随不同历史时期社会主义建设的发展主题、主线而变化的，具有发展的连续性和阶段性相统一的特点。伴随经济社会从计划向市场、从农业向工业、从乡村向城镇、从封闭和半封闭向开放转型的现代化过程，我国政府功能定位大体经历了四个阶段。

① 中共中央文献研究室．习近平关于全面深化改革论述摘编．北京：中央文献出版社，2014：52.

（一）无所不包的全能政府（1949—1978 年）

新中国成立初期，面对内忧外患的复杂形势，党和国家建立起高度集中的计划体制，将保证国家安全和社会稳定作为首要任务。国际上，西方封锁和朝鲜战争对国家安全带来的严重威胁，使“集中力量办大事”的计划体制成为加快发展工业尤其是重工业和加强国防建设的最优选择。国内各个领域资源匮乏且经济社会基础十分薄弱，缺乏建立资本密集型工业体系的物质资本，当务之急是从传统农业国走向现代工业国，实现工业化。因此，我国学习高度集中的苏联模式，没收帝国主义在华企业和官僚资本，对个体农业、手工业和资本主义工商业进行社会主义改造，建立起集中管理、全面控制的单一公有制经济体系以夯实物质基础。直至改革开放前夕，政府有形之手贯穿于市场和社会管理的方方面面，无所不包的“全能主义”是这一阶段的政府形象。

具体来说，全能政府是指政府职能和权力范围囊括了公共和私人领域，包揽一切经济社会事务。在经济领域，到 1956 年底，社会主义改造基本完成，初步建立起公有制占主导的社会主义经济制度[①]。此后，旧的自由市场作用空间被持续压缩，生产资料全部收归国家和集体所有，国家对所有产业实行计划生产、统一定价、统一调配和管理，建立起统购统销包销的统一市场。在社会生活领域，政府采取高度组织化的单位和人民公社体制及户籍制度严格控制社会。城市和农村居民教育、医疗、就业、社会保障等需求都依托单位或人民公社来满足。此外，城市和农村二元户籍的划分限制了城乡居民的自由流动，通过户口对粮油等生活必需品、劳动

① 当代中国研究所．中华人民共和国史稿：第 4 卷．北京：人民出版社，当代中国出版社，2012.

力和社会福利等社会资源进行配置。当然，全能型政府路线不仅仅是面对国内外形势的现实选择，一定程度上也是几千年“大一统国家”传统的制度惯性结果，有其现实因素和历史渊源。

（二）计划向市场转轨（1978—1992年）

1978年以后，党和国家对政府与市场和社会的关系进行了反思和调整，并于党的十一届三中全会做出实行改革开放的历史性决策。在此背景下，政府开始转变自身职能，不断调整与市场和社会的关系，进入转轨阶段。

政府与市场关系经历了计划与市场的“主辅论”到“结合论”的演变过程①。1979年3月8日的《计划与市场问题》率先对计划和市场的关系做了界定，指出计划和市场是社会主义时期的两种经济，计划是基本的主要的，市场是从属的次要的，但又是必需的，两者在经济的调整和体制的改革中可能都会相应地增加②。1981年党的十一届六中全会提出“在公有制基础上实行计划经济，同时发挥市场调节的辅助作用”，1982年党的十二大确立了“计划经济为主、市场调节为辅”的“主辅论”。然而，“主辅论”并不适应经济快速发展需要。1987年邓小平提出：“为什么一谈市场就说是资本主义，只有计划才是社会主义呢？计划和市场都是方法嘛。”③ 党的十三大转而强调“善于运用计划调节和市场调节这两种形式和手段”，确立了政府与市场关系的“结合论”。可见，政府与市场关系在这一期间从对立向相互协调配合转变，为下一阶段建立社会主义市场经济体制奠定了基础。

---

① 包炜杰，周文．政府与市场关系的演变和突破：兼论中国特色社会主义政治经济学的国家主体性．学术研究，2020（11）．

② 陈云．陈云文选：第2卷．北京：人民出版社，1995：244－247．

③ 邓小平．邓小平文选：第3卷．北京：人民出版社，1993：203．

伴随政府与市场关系的转变，政府与社会关系也逐步从以往的绝对支配与被支配关系向主导与依附关系转变，政府仍旧是资源配置的主导力量，计划和市场两种手段在社会生活领域并存共生为“新二元结构”①。在城市，随着“单位制”解体，个体从“单位人”转变为“社会人”，以往归属于单位集中管理的个人事务也从中分化出来成为公共事务。不仅如此，20 世纪 80 年代中期以后，农村劳动力涌入城市，受户籍身份限制的进城务工人员也增加了城市社会管理的复杂性。在此背景下，《城市街道办事处组织条例》《城市居民委员会组织法》等相继出台，推动街居体制逐渐替代单位制对社会事务进行有效管理。在农村，家庭联产承包责任制的普遍实施和乡镇企业的迅猛发展加速了人民公社制度的解体，党和国家为了在搞活农村经济的同时维持乡村社会稳定发展，依靠乡镇政府和村委会进行双重管理。1986 年发布的《关于加强农村基层政权建设工作的通知》和 1987 年颁布的《村民委员会组织法（试行）》明确了乡镇政府整顿、指导、支持和帮助村委会健全各项工作的职能。尽管市场作用的逐渐加强为社会成员带来更多自由流动的资源和行动的空间②，但无论是城市还是农村的基层组织和个体参与公共事务管理的意识和能力都处于起步阶段。因此，政府行政化向基层社会渗透的政府主导社会管理模式，是这一阶段推动社会正常化和有序化发展的现实选择。

（三）更大程度向市场和社会放权（1992—2013 年）

1992 年初邓小平南方谈话后，我国经历了从社会主义市场经济初步建

---

① 刘平．新二元社会与中国社会转型研究．中国社会科学，2007（1）．

② 渠敬东，周飞舟，应星．从总体支配到技术治理：基于中国 30 年改革经验的社会学分析．中国社会科学，2009（6）．

立到完善阶段，并进入全面建成小康社会、加快推进社会主义现代化的新发展阶段，市场在资源配置中的基础性作用明显增强，政府将职能重点放在宏观调控和社会管理方面。党的十四届三中全会明确了社会主义市场经济体制改革的目标，“就是要使市场在国家宏观调控下对资源配置起基础性作用”。党的十六届三中全会提出“更大程度地发挥市场在资源配置中的基础性作用”，“切实把政府经济管理职能转到主要为市场主体服务和创造良好发展环境上来”。党的十七大进一步强调“从制度上更好发挥市场在资源配置中的基础性作用，形成有利于科学发展的宏观调控体系”。这一阶段，政府改变了全能时期的大包大揽与转轨时期的计划主导、市场和社会依附的状态，更大范围更大程度地向市场和社会放权。

具体来说，政府与市场关系经历了从微观经济管理向宏观经济调控的转变，从以往全过程介入企业经营活动向事前审批和事中事后监管转变。随着市场化改革的推进，以往由政府提供的住房、教育、医疗等公共产品和服务也开始推向市场，1998年叫停了住房分配，城市居民住房走向商品化。2001年我国加入世界贸易组织（WTO），进一步对外开放的同时也倒逼政府更大程度向市场放权，并通过制度和政策规范市场体系。然而，市场机制在各个领域的扩散在促使政企分开的同时，也造成了市场失灵。为了解决经济社会快速发展中的市场失灵和社会自律不足等问题，2001年行政审批制度改革在全国范围全面启动，推进行政审批规范化建设[①]。政府监管体系也在这一阶段逐步建立，中国证券监督管理委员会、中国保险监督管理委员会、中国银行业监督管理委员会、国家电力监管委员会、国家

① 郑家昊．政府职能叙事的转向与政府合作履职的兴起．探索，2021（3）．

安全生产监督管理总局、国家工商行政管理局、国家技术监督局、民用航空总局、国家药品监督管理局、国家环境保护局等部门纷纷成立。

政府与社会的关系变化主要反映在党和政府将社会管理的重要性提到历史新高度。随着市场化的发展，“效率至上”“平等交换”等市场逻辑逐渐向社会生活渗透，成为社会价值观的重要组成部分。一方面，人们的参与、公平和权利意识得到提高[①]，对自身精神世界的需求提高。另一方面，阶层、城乡、职业之间的社会分化使得人们的相对剥夺感日益增加，贫富差距增加。统计数据显示，我国基尼系数从 1978 年的 0.317 上涨到 2005 年的 0.449[②]。党的十六大提出建设小康社会目标，党的十六届三中全会强调“以人为本”的理念，将社会公众视为社会管理的重要主体。在此基础上，党的十六届四中全会明确了社会管理新格局为“党委领导、政府负责、社会协同、公民参与”。党的十六届六中全会提出通过健全社会管理格局、健全社会管理机制和完善社会治安防控体系三个方面加强社会管理。党的十七大报告更是指出，最大限度激发社会创造活力是建设更加健全社会管理体系的新要求。随后的“十二五”规划纲要将“加强和创新社会管理”单独成篇，同年中共中央和国务院出台《关于加强和创新社会管理的意见》，最大程度提升社会管理的重要性。

（四）加快职能转变和理顺关系（2013 年至今）

党的十八届三中全会以来，“推进国家治理体系和治理能力现代化”的总目标为构建边界清晰的政府提供了基本方向，“以人民为中心”的发展思想为政府边界提供了根本价值遵循，社会主要矛盾的转化为边界厘清

---

① 徐湘林．转型危机与国家治理：中国的经验．经济社会体制比较，2010（5）．
② 吴晓刚．1990—2000 年中国的经济转型、学校扩招和教育不平等．社会，2009（5）．

指明了着力点。这一阶段，通过不断优化政府职责体系，加快推进职能转变，厘清政府与市场和社会关系，采取“放管服”改革和优化营商环境等举措，逐渐形成职责明确、依法行政的政府治理体系。

首先，逐步优化政府自身职责体系。党的十八届三中全会将政府职责确立为“保持宏观经济稳定，加强和优化公共服务，保障公平竞争，加强市场监管，维护市场秩序，推动可持续发展，促进共同富裕，弥补市场失灵”。党的十九届四中全会则进一步明确为“完善政府经济调节、市场监管、社会管理、公共服务、生态环境保护等职能”，在提升市场监管职能地位的同时，强化了社会管理职能，并明确将生态环境保护列为政府职能的重要部分，这是对以往职责体系的再次优化。

其次，在政府与市场关系方面，摒弃了政府与市场“二元论”“主辅论”的传统思维，从遵循市场经济发展的一般规律出发，从市场起基础性作用转向市场起决定性作用，强调更好发挥政府作用，迈向互融共生新型政府与市场关系。党的十八届三中全会重新界定了“市场在资源配置中起决定性作用和更好发挥政府作用”的新型政府与市场关系。习近平总书记在2014年5月中共中央政治局第十五次集体学习时指出：“在市场作用和政府作用的问题上，要讲辩证法、两点论，‘看不见的手’和‘看得见的手’都要用好，努力形成市场作用和政府作用有机统一、相互补充、相互协调、相互促进的格局，推动经济社会持续健康发展。”[①] 政府从“创造市场”向“更好发挥政府作用”的定位转向[②]。党的十九届五中全会在此基

① 习近平：正确发挥市场作用和政府作用 推动经济社会持续健康发展.(2014-05-27)[2021-08-13]. http://www.gov.cn/xinwen/2014-05/27/content_2688228.htm.

② 包炜杰，周文. 政府与市场关系的演变和突破：兼论中国特色社会主义政治经济学的国家主体性. 学术研究，2020 (11).

础上提出，“充分发挥市场在资源配置中的决定性作用，更好发挥政府作用，推动有效市场和有为政府更好结合”，明确了有效市场与有为政府并非割裂关系，而是相辅相成、互为支撑、互融共生的。

最后，在政府与社会关系方面，经历了从政府对社会的单向管理到政府负责、社会协同的社会治理的转变。党的十八届二中全会突出强调了社会的地位，要求“更好发挥社会力量在管理社会事务中的作用”。党的十八届三中全会则首次提出社会治理，指出“适合由社会组织提供的公共服务和解决的事项，交由社会组织承担”，要求“坚持系统治理，加强党委领导，发挥政府主导作用”。党的十九大和十九届四中全会进一步丰富了社会治理的内容，分别提出“完善党委领导、政府负责、社会协同、公众参与、法治保障的社会治理体制”和“完善党委领导、政府负责、民主协商、社会协同、公众参与、法治保障、科技支撑的社会治理体系”，明确了政府在社会治理工作中起到引导和统筹的“领头雁”作用，该由政府负责的一定要管好、管到位，体现了习近平总书记提出的政府“有形之手”、市场“无形之手”和社会“勤劳之手”同向发力推动国家治理现代化的思想。

（五）我国明确政府边界的历史经验

总结来看，新中国成立以来政府边界逐渐清晰，政府与市场和社会的关系也得到进一步厘清。政府自身职能范围逐渐缩小，市场和社会主体以及人民群众在政府治理中扮演着愈加重要的角色。这些成就主要反映了政府职能边界对不同阶段党的指导思想、发展环境、经济体制、思想观念的适应性调整。

第一，坚持党的指导思想。从“建立国家工业化和国防现代化”，到改革开放后“实事求是”思想路线的回归，“以经济建设为中心”“坚持四项基本原则”“坚持改革开放”社会主义初级阶段基本路线的确立，再到“建立社会主义市场经济体制”，最后到“推进国家治理体系和治理能力现代化”，我国政府始终根据党的指导思想部属安排职能边界，在经济社会建设上发挥了重要作用。

第二，坚持推进改革创新。我国政府始终结合经济、政治、社会发展环境，通过深化行政体制和机构改革、转变政府职能、“放管服”改革等一系列改革举措，促使政府自身职责定位不断明确，政府职能配置逐步优化，极大释放了市场活力和社会创造活力。同时，不断推进法治政府建设，一定程度上缓解了政府职能越位、缺位、错位问题，使政府职能边界日益清晰、权力配置更趋合理、治理水平不断提升，并以法治手段巩固上述改革创新成果。

第三，坚持尊重市场规律。自“以经济建设为中心”方针路线确立以来，政府职能履行始终坚持尊重供求、竞争、价值等市场规律，在资源配置中的作用从“基础性”转变为“决定性”，政府对市场的管制逐步放松，对市场的态度从敌对向包容合作转变，通过“放管服”改革和优化营商环境等一系列手段，着力推动经济高质量发展，释放国内市场潜力。

第四，坚持人民至上理念。“民惟邦本，本固邦宁”。伴随政府向社会放权，人民主体地位和意识提高，从被管理者和被动接受者的身份转变为管理者和主动提出需求的主体。我国政府清楚认识到满足人民美好生活需要是政府治理的最终目标，因此，加快转变政府职能，强化政府公共服务职能，同时调动社会力量参与公共事务，不断推动服务型政府建设，努力兑现“人民至上”的承诺。

二、现实挑战

当前，政府治理面临较以往更加复杂的国内外形势，在克服自身职能错位、越位、缺位，矫正市场失灵，以及培育市场和社会力量方面仍面临众多挑战。2018年中国人民大学中国地方治理综合调查结果显示，公众对边界清晰的政府治理的现实期望与其实际水平尚存较大差距（见表3-1）。如果将“比较同意”和“完全同意”视为公众对政府相关情况感到满意或较为认同，那么公众对政府向市场和社会放权情况感到满意的比例均小于50%，分别为37.31%和38.90%，对政府主要领导坚持简政放权和转变职能感到满意的比例为28.69%，仍有超过半数的公众对上述情况不够满意。同时，认为政府“官本位”情况普遍存在的公众比例达到44.31%。这些结果表明我国政府对市场和社会的干预程度依然较高，政府简政放权工作仍有待深化，在转变职能、转变作风、转变工作方式等方面还有较大提升空间，政府与市场和社会的关系有待进一步理顺。

表3-1 公众对政府边界的感知与评价情况

就当地市政府的总体情况，您是否同意以下说法：	完全不同意	比较不同意	一般	比较同意	完全同意
凡是市场能干好的事情，本市政府放手不干预	6.99%	17.54%	38.16%	26.08%	11.23%
凡是社会能干好的事情，本市政府放手让社会自我管理	5.37%	14.44%	41.30%	27.48%	11.42%
本市主要领导坚持“管得最少的政府是好政府”	10.96%	19.79%	40.57%	20.86%	7.83%
在经济和社会资源配置中，官本位的情况比较普遍	3.17%	10.37%	42.15%	31.73%	12.58%

（一）政府放权有待深化

尽管十八大以来“放管服”改革取得了显著成效，但政府放权仍不够彻底，长期干涉和介入“不该管”“管不了”“管不好”领域的“越位”现象仍然存在。一是对放权的认识不够到位。在制度惯性和行为惯性作用下，“政府无所不能，官员无所不知”的观念依旧存在，一些政府部门和官员超越职权范围“越位”干预市场和社会正常活动①。这种观念下，公权力滥用并未得到有效制约，反而促成权力部门化、部门利益化和利益行政化，一些利益藩篱依然没有破除②。二是放权的执行还不够深化。一些地方放权仍存在避重就轻的现象，出现选择性放权，放小不放大、放虚权不放实权，有利则放权、无利不落实等问题③。此外，审批事项下放后，后续的监管也未能有效衔接，一些部门出现“会批不会管”的情况，阻碍了简政放权的持续深化④。三是放权的长效机制仍有待健全。虽然各地政府均按中央要求制定权力清单、责任清单和负面清单，但由清单固化的权力为放权带来了制度性障碍，出现明放暗收、虚放实收，甚至出现回揽职权、变相扩权等现象⑤，保障简政放权的政府权责清单机制、落实考核机制还不够健全。

（二）职能转变不够到位

当前，政府过度干预微观经济社会运行的同时，在宏观调控等方面也

---

① 本刊评论员．要警惕政府越位的逆流．财政监督，2020（23）.

② 卫鑫．“放管服”改革的现实问题与完善路径．中国行政管理，2021（2）.

③ 郭俊奎．“政府放权要彻底”不是夸大其词．（2015-03-05）[2021-08-13]. http://opinion.people.com.cn/n/2015/0305/c1003-26642286.html.

④ 朱光磊，张梦时．“放管服”改革背景下的审管关系演进逻辑．南开学报（哲学社会科学版），2021（6）.

⑤ 潘小娟．政府的自我革命：中国行政审批制度改革的逻辑起点与发展深化．行政管理改革，2021（3）.

没能“管好”“管到位”，政府职能转变不够到位，干预过度和管控不足并存，重管理而轻服务的现象屡见不鲜[①]，产生政府“错位”问题。一方面，对微观事务干预过多。政府长期掌管公共领域关键资源，在要素配置方面干预过多，一些政府部门将市场主体和社会组织视为政府附属品而非合作伙伴，阻碍了政府向市场和社会转移职能，出现既充当“裁判员”又充当“运动员”的角色错位[②]。另一方面，对宏观调控和规划重视不足。面对国内外大环境带来的不稳定性和不确定性，政府在摆脱对微观经济活动的具体干预的同时，对宏观经济运行的监测和协调仍需加强[③]，经济社会中长期发展规划的前瞻性、科学性、协同性和可行性还有待提升。最后，对行政权力制约不够。在政府职能的长期错位下，出现监管权和审批权成为权力寻租的手段等腐败问题[④]。用政府科层逻辑取代市场效率逻辑和社会自治逻辑，不仅会造成政府的低效率和高成本，还会阻碍市场和社会的健康有序发展。

（三）公共服务尚需提升

社会和民生保障领域政府的“兜底”责任尚未兜牢、兜实，在满足人民群众日益增长的公共服务需求方面还存在不足，政府“缺位”情况依然存在。伴随新技术的出现，信息公开性大幅提高，公共领域和私人领域的边界越发模糊和交叉，传统由政府主要提供公共服务的框架被打破[⑤]。不

---

① 张丽芬．论新业态领域中的社会风险及其治理．北京社会科学，2021（6）．

② 宋世明．新时代深化行政体制改革的逻辑前瞻．中国行政管理，2020（7）．

③ 杜秦川．围绕加快构建新发展格局统筹完善宏观经济治理．宏观经济管理，2021（10）．

④ 董江爱，梁俊山．政府职能转变视角下的资源型地区营商环境优化路径研究：以山西省为例．中国行政管理，2020（5）．

⑤ 衡容，贾开．数字经济推动政府治理变革：外在挑战、内在原因与制度创新．电子政务，2020（6）．

仅如此，由于社会结构更加扁平化、社会思潮多元化，人民群众对公共服务的需求也更加多层次多样化[①]，而公共服务的供给不足、质量不高、发展不均衡等问题依然突出。一是政府对基本公共服务领域的支持力度仍有待提高。虽然，公众对基本公共服务的满意度不断提升[②]，但公众在看病难、看病贵、教育资源分配不均衡、房价高、养老难、人居环境差等方面的治理成效认可度仍然较低[③]，城乡、地区之间差异逐步增大[④]。二是在非基本公共服务领域，政府鼓励和支持市场和社会力量参与的作用未能有效发挥。目前，市场和社会力量参与不足，市场化、多元化、优质化的公共服务供给体系还有待完善[⑤]。政府在非基本公共服务的规划引导、环境营造、监管服务等方面的角色发挥仍存在不足，在政府购买服务、公建民营、政府和社会资本合作等方面的财政性资金支持还有待进一步加大，对过程中三方的权利义务还有待明确。

（四）政府监管不够有力

市场在配置资源过程中的失灵问题仍然时有发生，而政府监管职能在保障高标准市场体系建设方面的作用尚未得到充分发挥。目前，市场秩序不够完善，不正当竞争和侵犯知识产权等行为仍较为普遍，市场行为不够规范，欺骗消费者的行为仍屡见不鲜，带来的负外部性等问题仍需监管部

---

① “新经济”时代，政府应该如何作为?.(2016-08-26)[2021-08-13]. http://www.gov.cn/zhuanti/2016-08/26/content_5103184.htm.

② 刘志昌，刘须宽．中国城市基本公共服务力评价（2020）．北京：社会科学文献出版社，2021：23.

③ 于洪清，张忠华．“管得住”后，哪些需要治得更好．人民论坛，2021（14）.

④ 郭雨晖，汤志伟，赵迪．基本公共服务均等化的评估与研判：区域补偿和质量提升下的动态演进．公共管理评论，2020（4）.

⑤ 李军鹏．面向社会主义现代化新发展阶段的政府职能转变．中共中央党校学报，2021（4）.

门着力解决①。而政府监管却存在以下问题：一是协同监管仍有待推进。行业监管部门与综合监管部门的协调配合机制还未完全建立，部门联合的“双随机、一公开”监管还有待常态化②。二是重点领域重点任务监管还不够到位。无论是重要民生商品和资源价格，还是要素市场交易监管和新经济领域监管，监管规则和标准都不够健全③。三是新型监管机制还有待完善。监管方式仍主要为执法稽查等接触式方式，信用监管等新型事中事后监管机制还未完全建立，信用分级分类监管还有待推进④。四是事后监管合力还有待进一步提升。部门联合监管权责关系还有待理顺，行政罚款与刑事处罚的衔接不够紧密⑤。五是对监管机构的监督仍需加强。尤其是对监管机构不作为、乱作为的惩处和问责制度需进一步健全。以平台经济为例，虽然《国务院办公厅关于促进平台经济规范健康发展的指导意见》明确要求“创新监管理念和方式，实行包容审慎监管”，习近平总书记强调“建立健全平台经济治理体系，明确规则，划清底线，加强监管，规范秩序”⑥，但政府对平台经济的监管规则、标准、程序等仍不明确。

（五）政社关系仍需理顺

尽管政府在改革开放后不断缩小对社会的控制范围，拓宽社会空间，

---

① 席涛．市场监管的理论基础、内在逻辑和整体思路．政法论坛，2021（4）.

② 宋世明．新时代深化行政体制改革的逻辑前瞻．中国行政管理，2020（7）.

③ 张丽芬．论新业态领域中的社会风险及其治理．北京社会科学，2021（6）.

④ 宋世明．强化“善管”持续推进“放管服”改革：再论“善管”的基本框架．行政管理改革，2017（5）.

⑤ 柴一凡．以有效监管促进社会组织健康有序发展．中国行政管理，2021（4）.

⑥ 习近平主持召开中央财经委员会第九次会议强调 推动平台经济规范健康持续发展 把碳达峰碳中和纳入生态文明建设整体布局.（2021-03-15）[2021-08-13]. http://www.xinhuanet.com/politics/leaders/2021-03/15/c_1127214324.htm.

激发社会活力，加强政府与社会组织的合作①，但目前仍处于建设社会治理共同体的初级阶段，政府与社会之间的权力与责任、权利和义务分配不够合理②，政府仍旧掌控微观社会管理的多数领域和环节③。一方面，政府对社会力量的信心和信任不足，对社会力量的培育、鼓励和支持力度不够，“政强社弱”格局仍未得到根本改变。一些地方片面强调对社会秩序的管控，对社会组织和公众在社会管理中的作用不够重视也不够信任。政府对公众的信任不足，则公众参与“无门”④。在创造和提供公众参与社会管理的机会、渠道、平台方面所做的努力不够，对公众的参与权、知情权、表达权、监督权宣传和保护不足⑤，不仅挤压社会空间带来社会不稳定因素，还造成行政资源的浪费和行政效率的低下。另一方面，社会组织和社会公众的自治意识和能力有待提升，许多政府转移的职能社会“接不住”“管不好”⑥。不少公众仍存在求稳怕乱心理，社会力量参与严重不足，“干部干群众看”现象屡见不鲜⑦。不仅如此，一些行业协会和社会组织缺乏造血和管理能力，难以通过社会参与缓解政府压力、补充政府力量⑧，导致政府难以从日益复杂的社会微观管理中脱离出来。

---

① 岳嵩．新时代政府职能转变的四个向度．人民论坛，2019 (11).

② 苏曦凌．政府与社会组织关系演进的历史逻辑．政治学研究，2020 (2).

③ 王卓．走好新时代群众路线 网格化社会治理模式的群众基础．人民论坛，2020 (20).

④ 曾婧婧，宋娇娇．政府对公众的信任：公众参与的桥梁．公共行政评论，2017 (1).

⑤ 陆学艺．当代中国社会阶层（全四册）．北京：社会科学文献出版社，2018.

⑥ 赵海月，赵晓丹．健全基层群众自治制度的路径探析．人民论坛，2020 (15).

⑦ 龚维斌，马福云，张林江．以共同富裕引领社会体制改革：“十三五”时期社会体制改革及“十四五”时期展望//龚维斌，赵秋雁．中国社会体制改革报告 No. 9 (2021)．北京：社会科学文献出版社，2021.

⑧ 陈国富，牛小凡．政府职能定位与中国政府治理模式的转型．理论与现代化，2021 (3).

三、未来发展

在新的历史起点上，按照十九届四中和五中全会有关政府治理体系建设的方向指引，依照习近平总书记的要求，“加快转变政府职能，该放给市场和社会的权一定要放足、放到位，该政府管的事一定要管好、管到位”①，坚决扭转政府职能错位、越位、缺位现象。通过完善制度体系、加快转变职能、推动多方合作、加强市场监管、强化赋权增能推进构建边界更清晰的政府治理。

（一）形成有章可循的政府活动

党的十九届四中全会将“坚持和完善中国特色社会主义行政体制，构建职责明确、依法行政的政府治理体系”纳入中国特色社会主义制度建设的主要内容。当前，全面建设社会主义现代化国家的新征程充满风险挑战，必须加强顶层设计，推进制度建设，为政府活动提供制度遵循，规范政府行为。

一是以制度优化政府自身职能，加快创建和完善制度环境。根据十九届四中全会对政府职责体系优化的要求，在政府经济调节、市场监管、社会管理、公共服务、生态环境保护等方面，实行政府权责清单制度，深化行政审批制度改革，健全宏观调控制度体系，完善经济社会发展规划制度，建立健全运用技术手段进行行政管理的制度规则。不仅如此，面对复杂多变的国内外形势，尤其是新经济迅猛发展和突发事件频发的情况，稳

① 习近平参加上海代表团审议 保持锐意创新勇气蓬勃向上朝气 加强深化改革开放措施系统集成.（2016-03-06）[2021-08-13]. http://cpc.people.com.cn/n1/2016/0306/c64094-28175239.html.

定完善的制度环境可以为政府履行管理和治理职能提供根本遵循。因此，要按照习近平总书记的要求，加快创建和完善制度环境①。加快推进新经济监管和突发事件应对过程中行政手段应用的制度化规范化，提高政府管理效能。

二是以法治思维规范政府职能边界，推进政府权责清单制度落地见效。“法定职责必须为，法无授权不可为”。习近平总书记强调要用法治来规范政府和市场的边界②。当前，法治政府建设在解决政府职能越位、缺位、错位问题，使职能边界日益清晰、权力配置更趋合理、治理水平不断提升等方面取得了显著成效。建立政府工作部门的权责清单制度对加快形成边界清晰、分工合理、权责一致、运行高效、法治保障的政府职能体系，提高政府科学、民主、依法施政具有十分重要的意义。党的十九届三中、四中、五中全会都要求全面实行政府权责清单制度。2021 年 8 月，中共中央、国务院印发《法治政府建设实施纲要（2021—2025 年）》，进一步强调全面实行政府权责清单制度，在权责清单的动态调整、考核评估、标准建设等方面强化落实。因此，应在上述政策指引下，继续推进政府权责清单向省市县乡全覆盖，实现政府各类履职行为可提示、可留痕、可倒查、可监督，并定期调整和评估清单内容，使政府活动真正做到有章可依、有据可循。

（二）健全科学的宏观调控体系

加快转变政府职能要以党的十九届四中全会明确的“完善政府经济调

---

① 习近平主持召开中央全面深化改革委员会第四次会议.（2018-09-20）[2021-08-13]. http://jhsjk.people.cn/article/30306129.

② 习近平主持召开中央全面依法治国委员会第二次会议.（2019-02-25）[2021-08-13]. http://jhsjk.people.cn/article/30901456.

节、市场监管、社会管理、公共服务、生态环境保护等职能”为指引，在正确认识政府作用的基础上，健全宏观调控体系。

正确认识政府作用的动态性、相对性和局限性。首先，根据复杂适应系统理论，政府作用边界并非恒久不变，而是随时间和外部环境呈现非线性的适应改变，这就需要在动态均衡中调整政府职能边界。其次，政府作用发挥是相对于市场和社会的，核心是处理好政府与市场和社会的关系。不能脱离市场和社会讨论政府边界，政府的“有形之手”、市场的“无形之手”和社会的“勤劳之手”并非各自独立、相互割裂，而是有机统一、相辅相成、不可分割、缺一不可的。最后，政府作用同样存在局限性。需要清醒认识到政府能力的有限性和政府失灵的必然性，以及运用权力清单、责任清单和负面清单明确政府职能定位的必要性。以上特性更加凸显了强化宏观调控和规划指引对协调、保证、指引政府作用发挥的重要意义。

推动政府职能向宏观调控转变。习近平总书记指出，“科学的宏观调控，有效的政府治理，是发挥社会主义市场经济体制优势的内在要求”①。党的十九届四中和五中全会都提出要健全以国家发展规划为战略导向，以财政、货币、产业、区域等政策为手段的宏观调控体系。一方面，充分发挥国家发展规划在引导资源配置和平衡各方关系方面的战略导向作用。“凡事预则立，不预则废”。习近平总书记在强调用中长期规划指导经济社会发展的重要意义时指出，“中长期发展规划既能充分发挥市场在资源配置中的决定性作用，又能更好发挥政府作用”②。面对新征程中世情国情党

① 习近平：关于《中共中央关于全面深化改革若干重大问题的决定》的说明.（2013-11-16）[2021-08-13]. http://jhsjk.people.cn/article/23561783.

② 习近平：在经济社会领域专家座谈会上的讲话.（2020-08-24）[2021-08-13]. https://baijiahao.baidu.com/s?id=1675922109151348077&wfr=spider&for=pc.

情的变化，应增强国家规划对公共预算、资源配置等政策措施的宏观引导和统筹协调功能，强化专项规划和区域规划对总体规划的支撑，加强对规划的实施进行年度、中期和中介评估，提高规划的引领性、指导性和约束性。另一方面，更好发挥各项政策工具的支撑调控作用。更好发挥财政政策平衡区域发展和保障民生等重点领域支出的作用，提高货币政策在深化金融体制改革、增强金融服务实体经济等方面的调控作用，增强收入分配制度在扩大中等收入群体、消费促进经济发展等方面的基础性作用，更多通过规划和政策等方式调控或管理经济社会事务。

（三）完善多方参与的服务模式

“十四五”规划要求，“突出政府在基本公共服务供给保障中的主体地位，推动非基本公共服务提供主体多元化、提供方式多样化”。新中国成立以来取得的成就是党的领导力量、人民的主体力量、市场的配置力量和政府的服务力量形成合力的结果①。也就是说，提供人民满意、适应经济社会发展的公共服务需要政府、市场、社会共同参与、协同合作。

我国社会结构的深刻变化，互联网等新技术带来的人类交往方式的深刻变化，以及社会观念、社会心理、社会行为的深刻变化，都是“十四五”时期我国经济社会发展的新变化②。面对这些变化，人民群众对公共服务的需求发生了根本性改变，原有的公共服务提供理念和方式已不适应当前发展需要。这就要不断创新服务理念，综合考虑政府、市场、社会三方价值追求和现实需求，明确服务提供不能仅靠政府，更要发挥市场和社

① 高小平．中国行政管理制度70年：服务理念的发展探索．东南学术，2019（4）.

② 习近平．在经济社会领域专家座谈会上的讲话（2020年8月24日）.（2020-08-24）[2021-08-13]. http://www.gov.cn/gongbao/content/2020/content_5541470.htm.

会力量，拓宽服务渠道，不断改革服务模式，优化服务手段。应根据《加大力度推动社会领域公共服务补短板强弱项提质量 促进形成强大国内市场的行动方案》的要求，积极发挥政府投资引导带动作用，确保优先支持基本公共服务领域，同时，充分发挥市场和行业协会、商会等社会组织的作用，鼓励引导社会力量参与，扩大公共服务有效供给，推动非基本公共服务市场化、多元化、优质化。

具体来说，一是创新公共服务提供方式，使更多主体能够协同参与到公共服务提供过程中。“十四五”规划提出，“鼓励社会力量通过公建民营、政府购买服务、政府和社会资本合作等方式参与公共服务供给”。能通过政府购买方式提供的公共服务，不再由政府直接提供，而是交由符合条件的市场或社会主体提供，或者吸引社会资本，通过政府与社会资本合作方式提供。另外，充分发挥慈善组织、社会工作服务机构的补充作用，通过慈善捐赠和志愿服务等方式提供公共服务。二是加强对服务提供的监督。推动教育、医疗、卫生、养老等基本公共服务领域的相关信息向社会公开，接受社会和公众的监督，从而督促政府履行“保基本、兜底线、促公平、惠民生”的基本责任，确保基本公共服务对老少边穷地区、特殊群体的全覆盖，推进基本公共服务均等化。三是定期开展公共服务的需求分析和满意度调查，及时了解社会需求变化，根据社会需求调整服务提供范围和方式，并根据公共服务提供效果的满意度调查结果，对政府、市场、社会等服务提供主体问责，以保证公共服务的提供效率和质量。

（四）构建监管有力的市场体系

习近平总书记强调，“市场在资源配置中起决定性作用，并不是全部作用”[①]。这就需要更好发挥政府作用，加强市场监管，为尽快建成统一开放、竞争有序、制度完备、治理完善的高标准市场体系畅通道路。

伴随市场在资源配置中的决定性作用日益增强，建设高标准市场体系不仅成为构建新发展格局的重要支撑，也是促进经济高质量发展的现实基础。党的十九届五中全会提出，建设高标准市场体系是构建高水平社会主义市场经济体制的重要内容，并在产权保护、公平竞争、要素市场化改革等领域对建设高标准市场体系提出要求。《优化营商环境条例》指出，更大激发市场活力和创造力，需要最大限度减少政府对市场活动的直接干预，加强和规范事中事后监管。《建设高标准市场体系行动方案》进一步明确了“基本建成统一开放、竞争有序、制度完备、治理完善的高标准市场体系”的总体要求，并指出提升监管水平是建设高标准市场体系的重要前提。

这就要求政府按照“十四五”规划中推进监管能力现代化的要求，根据《国务院关于加强和规范事中事后监管的指导意见》，创新政府监管理念和方式，不断强化政府监管，形成市场自律、政府监管、社会监督互为支撑的协同监管格局，推动有效市场与有为政府更好结合。一是继续优化对市场主体的审批和审查，取消不必要的监管要求，加快形成高效规范、公平竞争的国内统一市场，充分激发市场主体活力。二是加强事中事后监管，严格依法依规落实监管责任，健全监管规则和标准体系，创新和完善信用监管机制，对新经济领域实行包容审慎监管，加强智慧监管建设。三是加强联合监管统筹协调，健全审批、监管、处罚的协调衔接机制，推进

① 习近平：关于《中共中央关于全面深化改革若干重大问题的决定》的说明.（2013-11-16）[2021-08-13]. http://jhsjk.people.cn/article/23561783.

信息共享、标准互通、处理结果互认。四是加强对监管机构的监督，健全在审批监管等监管职责履行重点领域的监督检查，在避免监管机构不作为和乱作为的同时，确保监管督查力度和监管成效。

（五）打造赋权增能型社会治理

党的十八届三中全会指出，“正确处理政府和社会关系，加快实施政社分开，推进社会组织明确权责、依法自治、发挥作用。适合由社会组织提供的公共服务和解决的事项，交由社会组织承担”，要求依照社会事务管理规律将相关职能从政府进一步剥离，也就是更大范围向社会赋权，更大力度向社会增能。

一方面，更大范围向社会和公众赋权，加强和支持基层社会治理建设。“十四五”规划明确提出，加强和创新社会治理，就要实现政府治理同社会调节、居民自治良性互动，“建设人人有责、人人尽责、人人享有的社会治理共同体”。在此过程中，政府应在 2021 年 4 月发布的《中共中央 国务院关于加强基层治理体系和治理能力现代化建设的意见》指引下，首先明确政府自身社会管理职能边界，突出在社会管理、社会服务和社会矛盾化解中的作用，做到“政府负责”。其次，为基层社会组织和公众创造参与机会，打造参与平台，使其能够更广范围、更深层次参与社会事务管理，逐渐培养基层社会组织和公众的参与意识和能力。最后，政府通过制定政策和权责事项引导和约束基层社会组织的行动方向，加强对社会组织的联系、服务、引导和监管。

另一方面，更大力度向社会和公众增能，提高社会治理效能。习近平总书记要求，“尽可能把资源、服务、管理放到基层，使基层有职有权有物，更好为群众提供精准有效的服务和管理”[①]。一是向社会组织提供资金、项目、技术、人才、场地等资源，不断培育、扶持和壮大社会组织规模和影响力。在此基础上，通过契约方式，向社会组织定向委托提供公共服务，提高社会组织服务能力。二是定期开展对社会组织中高层管理人员的培训，提高社会组织人员素质和能力。三是设立政府专项基金，鼓励社会组织申报社会服务和创新项目，激发社会组织的活力和创造力[②]。

① 习近平：推进上海自贸区建设 加强和创新特大城市社会治理.（2014-03-06）[2021-08-13]. http://cpc.people.com.cn/n/2014/0306/c64094-24541425.html.

② 姜晓萍，衡霞，田昭．中国城市社会治理．北京：中国人民大学出版社，2021.

第四章

更加协同的政府治理

在全面建设社会主义现代化国家新征程中，更加协同的政府治理是确保国家治理效能得到新提升的关键。党的十九届四中全会明确指出，“坚持全国一盘棋，调动各方面积极性，集中力量办大事”是我国国家制度和国家治理体系的显著优势。反映在政府治理中，这涉及政府各层级、各区域和各部门的有效协同，通过上下联动、横向协同，增强整体合力解决改革发展稳定中的关键问题，发挥政府在高质量发展和现代化建设中的引领作用。在实现“两个一百年”奋斗目标中承上启下的关键过渡期，有必要回顾新中国成立以来政府协同治理的演变，从历史中总结经验、查找问题，展望政府协同治理新征程。

一、历史回顾

新中国成立以来，经过不断探索和尝试，我国逐渐向更加协同的政府治理迈进，这体现在央地关系、地方政府间关系和部门间关系三个维度。

（一）层级协同历史演进

不同层级政府间的纵向协同既包括中央政府同地方政府之间的关系[①]，

---

① 通常指中央政府和省级政府之间的关系，也有学者认为是中央政府与广义地方政府（包括省、市、县、乡镇）之间的关系。

也包括不同层级地方政府之间的关系，如省、市、县及乡镇之间。在这两组关系中，央地关系一直是我国实践发展和理论讨论中的重要主题，中国特色的央地分权体制被一些经济学家视为中国经济增长奇迹的关键。

央地关系的演变可以分为立法权、财权、事权和人事权四个维度①。财政分权指经济性分权，事权划分属于行政性分权。新中国成立以来，央地之间立法权和人事权的调整相对稳定，财权和事权在集权和分权间反复波动。依据影响央地关系的重大事件和结果，央地关系的演变可以大致划分为三个阶段②。当然，在每个阶段中，央地关系也有变动。

1. 行政性分权战略（1949—1978年）

从新中国成立初期到改革开放之前，财政上采用中央计划的统收统支，行政上经历了集权放权的循环往复。新中国成立伊始，中央政府通过一系列法律法规确立了中央高度集权的单一政治体制，中央政府拥有全国的财政、经济、金融和行政管理权③，地方政府设立了与中央经济部门对应的经济管理机构，"条条"管理体制初步形成④。"一五"计划末期，毛

① 朱旭峰，吴冠生．中国特色的央地关系：演变与特点．治理研究，2018（2）．

② 现有学者对于央地关系演变的第一阶段的划分基本一致，普遍认为从新中国成立后到1978年改革开放前属于第一阶段，采用行政性分权战略，但学者们对于1978年后的阶段划分有不同观点。第一种观点是将1994年分税制改革作为央地关系变化分水岭，代表性学者多为经济学研究者或财政学研究者，如陈硕。第二种观点是将1992年建立社会主义市场经济体制目标的确立作为时间点，认为1992年后开始侧重于经济性分权战略，如汪玉凯。第三种观点认为1978年后的央地关系变化一脉相承又错综复杂，建议不再细分阶段。考虑到"财政包干"体制和分税制改革的差异，以及分税制改革对于央地关系的重塑，本文采用第一种观点，将1994年分税制改革作为第二、第三阶段的划分节点。（李芝兰，刘承礼．当代中国的中央与地方关系：趋势、过程及其对政策执行的影响．国外理论动态，2013（4）；朱旭峰，吴冠生．中国特色的央地关系：演变与特点．治理研究，2018（2）；汪玉凯．中国行政体制改革20年．郑州：中州古籍出版社，1998；陈硕．中国央地关系：历史、演进及未来．上海：复旦大学出版社，2020.）

③ 参见1950年3月政务院颁布的《关于统一国家财政经济工作的决定》。

④ 刘承礼．理解当代中国的中央与地方关系．当代经济科学，2008（5）．

泽东意识到中央计划体制的低效，在《论十大关系》中提出“应当在巩固中央统一领导的前提下，扩大一点地方的权力，给地方更多的独立性，让地方办更多的事情”[①]。1958 年，伴随“大跃进”运动，中央开始改革高度集中的计划经济体制，包括减少计划分配物资、下放基建审批权等。然而，随后发生了严重经济困难，中央政府便开始在一定程度上集权，要求国家预算上下一本账，不准地方进行赤字预算。不过这只是权宜之计，到“文化大革命”时期继续开始更为彻底的分权。在“文化大革命”结束后，权力又重新上收中央。

第一阶段经历了放权和分权的多次摇摆，然而分权容易收权难，总体趋势是省级政府的行政权越来越多，导致省级党政部门规模大幅膨胀。

2. 财政性分权与行政性分权并举（1978—1994 年）

从改革开放到确立分税制之前，财政上采用“财政包干”体制，财政分权趋势达到顶峰；行政上中央大范围下放经济管理事权给地方政府。在社会主义市场经济体制改革背景下，为提高地方政府发展经济的积极性，中央政府开启了明显的权力下放过程。一方面，中央政府采用“财政包干”体制大力授予地方财权，中央每年核定各省、区、市的财政收入上缴任务及财政支出指标。财政收入大于支出的地方政府将包干部分上缴中央，同时中央对收不抵支的地方政府进行差额补贴；包干之外的部分由地方政府自负盈亏。另一方面，中央政府大范围下放经济管理事权给地方政府，包括资产投资项目和经济建设计划的审批权、物价管理权、物资分配权、旅游事业的外联权和签证通知权等[②]。

---

① 中共中央文献研究室．毛泽东文集：第 7 卷．北京：人民出版社，1999：31.

② 朱旭峰，吴冠生．中国特色的央地关系：演变与特点．治理研究，2018（2）.

与上个阶段相比，“财政包干”体制和大范围的事权下放给予了地方政府独立的预算制定权、一定的财政自主性和经济管理权。在两方面制度的激励下，地方政府有了更强的动力和能力去谋求经济发展。但与此同时也带来一些问题：一是地方政府各自为政和市场分割，地方政府为了增加自己的财政收入，设置边界壁垒保护本地利益，既影响了全国统一市场的形成，也破坏了公平竞争的市场环境；二是变通执行中央政策，例如，地方政府为了招商引资，在中央优惠政策上层层加码，与企业成为利益共同体，影响了中央宏观政策的实施①。

3. 财权事权趋向匹配，集权与分权并行（1994 年至今）

第三阶段是从实行分税制改革至今，初步构建了中国特色央地财政事权和支出责任框架，央地职责逐步明确。上一阶段的大力放权产生的问题直接催生了 1994 年的分税制改革，此次改革可以看作是中央政府对 20 世纪 80 年代“财政包干”体制过度分权的再集权，是中央对重要领域的经济管理权的重新回收。为了减少公共品供应水平的省际不均衡，强化中央政府在财政再分配中的角色，提高宏观调控能力②，中央明确引入了以规则为基础的分税原则——财权与事权相匹配，将税收分为中央税、地方税和共享税，同时中央政府依靠大规模的转移支付来消减地方政府的赤字。引入分税制后，中央收入份额在短短一年间便从 33%增加到了 55%③。分税制改革从根本上改变了中央和地方的财权结构和财力结构，改变了政府

---

① 朱成燕，储建国．央地关系的协调性与当代中国纵向政治制度变迁：基于对制度变迁广义理论的反思．学术月刊，2019（4）.

② 陈硕．中国央地关系：历史、演进及未来．上海：复旦大学出版社，2020.

③ 李芝兰，刘承礼．当代中国的中央与地方关系：趋势、过程及其对政策执行的影响．国外理论动态，2013（4）.

间收入分配关系不稳定的局面，让政府间收入边界和支出边界相匹配。同时，分税制改革明晰了政府和市场的边界，逐步让政府和企业脱离了“父子”关系[①]。

然而，分税制改革导致大部分财权在中央，央地之间财权事权逐渐显露出模糊不清和不匹配的问题。据财政部的数据，中央集中了全国财政收入的50%以上，但中央财政支出只占全国的20%左右。这与其他可比较的大国形成了鲜明对比[②]。

面对这些问题，十八大以来，中央采取三大措施深化改革。

第一，进行权力清单制度建设。基于地方政府的探索，2013年党的十八届三中全会将权力清单提升为全国性改革措施；2015年中共中央办公厅发布《关于推行地方各级政府工作部门权力清单制度的指导意见》，首次明确提出全面实施范围与时间表。这一制度的核心机制在于以现行法律、法规、规章为依据，由政府对自身权力进行清理、调整和界定，对于重新划分和确定中央与地方间关系具有重要现实意义[③]。

第二，深化财税金融体制改革，明确中央与地方事权和支出责任划分。2013年，党的十八届三中全会提出建立事权和支出责任相适应的制度，适度加强中央事权和支出责任[④]。2016年，国务院发布《关于推进中央与地方财政事权和支出责任划分改革的指导意见》，要求到2020年形成央地财政事权和支出责任划分的清晰框架，并动态调整。随后，从2018

① 付敏杰．分税制二十年：演进脉络与改革方向．社会学研究，2016（5）.

② 财政事权划分如何推动央地关系重构.（2016-09-05）[2021-09-25]. http://www.xinhuanet.com/politics/2016-09/05/c_129269933.htm.

③ 周天勇，等．中国行政体制改革40年．上海：格致出版社，2018.

④ 中共中央关于全面深化改革若干重大问题的决定.（2013-11-15）[2021-09-25]. http://www.gov.cn/jrzg/2013-11/15/content_2528179.htm.

年到2020年，国务院相继发布公共服务领域、医疗卫生领域、科技领域、教育领域、交通领域、公共文化领域、自然资源领域、生态环境领域和应急救援领域的中央与地方财政事权和支出责任划分改革方案[①]。2021年3月12日，《中华人民共和国国民经济和社会发展第十四个五年规划和2035年远景目标纲要》发布，要求建立现代财税金融体制，“建立权责清晰、财力协调、区域均衡的中央和地方财政关系，适当加强中央在知识产权保护、养老保险、跨区域生态环境保护等方面事权，减少并规范中央和地方共同事权”。

第三，央地之间的职责调整呈现出复杂灵活的动态局面，集权和放权并举。一方面，越来越强调赋权地方。党的十八届三中全会第一次明确了央地职责差异：“加强中央政府宏观调控职责和能力，加强地方政府公共服务、市场监管、社会管理、环境保护等职责”，“最大限度减少中央政府对微观事务的管理”，“直接面向基层、量大面广、由地方管理更方便有效的经济社会事项，一律下放地方和基层管理”。党的十九届三中全会首次提出，在党和国家的机构改革中要“赋予省级及以下机构更多自主权”，“允许地方因地制宜设置机构和配置职能”[②]。截至2014年，国务院通过行政审批改革针对各部门一共下放审批项目373项[③]。另一方面，中央政府通过垂直化管理改革上收了部分权力，涉及的部门包括金融、安全生产、

---

① 参见中国政府网，如2018年2月8日出台《国务院办公厅关于印发基本公共服务领域中央与地方共同财政事权和支出责任划分改革方案的通知》，2018年8月13日出台《国务院办公厅关于印发医疗卫生领域中央与地方财政事权和支出责任划分改革方案的通知》。

② 中共中央关于深化党和国家机构改革的决定．(2018-03-04)［2021-09-25］. http://www.gov.cn/zhengce/2018-03/04/content_5270704.htm.

③ 李振，鲁宇．中国的选择性分（集）权模式：以部门垂直管理化和行政审批权限改革为案例的研究．公共管理学报，2015 (3).

统计、国土资源以及环境保护等多个领域①。

（二）区域协同历史演进

地方政府间横向关系，既体现为同级地方政府间关系，也体现为不同级地方政府间关系，即地方政府斜交的横向关系②。国家发展战略和纵向央地关系共同影响着地方政府之间的横向关系。根据国家战略导向，可以将新中国成立以来地方政府之间的关系变化分为三个阶段③。

1. 均衡布局与地方分割（1949—1978 年）

从地方间力量对比看，在这个阶段中央采取了以“加强内地建设、平衡生产力布局、巩固国防”为目标的均衡发展战略④，以期平衡地方发展。新中国成立初期，由于当时工业企业分布主要集中在沿海地区，在社会主义共同富裕指导思想下，面对生产力薄弱且分布不合理的现实，以及国际关系的不稳定，中央政府加大了对内地投资比例，以平衡工业布局。这在一定程度上缩小了沿海与内地的差距，但同时也造成了“重内地、轻沿海”的问题，削弱了东部对内地的支持能力，是一种低水平的平衡。

从地方间关系看，中央通过行政分权和企业下放，大大提高了地方的自主性以及独立发展、独立解决问题的积极性。然而，这导致了自成体系的经济社会结构的形成，即“块块”结构，形成地方分割的局面，各省之间需要通过中央政府统一调拨、互通有无。

---

① 朱旭峰，吴冠生．中国特色的央地关系：演变与特点．治理研究，2018（2）.

② 林尚立．国内政府间关系．杭州：浙江人民出版社，1998.

③ 罗峰．竞争与合作：地方间关系的历史钟摆．社会主义研究，2012（2）；吕丽娜．我国地方政府间横向关系的演变与发展．经济导刊，2007（S2）；彭忠益，柯雪涛．中国地方政府间竞争与合作关系演进及其影响机制．行政论坛，2018（5）.

④ 段娟．从均衡到协调：新中国区域经济发展战略演进的历史考察．兰州商学院学报，2010（6）.

为了克服“统得过死”“条块分割”的体制性矛盾，第一个五年计划后期，中央决定改进经济管理体制，在下放地方部分经济管理权的同时，要求相邻地区加强经济上的协作。在这一背景下，全国形成七大协作区（东北、华北、华东、华南、华中、西南和西北）[①]，相关省区市通过定期或不定期会议互通情报、交流经验、调节矛盾，相互协作支援、相互评比[②]。后来，由于“文化大革命”等原因，经济协作区经历了撤销、重建和调整。

总体而言，在这一时期，虽然中央政府力图通过采用行政手段实现全国的“均衡布局”，但结果并不理想[③]；虽然经济协作区的出现为以后的区域协作提供了一定的思想导向和平台，但地方政府间关系以“全国一盘棋”下的分割为主旋律，横向关系实质上缺失。

2. 非均衡发展与地方竞争（1978年—20世纪90年代）

改革开放后，伴随着分权化改革，中央开始采取地区差别性政策，推行非均衡发展战略。1978年邓小平提出：“在经济政策上，我认为要允许一部分地区……生活先好起来。……就必然产生极大的示范力量，影响左邻右舍，带动其他地区、其他单位的人们向他们学习。”这代表着发展逻辑的重大转变，即从依靠中央计划转变为主要依靠地方[④]。

与此同时，中央政府开始推动横向联合。例如，重建经济协作区（西南、西北、中南、华东、华北和东北），目标是建成“不同水平、各有特点、各自为政、大力协同，农轻重比较协调发展的经济体系”[⑤]；1981年

① 刘再兴. 中国生产力布局总体研究. 北京：中国物价出版社，1995.
② 袁朱. 新中国区域协调发展管理体制变迁. 宏观经济管理，2009（1）.
③ 张可云，何大梽. 改革开放以来中国区域管理模式的变迁与创新方向. 思想战线，2019（5）.
④ 邓小平文选：第2卷. 2版. 北京：人民出版社，1994：152.
⑤ 郑谦. 中华人民共和国国史（1966—1976）. 北京：人民出版社，2010：482.

后，在部分城市开展经济体制综合改革试点工作，要求发展跨部门、跨地区的横向经济联合协作；1982 年，建立上海经济区和山西能源基地，开始促进省际合作[①]；1986 年，国务院发布《关于进一步推动横向经济联合若干问题的规定》，规定了区域联合协作的原则、目标和管理方式等。除经济协作外，地方政府间的互助关系也开始萌芽，1979 年中央第一次提出"对口支援"概念，组织内地省市对口支援边境地区和少数民族地区[②]。

这一时期，在非均衡战略指导下，我国国民经济取得了很大成就，但地区差距日益拉大，问题日渐突出。同时，虽然中央开始引导地方政府横向联合，但由于存在不完全理性和不完全市场等缺陷，以及中央政府调控能力减弱，地方政府囿于自身利益最大化，地方保护主义盛行；加上中央对地方采取以经济绩效为核心的晋升激励，地方政府间关系以竞争为主，地区封锁，经济分割，且愈演愈烈[③]。

3. 区域协同发展与地方合作（20 世纪 90 年代至今）

面对地区差距和地区经济分割问题，中央开始强调效率优先、兼顾公平，构建区域协同发展格局[④]。20 世纪 90 年代初期的"八五"计划出现了区域协同发展思想的萌芽；1994 年国务院通过的《90 年代国家产业政策纲要》指出，要"缩小经济发达地区与欠发达地区的差距"；1995 年 9 月江泽民在党的十四届五中全会闭幕时的讲话中提出，"坚持区域经济协调发展"。

---

① 参见 1982 年《国务院关于成立上海经济区和山西能源基地规划办公室的通知》。

② 朱光磊，张传彬．系统性完善与培育府际伙伴关系：关于"对口支援"制度的初步研究．江苏行政学院学报，2011（2）．

③ 杨龙，郑春勇．地方合作对政府间关系的拓展．探索与争鸣，2011（1）．

④ 徐铁．从"非均衡"到协调发展：改革开放以来我国区域政策的变迁．宏观经济管理，2008（11）．

90 年代的区域协同重点主要在经济上，进入 21 世纪后，大量公共事务和公共问题超越了行政规划边界，为了克服区域治理碎片化，中央提出更全面的区域协调发展战略。2003 年党的十六届三中全会提出要“加强对区域发展的协调和指导”，明确提出区域协调发展，以及全面、协调、可持续的发展观，为区域协同发展注入新内涵①。2006 年“十一五”规划提出“城市群”概念；2011 年国务院发布《全国主体功能区规划》，被称作城市化战略格局示意图；2014 年公布的《国家新型城镇化规划（2014—2020）年》明确提出建立城市群发展协调机制和促进各类城市协调发展等要求；2015 年国家陆续批复跨省区城市群发展规划；2016 年“十三五”规划纲要明确提出“加快城市群建设发展”，并对全国 19 个城市群和 2 个城市圈的建设目标和方向做出具体要求，标志着组团式发展战略正式形成②。2018 年 11 月 18 日，中共中央、国务院发布《关于建立更加有效的区域协调发展新机制的意见》，对区域协同发展机制提出了系统要求，包括建立区域战略统筹机制、健全市场一体化发展机制、深化区域合作机制、优化区域互助机制、健全区际利益补偿机制、完善基本公共服务均等化机制、创新区域政策调控机制、健全区域发展保障机制等③。

在社会主义市场经济体制和中央政策推动下，地方政府合作显著增加、进程显著加快。城市群、都市圈或经济带等发展战略为政府合作提供了动力，政府合作的常态长效机制不断健全，逐渐向区域组团式发展推进。例如，在京津冀协同方面，自 2014 年 2 月京津冀协同发展上升为国

① 袁朱．新中国区域协调发展管理体制变迁．宏观经济管理，2009（1）.

② 李瑞昌．论政府间新型互助关系成长：源起、动力和路径．社会科学，2020（12）.

③ 中共中央 国务院关于建立更加有效的区域协调发展新机制的意见.（2018-11-29）[2021-09-25]. http://www.gov.cn/zhengce/2018-11/29/content_5344537.htm.

家战略后，京津冀协同在多领域取得积极进展：区域产业链加快形成；京津冀区域高速里程增长超 25%；485 家医疗机构实现互认[①]；在全国率先实现跨域立案全覆盖，司法协同机制建设迈出重要一步[②]；聚焦交通、生态环保、产业转型三个重点领域探索协同立法，推进“一个文本、三家通过”的立法目标，同步开展立法清理[③]。在长三角一体化方面，2018 年 2 月，长三角区域合作办公室在上海挂牌成立。同年 11 月，长三角一体化发展上升为国家战略。之后两年内，长三角地区一体化进程显著加快：生态环境共保联治，PM2.5 平均浓度较 2015 年下降 31.4%；公共服务便利共享，至 2020 年底，实现 104 个政务服务事项在 41 个城市跨省市通办，41 个城市实现医保一卡通[④]；建立立法协同合作框架协议，定期召开地方立法工作协同座谈会等[⑤]。

（三）部门协同历史演进

部门协同是横向协同的一种，主要是平行职能部门之间的协同。国务院和地方政府都由众多平行部门组成，这些平行部门代表政府履行经济调节、市场监管、社会管理、公共服务和环境保护等职能，这种结构是政府专业化的表现之一。鉴于过去中国行政体制上下同构的特征，中央层级部门间的关系特征可以一定程度上代表地方。而且，政府机构改革也往往从中央到地方自上而下推进。下文主要根据国务院机构改革实践，将新中国

---

① 京津冀协同发展 7 年成绩单来了！医疗、教育、产业等方面有了这些变化.(2021-02-26)[2021-09-25]. https://t.ynet.cn/baijia/30435490.html.

② 秦平. 京津冀司法协同机制建设迈出重要一步. 法制日报，2019-08-06.

③ 陈俊. 我国区域协调发展中的地方立法协调：样本探索及发展空间. 政治与法律，2021 (3).

④ 重磅！长三角一体化发展最新成果公布.(2021-05-28)[2021-09-25]. http://jnsb.xhby.net/pc/con/202105/28/content_928432.html.

⑤ 同③.

成立以来部门间关系演变分为五个阶段[①]。

1. 部门初创时期（1949—1976 年）

新中国成立初期，以社会产品和行业划分为主的横向政府机构初步建立，部门间协同逐渐形成以国家计划委员会为主导、国务院办公厅和总理办公室为辅的格局。新中国成立后，政务院作为我国国家政务的最高执行机关，下设政治法律、文化教育、财政经济和人民检查委员会，分别指导下属 30 个行政部门。1952 年，国家计划委员会成立，通过经济、资金和社会发展等国家计划，主导协同中央部门关系。1954 年，我国第一部宪法出台，国务院成立，国务院办公厅、总理办公室承担协同职能。另外，随着机构的调整、撤并与反弹，出现了部际协同新方法，例如 1963 年成立国家编制委员会，负责中央政府机构改革日常工作，协同各部门间的关系。“文化大革命”十年，政府机构受到冲击，部门间关系协同处于失范状态。

2. 渐进改革时期（1976—1988 年）

“文化大革命”结束后，国家机构开始恢复正常运行，到 1981 年，国务院工作部门有 100 个，达到新中国成立以来最高峰，此时也主要是按照产品设置行业主管部门。这个阶段，部门协同出现了四种方式：一是成立各种协同性委员会，如 1979 年成立的国家农业委员会；二是通过机构改革（1982 年）撤委并部，合并职能相近部门，减少部委数量，化部门间冲突为部门内冲突；三是新引入程序性协同方法，如通过健全部门间职责体系实现部际协同；四是设置专门的办事机构，协助总理协同相关部门职责，如成立国务院法制局统一协同国务院各部门立法工作。

---

① 曹丽媛. 建国以来中央政府部际协调的历史演进、基本经验及启示. 南京社会科学，2013（3）.

3. 深层改革时期（1988—1998 年）

深层改革时期经历了两次重要的机构改革。1988 年机构改革是中国行政管理体制改革深化的标志，更为强调部际协同的重要性。第一，组建了新的国家计划委员会，将原来负责微观管理和行业管理的国家计委和国家经委，上升为宏观管理机构，主要职责之一是综合协同负责经济和社会发展的政府部门间关系。第二，明晰机构权责，将“逐步理顺……政府各部门之间的关系”写入政府工作报告，正式提出了以“三定”（定职能、定机构、定编制）为主要内容的机构改革方案。第三，规范非常设机构。非常设机构承担重要协同功能，1993 年机构改革开始推进非常设机构的规范化，这次改革减少了非常设机构的数量，并将其改称为“议事协调机构和临时机构”，其办事机构一律并入有关职能部门，或由相关职能部门承担工作。

4. 平衡发展时期（1998—2008 年）

1998 年机构改革是新中国成立以来规模最大、力度最大、影响较深远的机构改革，这次改革的新特点是注重政治、经济、文化、社会等各部门之间的平衡发展。按照经济调节、市场监管、社会管理和公共服务四大政府职能定位，此次改革对国务院各组成部门进行了横向分工，撤销了电力、煤炭、冶金、机械等 10 个工业专业经济部门，减少了部门间职能交叉现象。2003 年，新一轮机构改革启动，目的之一是促进各部委之间运转协同，重点是转变政府职能。

5. 冲突与协同时期（2008 年至今）

随着公共事务越来越复杂，政府管理中出现了机构重叠、职能交叉、政出多门等问题，特别是随着市场经济的发展，部门利益问题日益突出，这个时期的部门协同呈现出三个特点。第一，结构性协同。2008 年大部制改革迈出实质性步伐，机构整合力度加大，进一步推进职能有机统一，健全部门协同配合机制。这次国务院机构改革涉及调整变动的机构共 15 个，正部级机构减少 4 个。2018 年机构改革进一步加大了大部制改革力度，突破了长期仅限行政部门机构改革的范畴，按照优化协同高效原则，整合了党和国家机构，积极构建系统完备、科学规范、运行高效的党和国家机构职能体系。第二，规范、减少议事协调机构的设置。2008 年，《国务院关于议事协调机构设置的通知》强调，“要严格控制议事协调机构设置。凡工作可以交由现有机构承担或者由现有机构进行协调可以解决问题的，不另设立议事协调机构，涉及跨部门的事项，由主办部门牵头协调”。第三，强调党对各领域的领导和统筹协调。这个特点主要在 2013 年十八届三中全会正式提出开启全面深化改革后出现。例如，为了推进全面深化改革，中央和地方省委成立了改革协调组织——全面深化改革领导小组及其办公室，协调各方力量，统筹推进各领域改革。2018 年，全面深化改革领导小组改为常设机构——全面深化改革委员会。

（四）我国协同政府建设的历史经验

在层级协同上，虽然中央和地方之间的收权和放权在每个阶段均有摇摆波动，但就整体方向而言，中央政府和地方政府间关系向着更为规范清晰协同的方向发展：一是央地职责定位更为清晰，明确了中央政府主要负责宏观调控事项，地方政府负责公共服务、市场监管、社会管理、环境保护等微观事务管理事项，赋予省级及以下机构更多自主权；二是央地财政事权与支出责任更为匹配，逐渐趋向权责清晰、财力协同、区域均衡的中央和地方财政关系。同时，根据历史回顾可以发现，当赋权地方时往往会带来地方政府部门规模膨胀、地方分割、政策执行变通等问题，这也是新征程中需要避免和进一步解决的问题。

在区域协同上，经过几个历史时期的发展，我国地方政府间横向协同取得了较大成效，主要表现为五个方面。第一，协同合作方式和程度有很大提升：既有同级合作，也有不同级的斜向合作；既有专业性合作，也有综合性合作；既有问题导向型合作，也有项目导向型合作；既有单中心合作，也有网状合作；甚至开始出现地方政府间职能整合①。第二，协同内容更为系统，从开始追求经济协作，到追求生态、社会等各领域的协同②。例如，在互助协同上，从一开始在扶贫上的对口支援，逐步拓展为重大项目、公共危机事件、公共服务等多方面的对口帮扶、对口合作③。第三，初步建立了制度化的契约治理模式，形成了一些法治化协同经验。第四，形成了一套较为成熟的行政协同机制。第五，协同观念发生变化，在竞争博弈上，逐渐从同质竞争向错位竞争、优势互补演变④。根据历史回顾可知，地方政府协同合作对于解决区域公共问题、提供区域公共服务、增强区域整体发展力和竞争力具有重要意义，已成为助推我国经济社会快速发展的强劲动力和引擎⑤，但区域合作必然面临行政壁垒和利益壁垒，过去往往依赖压力性体制、通过上级权威打破，虽然短时间发挥了作用，但并不是稳定的长效机制。

在部门协同上，随着公共事务的复杂化，新中国成立以来的历次机构

---

① 杨龙，郑春勇．地方合作对政府间关系的拓展．探索与争鸣，2011（1）.

② 陈俊．我国区域协调发展中的地方立法协调：样本探索及发展空间．政治与法律，2021（3）.

③ 朱光磊，张传彬．系统性完善与培育府际伙伴关系：关于“对口支援”制度的初步研究．江苏行政学院学报，2011（2）.

④ 彭忠益，柯雪涛．中国地方政府间竞争与合作关系演进及其影响机制．行政论坛，2018（5）.

⑤ 张立荣，陈勇．整体性治理视角下区域地方政府合作困境分析与出路探索．宁夏社会科学，2021（1）.

改革越来越强调部门间的协同：一方面，通过大部制改革优化部门职能配置，减少职能交叉；另一方面，实践中形成了多种部门协同机制，这些机制在一定程度上促进了跨领域合作。第一类是结构性协同机制，包括等级化协同和部门横向协同。等级化协同是通过对政府成员和机构进行等级化排序，依托上级权威实现部门间协同，例如成立中央机构编制委员会，这种模式占据部门协同的主导地位；部门横向协同则通过建立或设置议事协调机构或临时机构、领导小组、部际联席会议、牵头部门等来实现。第二类是程序性协同机制，包括由国务院领导召开分工协同会议、管理国务院各组成部门的“三定”方案、制定合作协议，以及领导之间的非正式沟通等①。

二、现实挑战

新中国成立以来，经过七十多年的实践探索，政府在层级协同、区域协同和部门协同上已经取得了很大进展，但目前仍存在一些问题和挑战。党的十九届三中全会指出，“面对新时代新任务提出的新要求，党和国家机构设置和职能配置同统筹推进‘五位一体’总体布局、协调推进‘四个全面’战略布局的要求还不完全适应，同实现国家治理体系和治理能力现代化的要求还不完全适应”，必须抓紧解决②。

（一）央地关系改革有待进一步调整

十八大以来，中央和地方关系经历了重大调整和优化，但改革仍在进

---

① 曹丽媛．建国以来中央政府部际协调的历史演进、基本经验及启示．南京社会科学，2013（3）．

② 中共中央关于深化党和国家机构改革的决定．（2018-03-04）［2021-09-25］．http://www.gov.cn/zhengce/2018-03/04/content_5270704.htm．

行中，当前还存在一些改革不到位、改革有待细化的问题。

1. 央地财权和事权关系还未理顺

从中央视角来看，当前主要存在三方面问题。第一，共同财政事权转移支付管理不完善。例如，为适应中央与地方财政事权划分改革需要，“财政部 2019 年设立 54 项共同财政事权转移支付，其中 17 项未出台对应领域财政事权与支出责任划分方案；部分已出台划分方案的仍沿用原专项管理办法，在项目设立、央地分担比例、资金分配等方面，未体现共同财政事权特征”①。第二，转移支付分配不够规范严格，在分配中存在随意性，未按规定办法分配、无明确标准调整分配规模，或对同类地区同类项目分配标准不一。例如，“老工业地区振兴发展投资专项向湖南省 3 个道路项目以投资总额 30%比例补助 3 357 万元，又以 20%比例向该省另 2 个道路项目安排 1 148 万元”②。第三，中央支出责任存在越位现象。根据改革方案，区域内污染防治由地方承担主要支出责任，中央财政可予适当支持，但部分领域实际高度依赖中央财政，“2020 年全国 4 854 个土壤污染防治项目中，有 80%的项目中央投入占比超过 90%”③。从地方视角来看，还有一些省份在财政事权和支出责任改革上存在滞后现象，例如，2020 年审计工作报告显示，在环保领域还有 11 省未按要求出台省以下财政事权和支出责任改革方案④。

2. 中央和地方职能划分不尽合理

十九届三中全会指出，当前“一些领域中央和地方机构职能上下一般

① 侯凯．国务院关于 2020 年度中央预算执行和其他财政收支的审计工作报告．(2021-06-07)[2021-09-25]. http://www.audit.gov.cn/n5/n26/c145346/content.html.

②③④ 同①.

粗，权责划分不尽合理；基层机构设置和权力配置有待完善”[①]，存在地方政府职责错位与五级政府职责同构现象[②]。“上下对口，左右对齐”，历来是中国各级政府在机构设置上的主要特点，有助于下级对接上级政策，各层级政令统一，但一定程度上导致了执行中“层层加码”、“一刀切”、“责任消解”、形式主义等政策扭曲现象。核心原因是各层级政府权责不清、上下职责重叠[③]。虽然经过多次机构改革，但纵向上政府职责配置结构的完善还处于初级阶段，原则性较强，需要进一步深化、细化、具体化[④]。

3. 央地关系法治化尚有不足

与央地关系改革实践的如火如荼形成反差的是央地关系的法治化不足，主要表现在四个方面。首先，当前央地关系法律规定滞后于央地改革实践，这导致我国历次央地关系调整多基于实践经验，缺乏严密的逻辑求证；其次，宪法中对央地关系的条款预设制度张力不足，成为新改革的障碍；再次，宪法文本调整央地关系的实际效用弱于政策甚至领导人讲话；最后，下位法对宪法央地关系规范支撑作用十分有限，这表现为央地关系立法数量较少，且过于分散，若干重要领域立法缺失[⑤]。

（二）行政壁垒有待进一步打破

在区域协同发展战略布局下，地方间政府协同合作的程度提高。同时

---

① 中共中央关于深化党和国家机构改革的决定．(2018-03-04)[2021-09-25]. http://www.gov.cn/zhengce/2018-03/04/content_5270704.htm.

② 朱光磊，锁利铭，宋林霖，等．构建中国特色社会主义政府职责体系推进政府治理现代化（笔谈）．探索，2021（1）.

③ 赵聚军，王智睿．职责同构视角下运动式环境治理常规化的形成与转型：以S市大气污染防治为案例．经济社会体制比较，2020（1）.

④ 同②.

⑤ 郑毅．建国以来中央与地方关系在宪法文本中的演变．中国行政管理，2015（4）.

也要看到，我国区域分化和地方间恶性竞争等现象依然存在，难以适应新时代新征程中区域协同发展这一重大战略要求[①]。区域协同问题主要表现在协同机制尚不健全、相关法律制度还不完善、合作共识难以达成三个方面，究其根本，还是源于当前种种举措尚未打破区域间行政壁垒。

1. 区域协同机制尚不健全

区域协同机制不健全主要表现在利益补偿机制和互助协同机制上。地方政府间的合竞关系受到经济利益、政治利益和公共利益影响[②]，实现各地方政府利益增进与整体利益最大化的均衡，是地方政府横向合作的根本动力。利益关系处理是地方政府横向协同机制的核心，也是我国区域合作治理机制的短板[③]。新时代的治理环境给横向协同提出了更高的挑战。越来越多的棘手性公共问题出现，纷繁复杂、演化迅速、边界难以清晰界定，具有高度复杂性和不确定性，如区域公共安全、生态建设与环境保护、能源开发与保护、区域社会保障等，带来了更高的治理成本和治理责任，同时也更需要横向政府互助协同，若缺乏有效的利益补偿机制和互助协同机制，地方政府作为“经济人”，可能倾向于选择回避问题，或将跨域公共问题“转嫁”给其他地方[④]，或仍保持各自为政，最终导致合作流于形式、难以深化。例如，在京津冀协同中，虽然在一些领域建立了协同治理和管控工作机制，环境治理整体绩效也有所提高，但由于区域补偿和利益分享机制改革和创新有待深化，京津冀区域性生态治理很大程度处于

① 中共中央 国务院关于建立更加有效的区域协调发展新机制的意见.(2018-11-29)[2021-09-25]. http://www.gov.cn/zhengce/2018-11/29/content_5344537.htm.

② 彭忠益，柯雪涛.中国地方政府间竞争与合作关系演进及其影响机制.行政论坛，2018（5）.

③ 申兵，赵斌.完善区域合作型功能区协同共治机制.宏观经济管理，2021（5）.

④ 张立荣，陈勇.整体性治理视角下区域地方政府合作困境分析与出路探索.宁夏社会科学，2021（1）.

各自为政状态，跨行政区的生态治理政策还难以得到全面落实①。

2. 法律制度还不完善

法律制度不完善影响了横向协同的质量和效率，主要表现在两个方面。一方面，保障区域合作的法律规定有待完善。当前区域协同面临政策差异阻碍，在转轨经济中，创造政策差异是中国政府常常使用的“非均衡战略”实施手段，有些是中央政府主导的地区政策差异，有些是地方政府主导的政策差异②，这种差异有助于推动激励竞争，但在推进区域协同中则成为阻碍。例如，成渝在协同发展中，由于人才引进、招商引资、土地批租、技术开发、信息共享和进出口贸易等方面的政策存在一定差异③，地方之间政策协同成本居高不下。这种情况下，如何解决制度和政策不统一的问题是促进横向协同的关键，当前地方政府通常采用合作协议进行规定。然而，当前合作协议的执行往往依赖上级政府“自上而下”利用权威推进，或本级领导的个人意志，缺乏完善的法律制度对这些问题进行指导、对合作协议进行约束，既加大了治理成本④，也导致遇到矛盾时难以解决，合作协议执行不到位，地方合作不稳定。

另一方面，地方间法律法规不一致，协同立法缺乏法律依据。当前地方合作面临地方间法律法规不一致问题，虽然有些区域已经有协同立法尝试，但当前宪法、法律在协同立法的主体、权力配置、事项范围、协作机

---

① 李国平．京津冀协同发展：现状、问题及方向．前线，2020（1）.

② 孔令池，刘志彪．长三角地区高质量一体化发展水平研究报告（2018年）.［2021-09-25］. https://idei.nju.edu.cn/_upload/article/files/bb/59/ccfc55944717b7587fdbe92f149a/4d845733-ebf0-4c54-afa7-c5d2fbd27f79.pdf.

③ 杨继瑞，周莉．基于合作之竞争博弈的成渝双城经济圈良性关系重构．社会科学研究，2021（4）.

④ 崔晶．京津冀一体化发展中的地方政府整体性协作治理．北京交通大学学报（社会科学版），2019（4）.

制、程序安排等方面没有具体规定，协同立法主要依赖各地自发探索，这导致在一些重点交界地域和重要发展领域矛盾汇集，协同立法推进难度大。同时，地方立法不统一也会导致执法不统一，由于没有上位法对联合执法进行规定，执法过程混乱，不利于区域整体法治环境形成[①]。

3. 合作共识难以达成

当前地方合作中，囿于利益最大化偏好、地方力量不均衡等原因，地方政府往往有选择地参与区域合作，地方合作积极性不高，合作的深度和广度有限。区域合作会带来两种效应：一是扩散效应，发达地区的技术、信息、产业向后发展地区扩散，由此带动后者的一体化发展；二是虹吸效应，发达地区会吸引集聚后发展地区的企业、人才等资源[②]。当地方力量不均衡时，后发展地区想获取扩散效应，排斥虹吸效应，而发达地区相反，所以在推进区域合作中两方都会产生矛盾心理和目标偏好差异，各地区很难形成合作共识。同样，当地方行政级别差异大时，在制定区域公共政策或合作规划中，行政级别低的一方往往会处于弱势地位，在协作中困难重重[③]。另外，同质化低水平竞争也是影响共识形成的重要原因。例如，在相对发达的长三角区域，虽然近些年各地发展差距持续缩小，公共服务建设明显改善，但整体联动效应还未充分发挥，优势产业重合度依然较高，在产业布局等方面多地趋同[④]，地方之间难以形成优势互补、协同错位发展局势，

---

① 田有成．统一标准平衡利益 推进区域协同立法．检察日报，2020－10－19.

② 汪华．政治动员、地方性知识与区域合作的困境：基于长三角的考察．上海师范大学学报（哲学社会科学版），2021（3）.

③ 崔晶．京津冀一体化发展中的地方政府整体性协作治理．北京交通大学学报（社会科学版），2019（4）.

④ 孔令池，刘志彪．长三角地区高质量一体化发展水平研究报告（2018年）.[2021-09-25]. https://idei.nju.edu.cn/_upload/article/files/bb/59/ccfc55944717b7587fdbe92f149a/4d845733-ebf0-4c54-afa7-c5d2fbd27f79.pdf.

影响地方合作。

（三）机构联动有待进一步提高

新中国成立以来，历次机构改革不断优化部门权责配置、完善跨部门协同机制，但目前依然存在政出多门、政策冲突等问题，机构联动性不足。部门协同中的问题主要表现在以下两方面：

1. 协同机制不健全

经过多年探索，虽然形成了多元化的跨部门协同机制，但现有协同机制还未转化成结果优势[①]，主要问题表现在三个方面。其一，议事协调机构设立容易，废止很难，虽然机构改革多次撤销议事协调机构，并严格限制议事协调机构的建立，但由于路径依赖，从地方到中央仍倾向于采用领导小组等临时性组织形式解决问题，各种类型和领域的小组机制广泛应用，使得参与者注意力分配此消彼长，行政成本居高不下[②]。其二，当前协同机制还无法解决利益冲突问题。当部门合作中涉及利益冲突时，往往表现为合作意愿降低，协同结果不确定，部门合作协议难以维持，协同范围小[③]。其三，大部制改革带来部门内部协同困难，缺乏内部协同机制。大部制改革虽然整合了多个部门的相似职能，但这涉及对权力关系的重构，伴随利益关系调整，部门管理事务越多，内设机构越多，内部协同难度越大[④]。例如，应急管理部整合了13个部门的应急管理职能，组合进应

---

① 周志忍，蒋敏娟．中国政府跨部门协同机制探析：一个叙事与诊断框架．公共行政评论，2013（1）.

② 原超，李妮．地方领导小组的运作逻辑及对政府治理的影响：基于组织激励视角的分析．公共管理学报，2017（1）.

③ 朱春奎，毛万磊．议事协调机构、部际联席会议和部门协议：中国政府部门横向协调机制研究．行政论坛，2015（6）.

④ 周天勇，等．中国行政体制改革40年．上海：格致出版社，2018.

急管理部门的人员和机构对业务与行政环境需要一个适应过程，应急管理制度、主体能力和意愿以及应急文化等方面的建设出现了行动延迟、错位或滞后，产生了组织摩擦[①]。大部制改革如何真正有机整合权力和职能，是今后一段时期面临的挑战[②]。

2. 政策制定和执行碎片化

十九届三中全会指出，“一些领域党政机构重叠、职责交叉、权责脱节问题比较突出”，这是导致部门协同失灵的重要原因。政策制定碎片化是部门协同失灵的重要表现，包括针对同一公共问题的职能部门政策冲突，以及针对不同领域的政策冲突，最终导致政策出台或执行受阻，或者导致资源浪费。例如，为了推进新能源汽车发展，国家发展改革委和工信部分别用力：2016 年 8 月国家发展改革委公布《新能源汽车碳配额管理办法（征求意见稿）》，提出新能源汽车产销目标不达标的企业，可通过在碳排放权交易市场购买碳配额予以抵消；随后工信部公布《乘用车企业平均燃料消耗量与新能源汽车积分并行管理暂行办法（征求意见稿）》，则允许不达标企业在汽车行业内购买新能源汽车积分[③]。这两套方案均针对新能源汽车企业，但计算方法不同，一个聚焦碳配额管理，一个聚焦积分制管理，部门冲突导致政策推进困难。

政策执行碎片化表现在管制型、资源汲取型、分配型等多种政策的执行中。管制型政策执行主要表现为行政执法，虽然近年来相关政府部门职责分工更为明确，执法力量、资源、权力和能力等不断加强，但依然存在

---

① 张晓君．应急管理现代化“堕距”的生成与弥合．行政论坛，2021（1）.

② 朱正威，吴佳．新时代中国应急管理：变革、挑战与研究议程．公共管理与政策评论，2019（4）.

③ 李燕，高慧，尚虎平．整合性视角下公共政策冲突研究：基于多案例的比较分析．中国行政管理，2020（2）.

相互推诿、“九龙治水”问题；资源汲取型政策执行中，由于缺乏管理协同和信息交流机制，可能导致资源流失严重[①]；分配型政策执行中，由于缺乏部门协同，往往导致多头供给，多头申报、重复审批，项目设置重复，政策目标及内容交叉。例如，2020 年，在中央向地方转移支付分配中，各部门缺乏协同，整体战略目标意识和信息共享不足，导致支持方向交叉雷同，财政部 2 项转移支付与国家发展改革委 2 个投资专项均包含城市管网、黑臭水体治理等项目[②]。再如，2020 年审计工作报告显示，“部分退耕还林专项与耕地保护政策相冲突或脱离实情，6 省将已享受退耕还林补贴的退耕土地重复申领农业支持保护补贴”[③]。

三、未来发展

系统性、整体性、协同性是新征程中政府治理的内在要求。党的十九届五中全会指出：“坚持系统观念。加强前瞻性思考、全局性谋划、战略性布局、整体性推进，……，坚持全国一盘棋，更好发挥中央、地方和各方面积极性”。在全面建设社会主义现代化国家新征程中，更加协同的政府治理需要综合考虑层级协同、区域协同和部门协同三个维度，重点思考三个问题：如何进行合理的利益分配？如何进行有效的行为约束？如何确保沟通渠道畅通？[④] 可以通过明确权力责任、优化制度供给、健全协同机制、促进数据共享等举措，创造协同共识，促进政府协同治理、整体治理的实现。

---

① 周志忍，蒋敏娟．中国政府跨部门协同机制探析：一个叙事与诊断框架．公共行政评论，2013（1）．

② 侯凯．国务院关于 2020 年度中央预算执行和其他财政收支的审计工作报告．(2021-06-07)[2021-09-25]. http://www.audit.gov.cn/n5/n26/c145346/content.html.

③ 同②.

④ 吕丽娜．我国地方政府间横向关系的演变与发展．经济导刊，2007（S2）．

（一）充分发挥中央和地方两个积极性

十九届四中全会对央地关系的发展做出了详细战略部署：“健全充分发挥中央和地方两个积极性体制机制。理顺中央和地方权责关系，加强中央宏观事务管理，维护国家法制统一、政令统一、市场统一。适当加强中央在知识产权保护、养老保险、跨区域生态环境保护等方面事权，减少并规范中央和地方共同事权。赋予地方更多自主权，支持地方创造性开展工作。按照权责一致原则，规范垂直管理体制和地方分级管理体制。优化政府间事权和财权划分，建立权责清晰、财力协调、区域均衡的中央和地方财政关系，形成稳定的各级政府事权、支出责任和财力相适应的制度。构建从中央到地方权责清晰、运行顺畅、充满活力的工作体系。”十九届五中全会进一步指出：“明确中央和地方政府事权与支出责任，健全省以下财政体制，增强基层公共服务保障能力。”

在全面建设社会主义现代化国家新征程中，这些部署是对政府层级协同的方向定位，涉及权力集分和职能配置，具体可以分解为以下两方面：

1. 理顺中央和地方权责关系

理顺中央和地方权责关系的首要工作是合理确权，可以通过建立完善权责清单制度实现。从历史上看，央地关系一直在集权、分权中摇摆，1994 年分税制改革将财权与事权相匹配作为改革目标，在之后的 20 年中，尤其是十八届三中全会之后，中央积极推进改革，央地权责分配逐渐规范化，但仍旧存在央地财权、事权未理顺的问题。未来需要从“集权分权”传统思路转移至“确权”思路，明确各层级政府职责外延，在各层级各类别政府权责“小清单”的基础上，分层归类制定权力清单和责任清单，最终形成体系，书写一张具有中国特色的“政府职责配置表”[①]。

2. 增强基层治理能力

中央赋权地方的前提是地方具有足够的承接能力，新征程中构建协同的央地关系需要增强基层公共服务保障能力。中国行政体制改革在纵向划分方面进展缓慢，政府职能转变不到位，关键在于对央地关系和纵向府际关系的概念认识不到位，忽视了省以下地方政府的特殊意义[②]。其中，基层政府是直接解决公共问题、提供公共服务的场所，直接面向人民群众，承担诸多公共服务事项。基层政府具有足够强的公共服务能力，是确保地方履行微观管理职能的关键。2021 年 7 月，中共中央、国务院发布《关于加强基层治理体系和治理能力现代化建设的意见》，对基层治理能力进行细分，包括行政执行能力、为民服务能力、议事协商能力、应急管理能力、平安建设能力[③]。在全面建设社会主义现代化国家新征程中，需要将思路从央地关系拓展至各级政府纵向间关系，在更开阔的视域中思考和处理纵向府际关系问题。

（二）构建新型区域合作互助关系

党的十九大报告指出：“中国特色社会主义进入新时代，我国社会主要矛盾已经转化为人民日益增长的美好生活需要和不平衡不充分的发展之间的矛盾。”而优化行政区划设置、构建新型互助关系是推动区域协调发

---

① 朱光磊，锁利铭，宋林霖，等．构建中国特色社会主义政府职责体系推进政府治理现代化（笔谈）．探索，2021（1）．

② 同①．

③ 中共中央 国务院关于加强基层治理体系和治理能力现代化建设的意见．(2021-07-11)[2021-09-25]. http://www.gov.cn/zhengce/2021-07/11/content_5624201.htm.

展、破解发展不平衡难题的重要保障。区域横向协同，尤其是深度横向合作，超越了固有行政区划边界，经济区域和公共事务的开放性和整体性与地域的闭合性存在必然矛盾，这也是行政壁垒难以打破的重要原因。在新征程中，解决这个矛盾需要重点关注以下两个方面：

1. 健全区域协同发展机制

从历史上看，在处理跨区域合作事务时，往往依赖于中央的重视和统筹推进，这虽然能够有效提高政府合作意愿，快速促进横向合作①，但由于区域型问题涉及面广、较为复杂，要推动区域协同发展，仅仅依靠中央政策支持是不够的，还需要更为健全的区域协同机制。十九届五中全会明确提出“健全区域战略统筹、市场一体化发展、区域合作互助、区际利益补偿等机制”。

第一，健全利益补偿机制。利益是地方政府进行区域协同合作的重要考量，健全区际利益补偿机制有助于缩小发展差距，保障各方利益，打造共赢格局。利益补偿机制涉及多个方面，例如，横向生态补偿机制、粮食主产区与主销区之间的利益补偿机制、资源输出地与输入地之间的利益补偿机制等②。利益补偿机制要按照“谁受益、谁补偿”原则，明确收益，建立补偿支付标准，确立补偿类型和模式。

第二，健全合作互助机制。共同富裕是社会主义的本质要求，“扎实推动共同富裕”是第十四个五年规划和2035年远景目标的重要内容，区域合作互助是实现共同富裕的重要途径。从历史上看，由于东南沿海的区

---

① 锁利铭，陈斌．地方政府合作中的意愿分配：概念、逻辑与测量．学术研究，2021（4）．

② 健全区际利益补偿机制 促进雄安新区发展更加协调均衡．(2019-01-11)[2021-09-25]. http://finance.people.com.cn/n1/2019/0111/c1004-30517382.html.

位优势，不发达地区向发达地区输送大量资源，一方面促进了发达地区发展，增强了我国综合国力，另一方面也逐步拉开了地方之间的差距。在当前的区域协同中，由于地方实力和级别的差异，虽然可以优势互补、错位发展，寻找互利共赢的机会，但由于地方保护主义阻碍，难以保证区域互助的持续性。为了实现区域协同发展，实现市场一体化、公共服务一体化，需要建立完善稳定的互助合作机制。

2. 强化区域间优势互补

习近平总书记在中央财经委员会第五次会议上强调，“要根据各地区的条件，走合理分工、优化发展的路子”①。各地方政府发展基础和条件各异，横向协同可以发挥各自比较优势，寻找互利共赢的合作方式。在过去的实践中，优势产业重合度高、产业布局趋同等问题是影响地方政府发挥整体联动效应的阻碍②。在新征程中，可以通过科学编制区域的国土空间规划，把国土空间规划作为各级政府发展的战略指引，破除行政区划壁垒，加强地方政府之间的行政协同，促进区域协同发展③。

（三）实现优化协同高效

十九届三中全会为党和国家行政机构改革提出了“优化协同高效”的原则，“优化就是要科学合理、权责一致，协同就是要有统有分、有主有次，高效就是要履职到位、流程通畅。必须坚持问题导向，聚焦发展所

---

① 习近平主持召开中央财经委员会第五次会议．(2019-08-26)[2021-09-25]. http://www.gov.cn/xinwen/2019-08/26/content_5424679.htm.

② 孔令池，刘志彪．长三角地区高质量一体化发展水平研究报告（2018年）．[2021-09-25]. https://idei.nju.edu.cn/_upload/article/files/bb/59/ccfc55944717b7587fdbe92f149a/4d845733-ebf0-4c54-afa7-c5d2fbd27f79.pdf.

③ 孙久文，张翱．“十四五”时期的国际国内环境与区域经济高质量发展．中州学刊，2021(5).

需、基层所盼、民心所向，优化党和国家机构设置和职能配置，坚持一类事项原则上由一个部门统筹、一件事情原则上由一个部门负责，加强相关机构配合联动，避免政出多门、责任不明、推诿扯皮，下决心破除制约改革发展的体制机制弊端，使党和国家机构设置更加科学、职能更加优化、权责更加协同、监督监管更加有力、运行更加高效”。为实现这一目标，新征程中要继续重视协同机制建设，优化部门政策制定和执行程序，实现部门行动的联动性。

1. 健全部门协同配合机制

十九届四中全会强调，要“健全部门协调配合机制，防止政出多门、政策效应相互抵消”。新中国成立以来，经过历次行政机构改革，我国政府组织结构不断优化，建立了多元的部际协同机制，包括部际联席会议、议事协调机构、府际合作协议等。而且，2007 年党的十七大就已经将健全部门间协调配合机制提高到前所未有的高度，2008 年的机构改革在相关部门“三定”中，对建立健全宏观调控协调机制、预算工作会商机制、金融监管协调机制、食品安全综合协调机制、科技工作重大问题会商机制等都提出了明确要求①。但是，目前政府部门之间行动不协同、少配合的问题依旧比较突出，部门间协同过于依赖上级纵向权威，横向协同机制发挥作用较小。主要原因有三点：一是缺乏对部际协同机制进行规范的法律法规；二是协同内容和层级不明确，协同方式操作性不强；三是缺乏监督检查和责任追究制度②，公共行政机构和人员的责任意识模糊和淡化是造成

---

① 此次改革强调明确部门分工基础上加强部门之间协调配合．(2008-10-16)[2021-09-25]. http://www.gov.cn/zxft/ft139/content_1122677.htm.

② 党的十九届四中全会《决定》学习问答 30.（2019-12-18）[2021-09-25]. https://www.12371.cn/2019/12/18/ARTI1576655962071677.shtml.

部门合作不利的重要原因之一[①]。经济社会系统的复杂度不断提升，公共事务的跨域性逐渐提高，对部门之间政策协同提出了更高的要求。在全面建设社会主义现代化国家新征程中，需要提高部门协同配合机制的操作性，并辅以法律和责任制度为保障。

2. 优化部门政策制定和执行程序

促进部门之间协同，除了从结构上整合功能、明确权责外，在运作层面可以通过流程再造[②]，将部门协同纳入常态工作流程中，实现部门政策制定和执行程序的优化，促进部门联动，做到“防止政出多门”。例如，在政策制定或执行时，可以以事件主题为核心，以事件的周期来组织流程中的各个职能环节[③]。随着数字技术的发展，近年来出现了通过“互联网＋”的方式再造工作流程，实现部门协同。例如，跨领域跨部门综合执法一直是部门协同的重点和难点，浙江嘉兴南湖区通过“监管一件事”明晰监管事项和理清相关监管部门职责，应用“互联网＋监管”平台，按照“双随机、一公开”的要求抽查检查对象和执法人员，实现“进一次门，查多项事”、各部门协同发力的整体工作格局[④]。在全面建设社会主义现代化国家新征程中，要善用资源和技术，继续创新工作方式，探索部门协同的新途径。

（四）推进政府协同治理制度化和法治化

习近平总书记指出，“相比过去，新时代改革开放具有许多新的内涵

---

① 朱春奎，毛万磊．议事协调机构、部际联席会议和部门协议：中国政府部门横向协调机制研究．行政论坛，2015（6）.

② 唐任伍，赵国钦．公共服务跨界合作：碎片化服务的整合．中国行政管理，2012（8）.

③ 谷民崇，孟庆国．数据统筹视角下的跨部门行政协同问题研究．东北大学学报（社会科学版），2017（2）.

④ 数字赋能 打通部门协同执法堵点难点．(2021-08-13)[2021-09-25]. http://www.rmlt.com.cn/2021/0813/621758.shtml.

和特点，其中很重要的一点就是制度建设分量更重”①，要“加强重要领域立法”②。法律是一种更为稳定的制度规则，是制度建设的高级形态，在激励、约束和权威指导方面作用更强。政府协同治理法治化是一个系统工程，包括完备的法律规范体系、高效的法治实施体系、严密的法治监督体系③。当前，层级协同、区域协同和部门协同的制度优化程度有所不同，在新征程中，推进政府协同治理制度化和法治化要循序渐进，根据三个方面的改革进度分别施策。

在层级协同方面，央地关系已通过权力清单制度、央地事权和支出责任改革逐步明晰，未来要通过法治方式将中央和地方的权责和职能分配固定下来，实现各级政府事权法治化，为发挥两个积极性提供充分、持久、稳定的保障。从历史上看，我国央地关系改革整体呈现“弱制度化”特点，很大程度依靠运动式治理、压力型治理等非常规手段，一定程度上导致权力上收和下放的周期性震荡和“一收就死、一放就乱”的怪圈。中央和地方的责权划分是一项极其复杂艰巨的工作，央地关系规范化和法治化是改革突破口④。在新征程中，要充分认识到加强央地关系法治建设是权力清单等制度完善后的必需阶段，实现央地事权划分从行政化走向法治化、从政策主导向法律主导转变⑤，彻底贯彻“依法行政”理念。

---

① 习近平．关于《中共中央关于坚持和完善中国特色社会主义制度 推进国家治理体系和治理能力现代化若干重大问题的决定》的说明．(2019-11-06)[2021-09-25]. http://dangjian.people.com.cn/n1/2019/1106/c117092-31440644.html.

② 中共中央关于坚持和完善中国特色社会主义制度 推进国家治理体系和治理能力现代化若干重大问题的决定．(2019-11-05)[2021-09-25]. http://www.gov.cn/zhengce/2019-11/05/content_5449023.htm.

③ 楼阳生．健全充分发挥中央和地方两个积极性体制机制．人民日报，2019-12-05.

④ 宣晓伟．治理现代化视角下的中国中央和地方关系：从泛化治理到分化治理．管理世界，2018 (11).

⑤ 封丽霞．国家治理转型的纵向维度：基于央地关系改革的法治化视角．东方法学，2020 (2).

在区域协同方面，要坚持制度化与法治化并举。十八大以来，区域协同程度大大提高，涌现了许多新的实践，但诸多合作模式和协同方式还未固化为稳定的制度安排，区域协同制度激励也有不足，区域立法协同更是面临诸多国内无先例可循的新问题，例如立法协同的合宪性和合法性问题、地方立法清理问题等[①]。鉴于此，优化区域协同法治制度，一方面要推进区域协同制度化，既包括规定区域间如何协同合作的制度，也包括促进激励区域协同合作的制度。例如，可以通过优化绩效考核制度促进地方政府横向协同。从历史上看，地方政府之间合作与竞争关系并存，此消彼长。改革开放相当长一段时间，竞争关系占据了主流，这在很大程度上源于中央对地方经济考核的激励；地方经济社会的区域融合面临诸多行政性障碍，地方政府间实质性合作举步维艰，这在很大程度上是由其所处的政治生态环境尤其是政绩评价机制决定的[②]。打破行政区划壁垒，推进地方政府横向协同，可以充分利用绩效考核指挥棒，将涉及区域公共利益的绩效指标调整为统一指标，即将竞争性考核转变为协同性考核[③]，以激发地方政府横向合作意愿。

另一方面，要确保区域合作有法可依，坚持立改废释并举。一是通过法律对区域合作实践进行规范。区域合作涉及地方权力共享，需要公平、统一、有效的治理规则，可以从区域合作模式、合作主体权责、合作领域、合作形式或平台、合作程序等方面对区域合作进行规定，推动区域合

---

① 陈俊．我国区域协调发展中的地方立法协调：样本探索及发展空间．政治与法律，2021（3）．

② 罗峰．竞争与合作：地方间关系的历史钟摆．社会主义研究，2012（2）．

③ 徐宁，谢凡，饶悦．长三角产业创新发展报告：基础与现状．[2021－09－25]．https://idei.nju.edu.cn/_upload/article/files/9a/8d/520a42854fac9ba697af1a97f8a9/b58726a1－418d－490e－ad5e－365800807561.pdf.

作配合得当，取得预期成效[①]。二是要推进区域协同立法。区域协同立法是一种新型立法模式，处于探索阶段，近些年在实践中已经积累了一定的经验，形成京津冀、珠三角和长三角等典型样本[②]，未来需要在此基础上，加强统筹规划和顶层设计，在中央立法层面对协同立法的立法主体、事项范围、权力配置、协作机制、程序安排进行规范，构建备案审查、争端解决等机制对协同立法进行支持、引导和监督，对共同问题建立统一的立法标准，规范统一执法尺度[③]。另外，当前区域协同立法主要集中在大气污染、水污染防治等环保领域，未来要在多领域进行深入探索，如交通设置、城乡规划、产业布局等[④]。三是推进地方立法清理工作。为了保证法律法规的与时俱进，要建立对法律规范的制度化、动态化的定时集中清理制度。

在部门协同方面，法治化可以遵循以下路径[⑤]：一方面，要通过法律进一步明确部门权责。职责不清、管理权限交叉是阻碍跨部门协同的重要因素，要逐步捋顺部门间职能边界，并通过法律固定下来。另一方面，要确保部门协同治理有法可依，提高立法的整体性和综合性。当前由于政策制定和执行的碎片化现象，存在部门立法、多头执法等现象，部门协同缺乏法律依据，过于依赖权威和领导的注意力。未来在立法上，要加强人大的立法和监督职能，减少不同法律内容的不一致，防止

① 杨治坤．区域治理的基本法律规制：区域合作法．东方法学，2019（5）.

② 陈俊．我国区域协调发展中的地方立法协调：样本探索及发展空间．政治与法律，2021（3）.

③ 田有成．统一标准平衡利益 推进区域协同立法．检察日报，2020－10－19.

④ 同③.

⑤ 蒋敏娟．法治视野下的政府跨部门协同机制探析．中国行政管理，2015（8）；周晨虹．“联合惩戒”：违法建设的跨部门协同治理．中国行政管理，2019（11）；周志忍，蒋敏娟．中国政府跨部门协同机制探析：一个叙事与诊断框架．公共行政评论，2013（1）.

“法出多门”；在政策执行或执法上，可建立行政协助制度，将“协同”纳入政府部门的基本职责，并使得这种部门间相互支持配合的责任和义务法定化。

（五）建设国家数据统一共享开放平台

现代信息技术是驱动整体政府、促进流程再造和实现跨层级、跨区域、跨部门政府协同治理的重要工具。在全面建设社会主义现代化国家新征程中，要把握住信息技术为促进政府协同治理带来的新契机。十九届四中全会对数据开放共享进行了战略部署：“建立健全运用互联网、大数据、人工智能等技术手段进行行政管理的制度规则。推进数字政府建设，加强数据有序共享”。十九届五中全会提出，“扩大基础公共信息数据有序开放，建设国家数据统一共享开放平台”。“十四五”规划中强调，“推进数据跨部门、跨层级、跨地区汇聚融合和深度利用”，“加大政务信息化建设统筹力度，健全政务信息化项目清单，持续深化政务信息系统整合……提升跨部门协同治理能力”。

建设国家数据统一共享开放平台、推动数据共享开放与实现更加协同的政府治理是相辅相成的。一方面，信息交流与数据共享是府际协同合作的保障，纵向层级间、横向区域间和部门间的行政壁垒本质上可以看作是信息和数据壁垒，建设国家数据统一共享开放平台能够打通数据孤岛、打破信息壁垒，促进信息跨层级、跨区域、跨部门汇聚融合，也能够有效解决信息重复收集、利用率低下等问题。另一方面，数据开放共享的实现依赖府际协同合作。近年来，随着电子政务、“互联网＋N”的推进，各地建立了各类政府网站、移动 APP 等多种政府信息系统，但政务服务应用碎片化，数据标准不统一，数据安全缺乏保障，加之数据可能关系部门利益，导致各级各类政府共享数据意愿不强①，这些问题是府际协同不足在数据治理方面的体现。为了解决这些问题，需要国家统筹，统一接口，建立统一的数据标准规范，并通过法律制度约束各部门数据公开。

最后，需要注意的是，层级协同、区域协同、部门协同是政府协同治理的三个维度，彼此相互影响。例如，中央部门职能交叉重叠可能直接影响到地方政府职责的落实，区域协同中的大量事项也会具体到地方政府的多元职能部门。因此，在优化三个维度的政府协同治理过程中，要统一战略和改革节奏，使跨层级、跨区域、跨部门三个维度同步推进，相互促进。

① 李珒．协同视角下政府数据共享的障碍及其治理．中国行政管理，2021（2）．

第五章

更讲法治的政府治理

良法善治，民之所向。在全面提升我国国家治理现代化水平、建设社会主义现代化国家的新时代新征程中，社会主义法治肩负着重要的保驾护航作用。习近平总书记明确指出，法治是“制度之治最基本最稳定最可靠的保障”[①]，“是国家治理体系和治理能力的重要依托……在全面建设社会主义现代化国家新征程上，我们要更加重视法治、厉行法治，更好发挥法治固根本、稳预期、利长远的重要作用”[②]。由此可见，在持续深入推进政府治理现代化的新征程中，作为全面依法治国的重点任务和主体工程，法治政府建设正面临着更高要求与现实挑战。面向到 2035 年基本建成法治政府的阶段性目标，我们有必要秉承唯物主义历史观，在回顾我国法治政府建设历程和肯定已有成绩的基础上，对法治政府建设迈向新征程道路上的挑战和重点法治方向进行阐释和展望。

一、历史回顾

新中国成立伊始，我国便开始了法治政府建设探索的漫漫征程。结合党和国家的重要会议召开和标志性法律政策文件出台时间，可以将法治政

① 习近平：推进全面依法治国，发挥法治在国家治理体系和治理能力现代化中的积极作用.(2020-11-15)[2021-06-28]. http://www.gov.cn/xinwen/2020-11/15/content_5561685.htm.

② 习近平在中央全面依法治国工作会议上发表重要讲话.(2020-11-17)[2021-06-28]. http://www.gov.cn/xinwen/2020-11/17/content_5562085.htm.

府建设历程划分为四个主要阶段。

（一）行政法制的初步探索与受挫（1949—1978 年）

新中国成立前夕，在党的领导下，中国人民政治协商会议通过了具有临时宪法性质的《共同纲领》①。此后，一系列旨在推进行政组织法制的重要文件陆续出台，依法明确了各级人民政府的职能权限、部门及职位设立原则等②。组织立法工作的有序推进可以被视为我国法制政府建设的重要开端。

紧接着，随着 1954 年《中华人民共和国宪法》的出台，各级国家行政机关基本的组织活动原则得到了进一步明确③。1956 年党的八大报告指出新的生产关系已经建立起来，“目前在国家工作中的迫切任务之一，是着手系统地制定比较完备的法律，健全我们国家的法制”④。

然而，令人惋惜的是，随着反右派斗争的扩大化和“文化大革命”的展开，1957 年起的随后 20 年间，法律虚无主义逐渐成为社会主流。自此，我国在法治道路上的探索陷入了长期停滞，甚至进入被破坏和倒退的阶段。

（二）法制重建与法制政府建设的萌发（1978—1997 年）

随着“文化大革命”的结束和国家经济社会秩序的恢复，我国社会主

---

① 中国共产党的法治道路探索始于革命期间，在 1931 年便通过了工农民主政权第一个宪法性文件《中华苏维埃共和国宪法大纲》。

② 在 1949 年 9 月到 1950 年间，我国出台的重要行政组织法律法规主要包括《中央人民政府组织法》《中央人民政府政务院及所属各机关组织通则》《大行政区人民政府委员会组织通则》《省人民政府组织通则》《市人民政府组织通则》《县人民政府组织通则》《乡（行政村）人民政府组织通则》。

③ 1954 年，根据宪法规定，《国务院组织法》《地方各级人民代表大会和地方各级人民委员会组织法》得以通过。1955 年，国务院陆续制定了各行政部门的组织法，如《国家计划委员会暂行工作条例》《监察部组织简则》。

④ 中共中央文献研究室．建国以来重要文献选编：第 9 册．北京：中央文献出版社，1994：92.

义民主法制建设再次逐渐回归正轨。在1978年召开的中央工作会议上，邓小平就指出“为了保障人民民主，必须加强法制”，以及“社会主义民主和社会主义法制是不可分的”[①]。随后，党的十一届三中全会也提出了“有法可依，有法必依，执法必严，违法必究”的法制“十六字方针”。1987年党的十三大提出，要通过加强行政立法巩固机构改革成果，使行政管理走上法制化的道路。

1993年《政府工作报告》中指出，“各级政府都要依法行政，严格依法办事”，首次在政府文件中提出“依法行政”概念。党的十四届三中全会通过的《关于建立社会主义市场经济体制若干问题的决定》中同样明确要求“各级政府都要依法行政，依法办事”，首次在党的纲领性文件中提出和推行依法行政。

“有法可依”是依法行政的重要前提和法制政府建设的重要依托。在该阶段，为适应新的经济社会发展需要，我国各项立法工作逐渐有序展开。具体到行政立法，形成了包括行政组织法、行政处罚法、行政救济法、国家赔偿法在内的行政法体系[②]，奠定了我国法制政府建设的基础[③]。

---

① 发展社会主义民主，健全社会主义法制.（2017－12－19）[2021－06－28]. http://cpc.people.com.cn/n1/2017/1219/c69113－29716064.html.

② 赵晓耕.70年法治变迁：为法治现代化提供历史依据和借鉴. 人民论坛，2019（31）.

③ 其中较具标志性的国家层面法律文件包括《地方各级人民代表大会和地方各级人民政府组织法》（1979）、《国务院组织法》（1982）、《行政诉讼法》（1989）、《行政复议条例》（1990）、《行政监察条例》（1990）、《国家赔偿法》（1994）、《行政处罚法》（1996）等。马怀德教授指出，《行政诉讼法》的颁布实施是我国行政法治建设进入快速发展的“黄金三十年”的起点，是我国改革开放以来法治建设中具有划时代意义的一件大事。行政诉讼制度不仅为社会公众提供了法定的救济渠道，将“官民冲突”纳入法治轨道，还倒逼了一大批行政法律规范的出台，与行政复议制度共同发挥监督作用，与国家赔偿制度相协调，是法治政府建设的坚实基础。（马怀德.行政诉讼法的时代价值：行政诉讼三十年：回首与前行. 中国法律评论，2019（2）.）

（三）法治政府概念的提出与体系建构（1997—2012 年）

以“依法治国”方略的提出为标志，本阶段主要实现了从以完善法律体系为主的“法制政府”建设到试图系统建设“法治政府”的重要转变。政府法治建设实践的重心不再局限于出台法律制度文本，依法行政逐渐成为法治政府建设的重要抓手①。1997 年，党的十五大报告明确指出依法治国是党领导人民治理国家的基本方略。1999 年，该方略被写入宪法修正案，即“中华人民共和国实行依法治国，建设社会主义法治国家”②。

2004 年是我国法治政府建设历程上的重要年份。首先，“法治政府”概念首次在政府工作报告中出现，使该概念正式进入我国政府治理改革的实践话语体系。同年，国务院出台《全面推进依法行政实施纲要》，明确将通过十年左右基本实现建设法治政府的目标作为全面推进依法行政的目标，并首次对法治政府建设做出顶层设计。该《纲要》提出了合法行政、合理行政、程序正当、高效便民、诚实守信、权责统一的法治政府建设基本要求，并对具体工作部署进行了明确③。

自此，我国法治政府建设逐渐朝着体系化进程迈进，战略地位不断提

① 当然，在本阶段，行政立法仍然在被丰富完善，例如陆续出台了《行政监察法》（1997）、《行政复议法》（1999）、《立法法》（2000）、《行政许可法》（2003）和《政府信息公开条例》（2007）等重要法律法规。2011 年，全国人大常委会委员长吴邦国指出中国特色社会主义法律体系已经形成，总体实现有法可依，为法治政府建设的稳步推进起到了重要铺垫作用。

② 其中，由于依法行政是依法治国的重要组成部分，国务院也于 1999 年通过《关于全面推进依法行政的决定》。该《决定》虽未直接提到“法治政府”，但其提出的通过加强政府立法工作、加大行政执法力度、强化行政执法监督等推进依法行政的工作做法，与法治政府建设的内涵相契合。随后，党的十六大亦明确提出要“加强对执法活动的监督，推进依法行政”。

③ 八个方面的具体工作部署分别是：（1）转变政府职能，深化行政管理体制改革；（2）建立健全科学民主决策机制；（3）提高制度建设质量；（4）理顺行政执法体制，加快行政程序建设，规范行政执法行为；（5）积极探索高效、便捷和成本低廉的防范、化解社会矛盾的机制；（6）完善行政监督制度和机制，强化对行政行为的监督；（7）不断提高行政机关工作人员依法行政的观念和能力；（8）提高认识，明确责任，切实加强对推进依法行政工作的领导。

升。2007 年，党的十七大报告将“法治政府建设取得新成效”作为全面建设小康社会的新要求的重要内容，使法治政府建设在国家重要战略布局中初具一席之地[①]。2010 年，为进一步加大《全面推进依法行政实施纲要》的实施力度，国务院印发《关于加强法治政府建设的意见》，再次强调了法治政府建设的重要性紧迫性。

至本阶段，我国法治政府建设已然步入正轨，较改革开放前我国行政法治已取得了巨大进展。但是，实践中也存在着对法治政府建设工作的系统性认识不足的问题，对诸如法治政府的使命及内涵外延仍存在一定的模糊看法。同时，在我国政府改革的整体战略蓝图中，法治政府建设的战略地位也相对不突出。

（四）善治理念下法治政府建设的统筹推进（2012 年至今）

以党的十八大为标志，我国迈入了建设中国特色社会主义的新时代。在本阶段，我国法治政府的地位作用在实践中得以凸显，并在国家治理现代化布局中被赋予了更高使命。作为全面依法治国的有机组成部分，新时代下的法治政府的内涵更为清晰，战略地位显著提高，建设目标更为清晰明确，推进工作更为系统有力。

2012 年，党的十八大报告提出了全面推进依法治国的“新十六字方针”，即“科学立法、严格执法、公正司法、全民守法”。同时，报告首次明确将“法治政府基本建成”纳入 2020 年全面建成小康社会目标，为法

---

① 在基层法治政府建设上，2008 年，国务院出台《关于加强市县政府依法行政的决定》，指出加强市县政府依法行政是建设法治政府的重要基础，对在基层开展法治政府建设提出了具体要求。具体包括：大力提高市县行政机关工作人员依法行政的意识和能力；完善市县政府行政决策机制；建立健全规范性文件监督管理制度；严格行政执法；强化对行政行为的监督；增强社会自治功能；加强领导，明确责任，扎扎实实地推进市县政府依法行政。

治政府阶段性建设目标的实现提供了明确时间表。同年，习近平总书记在首都各界纪念现行宪法公布施行30周年大会上的讲话中提出，要“坚持依法治国、依法执政、依法行政共同推进，坚持法治国家、法治政府、法治社会一体建设”[①]。此后，“三个共同推进、三个一体建设”论断在党的十八届三中全会至十九届五中全会的一系列重要会议和习近平总书记重要讲话中被反复强调，成为习近平法治思想的重要内容。

由此，法治政府的战略地位得到了不断明确。2013年，在十八届三中全会通过的《中共中央关于全面深化改革若干重大问题的决定》中，法治政府建设被作为推进法治中国建设、加快转变政府职能这两项重要改革任务的有机组成部分[②]。2014年，十八届四中全会通过《中共中央关于全面推进依法治国若干重大问题的决定》，提出“法律是治国之重器，良法是善治之前提”，要求“各级政府必须坚持在党的领导下、在法治轨道上开展工作，创新执法体制，完善执法程序，推进综合执法，严格执法责任，建立权责统一、权威高效的依法行政体制”。同时，该《决定》将法治政府的目标内涵明确为“职能科学、权责法定、执法严明、公开公正、廉洁高效、守法诚信”[③]。随后，中共中央、国务院印发的《法治政府建设实施纲要（2015—2020年）》等重要文件都进一步明确了法治政府建设的具体举措[④]。

---

① 习近平．在首都各界纪念现行宪法公布施行30周年大会上的讲话．北京：人民出版社，2012：12-13.

② 《决定》强调：“必须切实转变政府职能，深化行政体制改革，创新行政管理方式，增强政府公信力和执行力，建设法治政府和服务型政府”。

③ 《决定》将新时代下我国法治政府建设的重点明确为六个方面，即：(1) 依法全面履行政府职能；(2) 健全依法决策机制；(3) 深化行政执法体制改革；(4) 坚持严格规范公正文明执法；(5) 强化对行政权力的制约和监督；(6) 全面推进政务公开。

④ 《法治政府建设实施纲要（2015—2020年）》是第一份由中共中央办公厅与国务院办公厅共同下发的关于法治政府建设的文件，表明党中央与国务院共同规划了法治政府全面建设纲要。

2017 年，党的十九大胜利召开，提出要“以良法促进发展、保障善治”。会议将全面依法治国进一步上升为新时代坚持和发展中国特色社会主义的基本方略，并决定成立中央全面依法治国领导小组。由此，依法治国正式成为党中央治国理政的总方略之一。作为推进全面依法治国的重点任务，基本建成法治政府的时间表在十九大报告中被明确为 2035 年。2020 年 10 月，在十九届五中全会上，基本建成法治国家也被明确作为 2035 年社会主义现代化远景目标的组成部分。特别地，同年 11 月，在党的历史上首次召开的中央全面依法治国工作会议上，习近平法治思想被明确为全面依法治国的指导思想，习近平法治思想中的法治政府理论也正式确立①。2021 年 8 月，中共中央、国务院印发《法治政府建设实施纲要（2021—2025 年）》，将新征程中法治政府建设的基本内涵更新确定为七项，即“职能科学、权责法定、执法严明、公开公正、智能高效、廉洁诚信、人民满意”，突出了“智能”和“人民满意”的重要性。

（五）我国法治政府建设的历史经验

通过历史回顾可以发现，我国法治政府建设经历了漫长的实践历程，且其中不乏曲折。特别是在 20 世纪 50 年代末至 70 年代末，法治理念在我国几乎被全盘否定，新中国成立初期的行政法制建设化为乌有。这一时期对行政法治建设的轻视导致公权力滥用，使社会主义法治探索受到重挫②。

---

① 习近平总书记关于法治政府建设的重要论述的核心命题可归纳为：坚持党的领导是法治政府建设的根本保证，坚持以人民为中心是法治政府建设的本质要求，坚持法治国家、法治政府和法治社会一体建设是法治政府建设的基本路径，依法全面履行政府职能是法治政府建设的关键环节，严格执法是法治政府建设的主要内容。（马怀德．习近平法治思想中法治政府理论的核心命题．行政法学研究，2020（6）.）

② 姜明安．中国行政法治发展进程回顾：经验与教训．中国政法大学学报，2005（5）；江必新，戢太雷．中国共产党百年法制建设历程回顾．中南大学学报（社会科学版），2021（4）.

值得欣喜的是，改革开放以来，法治理念得到了快速复兴和发扬，行政法治建设也重回正轨。目前，我国法治政府建设已经取得了巨大进展，国家和地方层面的法治政府建设水平不断提升。其取得的主要工作成绩包括：法治政府的理论化和建设布局体系化水平不断增强；中国特色行政法律体系基本形成并逐渐优化；地方政府法治水平持续提升；以法治保障和助推政府改革创新的理念做法愈加被认同；政务公开稳步扎实推进；行政执法体制机制改革不断向纵深发展；公务员依法行政意识和能力初步形成；等等①。

总体而言，我国法治政府建设工作在多年中努力践行着立足国情、兼容并蓄，遵循稳中求进、先易后难的实践规律，并形成了包括以下三点在内的长期指导理念②：

其一，顶层设计与实践创新相结合。2004 年以来，法治政府建设在国家治理整体蓝图中的地位作用被不断突出，工作体系化程度被加速强化。随着一体建设理论的深入实施和《法治政府建设实施纲要（2021—2025年）》等建设规划的出台，“十四五”时期法治政府建设的系统布局再次得到了明晰。与此同时，国家积极鼓励法治政府建设的基层实践创新，包括新时代“枫桥经验”在内的基层创新丰富了法治政府建设的工作思路。自 2019 年起，中央依法治国办开始举办法治政府建设示范地区评选活动，以

① 马怀德，孔祥稳．中国行政法治四十年：成就、经验与展望．法学，2018（9）；宋振威，熊文钊．新中国法治政府建设的回顾与展望．行政管理改革，2019（7）；中国政法大学法治政府研究院．中国法治政府评估报告（2020）．北京：社会科学文献出版社，2020．

② 姜明安．中国依宪治国和法治政府建设的主要特色．政治与法律，2019（8）；江必新，戢太雷．中国共产党百年法制建设历程回顾．中南大学学报（社会科学版），2021（4）；肖金明，白玉荣．新时代中国法治的理念和形态．法学论坛，2021（5）；马怀德，孔祥稳．中国行政法治四十年：成就、经验与展望．法学，2018（9）；马怀德．迈向“规划”时代的法治中国建设．中国法学，2021（3）．

期更好鼓励各地各部门在建设工作上的积极探索，形成争先创优的建设氛围[①]。法治规划保障着实践，而实践又巩固和丰富着规划内涵。顶层指引和基层实践间的持续互动促进着法治政府建设工作的良性运转。

其二，党的领导与法治相统一。《法治政府建设实施纲要（2021—2025年）》指出，“党的领导是全面依法治国、建设法治政府的根本保证”。自改革开放以来，党的历次全国代表大会都对法治建设进行了重要阐释，行政法治的重建和重焕生机离不开党的政治引领。党的十九大决定成立中央全面依法治国领导小组，正是对这一经验的传承和发扬。习近平总书记在总结历史经验的基础上强调，“党大还是法大”是一个政治陷阱和伪命题，“我国法律充分体现了党和人民意志，我们党依法办事，这个关系是相互统一的关系。全党同志必须牢记，党的领导是我国社会主义法治之魂，是我国法治同西方资本主义国家法治最大的区别”[②]。

其三，以人民为中心的法治、德治与善治相融合。法治、德治和善治是相辅相成、相互融合的，而以人民为中心则是它们共同的价值导向。长期以来，我国形成了依法治国和以德治国相结合的中国特色社会主义法治理念，法治和德治的有机结合对实现善治起着重要的支撑作用。同时，满足人民日益增长的美好生活需要也是法治及善治的共同追求。因此，坚持通过完善中国特色社会主义法治体系依法保障人民权益，以及持续强化道

① 为培育法治政府建设先进典型，中央依法治国办于2019年部署开展全国法治政府建设示范创建活动，并制定《市县法治政府建设示范指标体系》作为评估标准。2020年，中央依法治国办评出首批全国法治政府建设示范市（县、区）40个，示范项目24个。该评估预期每两年开展一次，反映着国家对法治政府工作的重视以及最新进展。

② 习近平：坚定不移走中国特色社会主义法治道路 为全面建设社会主义现代化国家提供有力法治保障.（2021-02-28）[2021-06-28]. http://www.gov.cn/xinwen/2021-02/28/content_5589323.htm.

德对法治的支撑作用、引导领导干部带头形成尊法守法的道德观念，是基本建成法治政府道路上的重要经验和重点任务。

可以说，至“十三五”时期结束，我国法治政府建设在汲取已有经验的基础上，初步探索出了独具特色的中国方案，有效推动了社会主义法治和国家治理现代化的长足发展。

二、现实挑战

经过多年努力，法治政府建设工作已经取得了不俗的实践成效。不过，在坚持已有法治政府建设思想、肯定既往工作成效的同时，也需要实事求是地总结法治政府建设存在的问题和挑战，以期建设好更讲法治的政府，推进新征程中的政府治理现代化。总体来看，中国政法大学法治政府研究院自2014年起发布的中国法治政府指数，为了解我国法治政府工作实绩提供了客观数据①。从图5-1可以看出，在2014—2017年间，我国法治政府指数平均得分率实现了大幅上涨，从“不及格”提升到接近70%。2018年，法治政府评估体系经历了重大调整，在考核内容上增加了“营商环境”维度②。在随后两年间，我国法治政府指数的整体得分率仅维持在及格线上。更进一步，结合近年的法治政府指数平均得分率（见图5-2），可发现职能履行、政务公开和监督问责维度的得分率已高于70%，而组织领导、制度体系、行政执法和营商环境维度的得分率仍处于

---

① 评估指标体系涵盖了法治政府建设的所有重点领域，以客观指标为主、主观指标为辅，总分为1 000分（包括社会公众满意度得分）。评估指标体系在上一年基础上，根据每年法治政府建设的新要求和新情况进行适当调整。（中国政法大学法治政府研究院．中国法治政府评估报告（2020）．北京：社会科学文献出版社，2020.）

② 该项指标得分率在2018年和2019年分别为57.83%和59.24%，呈现出我国地方营商环境建设上的不足。

及格线以下。

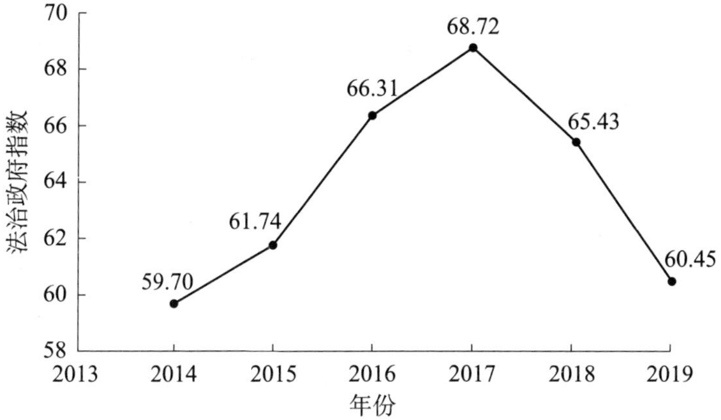

图 5-1　2014—2019 年法治政府指数年平均得分率变化趋势

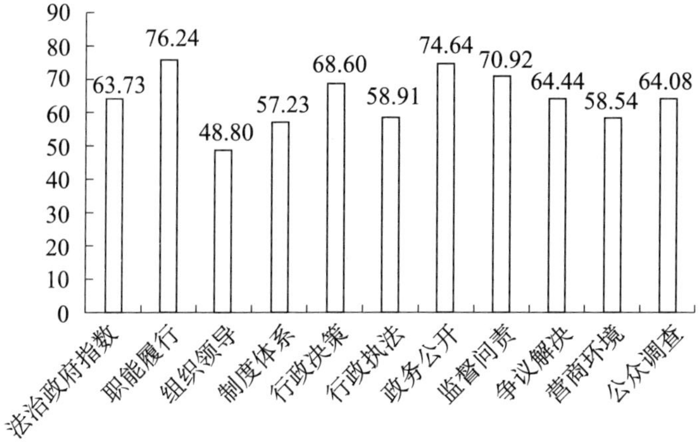

图 5-2　2013—2019 年法治政府指数分维度平均得分率

资料来源：中国政法大学法治政府研究院．中国法治政府评估报告（2020）．北京：社会科学文献出版社，2020．

从主观调查结果来看，我国法治政府建设水平与公众期望尚存较大差距。表 5-1 的五个题项来自 2018 年中国人民大学中国地方治理综合调查，分别体现了公众对政府维护法律公平性、监管执法、干预司法、行政权力制约、行政执法方面情况的感知与评价。如果将“比较同意”和“完全同意”视为公众对法治政府建设感到满意或较为认同，那么公众对政府维护法律公平性、监管执法和行政权力制约感到满意的比例均未超过50%，分别为48.35%、46.35%、44.38%，也就是说，仍有半数以上公众对这三方面的法治政府建设情况不够满意。另外，有45.09%的公众认为领导干部干预司法活动的情况仍然存在，39.15%的公众认为行政执法中存在很多问题，这一发现与前述客观法治政府评估结果一致。

表5-1 公众对法治政府的感知与评价情况

就当地市政府的总体情况，您是否同意以下说法：	完全不同意	比较不同意	一般	比较同意	完全同意
本市做到了法律面前人人平等	6.03%	10.68%	34.94%	32.01%	16.34%
本市在食品药品等监管执法上做得很好	5.19%	10.38%	38.08%	32.09%	14.26%
领导干部干预司法活动的情况在本市仍然存在	4.42%	12.05%	38.43%	30.10%	14.99%
本市政府做到了“法无授权不可为”	3.97%	9.84%	41.81%	32.00%	12.38%
本市行政执法中的问题很多	3.84%	14.42%	42.59%	26.61%	12.54%

由此可见，现有法治政府建设在许多重难点工作的推进上仍面临着不小的困难瓶颈，与基本建成法治政府的目标相比还有一定差距。因此，我们需要保持清醒，认识到法治政府发展的任重道远。正如习近平总书记所指出的，“法治政府建设还有一些难啃的硬骨头”①。这些“硬骨头”使我国法治政府建设仍面临着整体水平有待提升、区域不平衡、公众满意度有待提升、形式法治与实质法治存在差距、行政法治效能仍有待进一步彰显

① 习近平：坚定不移走中国特色社会主义法治道路 为全面建设社会主义现代化国家提供有力法治保障.（2021-02-28）[2021-06-28]. http://www.gov.cn/xinwen/2021-02/28/content_5589323.htm.

和整体提升等问题。具体而言，法治政府建设工作主要面临着来自以下六方面的挑战：

（一）政府职能转变的法治化进程有待深化

通过法律来推动政府职能转变并巩固政府职能转变的成果，实现政府职能的法定化，是建设法治政府的本质要求[①]。法治政府不应是全能政府，而是职能科学、界限明确的有限政府，需要通过处理好政府与市场和社会关系以及政府间纵横关系，有效建立和维护多主体合作治理框架[②]。因此，法治政府建设与政府职能转变是紧密相连的。政府职能转变系统性强，关系复杂，不能为“转”而“转”，也不能突破法律底线，而是应该重视转变过程和转变结果的法治化，通过法治保障职能转变，依法巩固改革的成果[③]。

近年来，党和国家一直试图以“放管服”改革为突破口，通过深化改革持续加快转变政府职能。虽然用法治为“放管服”改革护航，以“放管服”改革助推实质法治目标实现的理念不断被强调，但是在现实改革过程中，政府职能的越位、缺位、错位现象仍不同程度地存在于各领域。包括权责清单制度在内的试图厘清政府权责边界的努力在实践中依旧存在被虚化、弱化、形式化的问题[④]。行政机关干预微观经济活动的现象时有发生，其社会管理和公共服务职能还有待加强[⑤]。

---

① 石佑启，杨治坤．中国政府治理的法治路径．中国社会科学，2018（1）.

② 中国政法大学法治政府研究院．中国法治政府发展报告（2015）．北京：社会科学文献出版社，2015；姜明安．法治政府建设的若干问题．学习时报，2014－12－15.

③ 石佑启．以转变政府职能为纲 推进法治政府建设．学术研究，2019（10）.

④ 中国政法大学法治政府研究院．中国法治政府评估报告（2020）．北京：社会科学文献出版社，2020.

⑤ 宋振威，熊文钊．新中国法治政府建设的回顾与展望．行政管理改革，2019（7）.

（二）行政组织与程序法制体系内容亟待完善

行政组织与程序规则属于一国最基本的法律制度，对国家机关的机构设置、人员配置和权力行使等进行着基本规定[①]。目前，我国行政组织和程序法治水平还不能很好地与新时期法治国家、法治政府和法治社会发展的需要相适应，仍有很大的进步完善空间。

首先，在行政组织法治化上，我国现有的组织立法缺乏系统性、完备性和科学性。整体而言，我国还缺少健全、完善的组织法和编制法体系，而且组织体制和职责权限经常变动，缺乏稳定性[②]。有的行政立法内容过于简单粗疏，有的又过于庞杂；有的行政组织立法缺乏规范的法律形式和应有的法律效力，有的缺乏有效的法律监督[③]。

其次，我国的行政程序法治化发展并不充分。近年来，国务院先后推进了修改完善《行政法规制定程序条例》《规章制定程序条例》、出台《重大行政决策程序暂行条例》等工作，对确保新时代行政立法权限合法、程序合法、实体合法，推动重大行政决策质量和效率提升等有着重大意义。但是，从深层来看，国家机关工作人员和广大民众欠缺行政程序观念的问题还未得到根本改善，行政立法体制缺乏系统性和可操作性、自由裁量空

① 一方面，组织法制确定国家机关成立的缘由、权力来源、法定权限，进而规定该国家机关的机构设置与人员配备。另一方面，程序法制明确国家机关设立、变动或撤销的程序以及国家机关行使权力的内部和对外运行规则。（应松年．完善行政组织法制探索．中国法学，2013（2）.）

② 马怀德．新时代法治政府建设的意义与要求．中国高校社会科学，2018（5）.

③ 具体而言，在中央政府的组织立法方面，《国务院组织法》制定于1982年，内容过于简略，已不能适应现实需要；同时，国务院所属各机构也缺乏其独立的组织法。在地方政府的组织立法方面，《地方各级人民代表大会和地方各级人民政府组织法》规定了从省政府到乡政府的各级地方政府体系，线条过粗，对于机构、职能和权限的问题都规定得相对简单，对于当下出现的一些新兴机构例如开发区管委会、行政审批局等也缺乏相应规定。央地权力划分的问题尚未在现有的组织法中得到解决。（马怀德，孔祥稳．中国行政法治四十年：成就、经验与展望．法学，2018（9）.）

间过大，现有的行政程序类法律还不足以涵盖实践中遇到的行政行为问题，这些难点仍有待攻克[①]。

（三）行政执法体制机制有待继续理顺

行政执法是行政机关实施的与社会民众联系最为密切、接触最为频繁的行政活动，行政执法的规范化水平直接影响着民众对于法治政府建设状况的认识和感知[②]。因此，行政执法体制改革是建设法治政府必须面对的重要问题。1996 年实施的《行政处罚法》在制定之初，便赋予省级政府调整行政处罚实施权的权限，为行政执法改革提供了有效的法律依据。经过二十多年的实践探索，我国综合行政执法改革模式已基本形成。目前，虽然我国尚未出现有关综合行政执法改革的统一立法，但以各类地方性法规、规章及行政规范性文件为支撑的规范已经形成相对固定的做法。

但是，由政策文件推动的综合行政执法改革也面临着改革深化的困境。在价值层面，综合行政执法改革面临着管理与治理、条与块、整体与部分、综合与专业、改革与法治的价值冲突[③]。在实践层面，改革也逐渐暴露出改革合法性支撑仍显不足、行政执法体制关系未能得到有效梳理、行政执法权的集中未受合理性原则的有效制约、执法权的全面集中导致权力运行脱节且未能建立有效的协调机制等现实困境[④]。体制机制上的矛盾问题导致不少地方和领域还存在着重复执法、交叉执法和多头执法，执法

---

① 宋振威，熊文钊．新中国法治政府建设的回顾与展望．行政管理改革，2019（7）．

② 马怀德．法治政府建设的基本要求．中国司法，2018（5）．

③ 程琥．综合行政执法体制改革的价值冲突与整合．行政法学研究，2021（2）．

④ 杨丹．综合行政执法改革的理念、法治功能与法律限制．四川大学学报（哲学社会科学版），2020（4）．

力量比较分散，执法非常态化、执法随意性大、执法不到位、执法不作为等现象，制约着执法公正和执法效能的提升。

（四）行政权力的制约监督机制有待加强

强化行政权力的制约监督需要全面推进政务公开以及完善党和政府内外部监督制度。在政务公开上，自2008年《政府信息公开条例》实施以来，我国政务公开制度不断完善、政务公开水平不断提升。2019年新修订的《政府信息公开条例》施行，也为公众更好地行使行政监督权提供了制度保障。但是，信息公开也还存在“不足”与“过剩”并存的现实问题①。这些问题暴露出现行的政务公开法律体系仍存在一些不足，与新时代背景下政务公开的内涵和要求仍有一定差距。

同时，在行政监督制度上，自改革开放以来，我国已经形成一套有中国特色的行政权力制约和监督制度体系，包括党内监督、人大监督、民主监督、行政监督、司法监督、审计监督、社会监督和舆论监督。但是，该体系在实际运行中也存在相关制度不完备、监督力量衔接不够、监督针对性不强、监督流于形式等问题，未能有效形成监督合力，提升监督实效。同时，有的监督还存在侵权和违法现象，且对于舆论监督尚无明确的制度规定②。

（五）政府及公务员依法行政意识能力有待提升

自2004年“法治政府”一词首次出现在政府工作报告中以来，该词

---

① “不足”表现为公开实效不彰，公开豁免事由常常沦为不公开的“挡箭牌”。“过剩”则是指信息公开申请权被“少数人过度利用”，“重复向政府申请信息公开、向法院提起信息公开诉讼，将政府信息公开制度作为谋求特殊利益的工具”。（彭錞．我国政府信息公开制度的宪法逻辑．法学，2019（2）.）

② 宁吉喆．强化对行政权力的制约和监督．党建研究，2015（7）.

已经逐渐成为党代会重要文件和政府工作报告的必备关键词。随着法治政府建设的持续推进和纵深发展，依法行政意识逐渐融入我国各级政府的日常制度建设和治理活动中，成为一种基本的规范共识。同时，各级政府及其公务员行政执法能力较以往显著提升。

但是，对照国家治理能力现代化和基本建成法治政府的目标要求，我国政府工作人员，特别是领导干部这一“关键少数”，恪守法治理念、运用法治思维方式展开工作的意识和能力仍需强化。部分领导干部还存在不屑学法、心中无法，以言代法、以权压法，执法不严、粗暴执法，干预司法、徇私枉法，利欲熏心、贪赃枉法等问题，阻碍了中国的法治进程[①]。如何采取有效方式开展法治教育活动，加快推动公职人员自觉以法治方式来谋事业、办事情和处理问题，在权力与权利、公共利益与个人利益相冲突时坚持做到以人为本、保护公民合法权益，是新征程中法治政府建设必须面对的重要问题。

（六）应急管理法治亟待健全

随着全球化、后工业化进程的加速发展，各国政府都需要面对具有高度复杂性、不确定性的治理环境，以及随之而来的更多难以预知的风险因素。除互联网、大数据、人工智能等新兴科技可能带来的风险外，类似“非典”、新冠肺炎疫情引发的重大公共卫生事件，以及重大自然灾害和重大安全生产事故等，都可能致使社会进入不同程度的非常态[②]。

非常态治理情境对政府及其公务员的依法行政能力提出了更大挑战，

---

① 马怀德．新时代法治政府建设的意义与要求．中国高校社会科学，2018（5）.

② 肖金明．新征程中依法行政须应对新挑战．（2020－09－18）[2021－06－28]．http://views.ce.cn/view/ent/202009/18/t20200918_35768205.shtml.

需要相应的应急管理法治体系作为保障支撑。但是，我国应急管理法治体系仍是应急管理体系中的薄弱环节。我国仍然缺少紧急状态立法，现有的《突发事件应对法》在突发事件的应对中实用性不强，应急管理主要以地方化、部门化为主，仍然呈现出“一事一法”的状态，法治建设短板较为明显。

三、未来发展

作为全面依法治国方略的重要组成部分，法治政府是建设法治国家的重点，对实现有限、诚信、负责、透明、廉洁等政府治理价值，系统建设人民满意的服务型政府具有重要支撑作用。为进一步打造更讲法治的政府，助推政府治理现代化，新征程中的法治政府建设既需要在战略层面统筹思考处理法治政府与其他法治建设、政府治理现代化工作的关系，也需要在实践层面继续从多个重要面向入手，持续深入展开。

（一）坚持法治国家、法治政府、法治社会一体建设

法治政府建设是全面依法治国基本方略的重要战略组成，其深入展开离不开法治工作的一体建设。习近平总书记强调：“全面依法治国是一个系统工程，要整体谋划，更加注重系统性、整体性、协同性。”①

具体而言，在对法治国家、法治政府、法治社会三者间关系的论述中，习近平总书记指出：“法治国家、法治政府、法治社会相辅相成，法治国家是法治建设的目标，法治政府是建设法治国家的重点，法治社会是

① 习近平：坚定不移走中国特色社会主义法治道路 为全面建设社会主义现代化国家提供有力法治保障. （2021－02－28）[2021－06－28]. http://www.gov.cn/xinwen/2021－02/28/content_5589323.htm.

构筑法治国家的基础。”“推进全面依法治国，法治政府建设是重点任务和主体工程，对法治国家、法治社会建设具有示范带动作用，要率先突破。”[①] 在中共中央印发的《法治中国建设规划（2020—2025 年）》中，“三个一体建设”也被列为“坚持统筹推进”原则中的重要内容[②]。

由此可见，坚持法治国家、法治政府、法治社会一体建设是法治建设系统性、整体性、协调性的重要体现。其中，建设法治政府、强化依法行政工作，在建设法治中国的整体战略布局中扮演着重要的中心枢纽和带头示范作用。在具体的法治政府建设实践工作中，需要通盘考虑如何将法治政府与法治社会和法治国家建设工作相融合，合力推动我国社会主义法治现代化。

（二）发挥好法治在政府治理转型中的基础性作用

“法者，治之端也”（《荀子·君道》）。全面建设社会主义现代化国家必须时刻发挥好法治作用，将其有效融入到推进国家和地方治理现代化的各项建设工作中。同时，法治政府建设取得积极成效的一个重要前提也正在于时刻保持全局意识，不能孤立地看待和部署有关工作。自党的十八大以来，法治政府建设便被逐渐深入嵌套在了国家治理体系和治理能力现代化的全面深化改革布局中。十八届四中全会《决定》中提出的关于法治政府建设应遵循的六项基本原则，即“职能科学、权责法定、执法严明、公开公

---

① 习近平：坚定不移走中国特色社会主义法治道路 为全面建设社会主义现代化国家提供有力法治保障.（2021－02－28）[2021－06－28]. http://www.gov.cn/xinwen/2021－02/28/content_5589323.htm.

② 《法治中国建设规划（2020—2025 年）》中提出“坚持统筹推进”原则段落的具体表述为：“坚持依法治国、依法执政、依法行政共同推进，坚持法治国家、法治政府、法治社会一体建设，坚持依法治国和以德治国相结合，坚持依法治国和依规治党有机统一，全面推进科学立法、严格执法、公正司法、全民守法。”

正、廉洁高效、守法诚信”，体现出以法治政府建设助推有限政府、整体政府、透明政府、廉洁政府、诚信政府价值理念和实践深化的目标内涵。

十九大以来，法治政府与其他政府治理现代化工作间的有机关联被更清晰地加以强调。中共中央、国务院印发的《法治政府建设实施纲要（2015—2020 年）》明确指出，要“实行法治政府建设与创新政府、廉洁政府、服务型政府建设相结合”。特别地，随着《法治政府建设实施纲要（2021—2025 年）》将法治政府建设的基本内涵更新为“职能科学、权责法定、执法严明、公开公正、智能高效、廉洁诚信、人民满意”，数字政府、人民满意的服务型政府与法治政府的有机关联也被更为突出地强调了。

由此可见，法治政府建设与其他多项政府现代化建设工作紧密关联、相辅相成（见图 5-3）。一方面，法治化思维和手段的运用应当被切实作为我国各级政府在开展日常治理活动和进行改革创新时的重要依托和根本遵循；另一方面，其他面向的政府治理现代化工作的有效推进也将为法治政府建设提供助力①。

（三）优化健全依法行政制度体系

目前，行政法领域一些基础性、综合性和全局性的法律缺失，制约了依法行政制度体系的完善。首先，面对我国在行政组织和程序法上的不健全，党的十八届四中全会明确提出要“完善行政组织和行政程序法律制

---

① 十九届三中全会在“坚持全面依法治国”原则中也总结强调，“必须坚持改革和法治相统一、相促进，坚持依法治国、依法执政、依法行政共同推进，坚持法治国家、法治政府、法治社会一体建设，依法依规完善党和国家机构职能，依法履行职责，依法管理机构和编制，既发挥法治规范和保障改革的作用，在法治下推进改革，做到重大改革于法有据，又通过改革加强法治工作，做到在改革中完善和强化法治”。

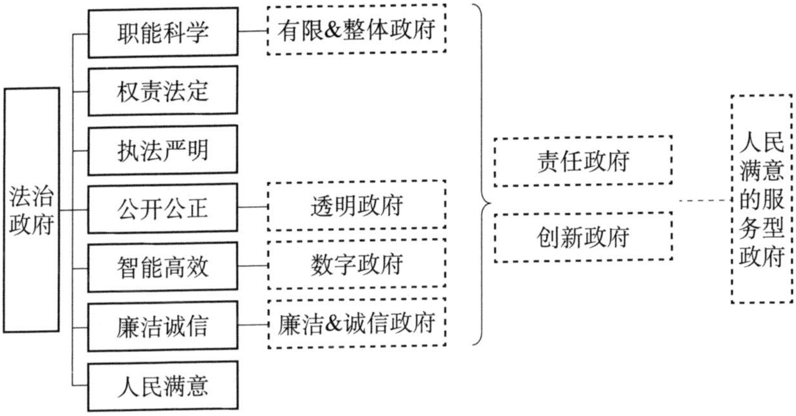

图 5-3　法治政府与其他政府治理现代化建设工作间的关系

度，推进机构、职能、权限、程序、责任法定化”。具体而言，一方面，在行政组织立法上，十九大报告具体指出，要“统筹考虑各类机构设置，科学配置党政部门及内设机构权力、明确职责。统筹使用各类编制资源，形成科学合理的管理体制，完善国家机构组织法”。十九届三中全会也在“合理配置宏观管理部门职能”的具体工作部署中强调要“加强和优化政府法治职能，推进法治政府建设”。行政组织法建设是一项长期而宏大的工作，但同样也是法治政府建设不可或缺的一部分。我们有必要在借鉴“三定”方案经验的基础上，加快制定完善国家机构组织方面的法律法规，补齐推进全面依法治国在组织法上的关键一环[①]。

另一方面，在行政程序立法上，行政程序法典化有利于切实保障行政相对人的合法权益，实现行政权的规范性和有效性的充分统一[②]。目前，《行政许可法》《行政处罚法》《行政复议法》《行政强制法》等单行法律对

① 马怀德．新时代法治政府建设的意义与要求．中国高校社会科学，2018（5）；姜明安．新时代中国特色法治与新时代中国法治政府建设．行政法论丛，2018（1）．

② 宋振威，熊文钊．新中国法治政府建设的回顾与展望．行政管理改革，2019（7）．

一些重要行政行为的实施程序做了规定，包含听证、告知、回避、期限、审执分离等大量的行政程序规则。同时，以《湖南省行政程序规定》为先导，地方行政程序规定已经多达十余部，为国家统一立法积累了足够经验，应早日落实十八届四中全会有关要求，尽快制定统一的“行政程序法”，建立一套各类行政活动共同遵守的程序制度①。

其次，一些其他重点环节、重点领域的行政立法工作也有待尽快完善。例如，我国尚缺少针对行政违法不作为的《行政问责法》，尚无高位阶的《政务公开法》。特别地，基于风险社会特征的外显化，以及非常态治理情境愈加频繁地出现，补齐应急管理法律体系这一明显短板的工作可谓刻不容缓。十九届四中全会明确提出要“构建统一指挥、专常兼备、反应灵敏、上下联动的应急管理体制”。其中，切实加强应急管理法治建设无疑是增强政府在非常态治理情境下的组织协同能力，更好地保障国家和人民的财产与生命安全的重要支撑。必须清醒地意识到，我国的应急管理法律体系在整体结构和内部架构方面都还存在很多问题，应尽快明确体系建设方向，建立以《应急管理法》为核心，包含应急管理全过程法律法规，以自然灾害、事故灾难、公共卫生事件、社会安全事件等四大类法律领域为主体的体系架构②。

（四）追求程序法治和实质法治相统一

十八届四中全会指出：“法律的生命力在于实施，法律的权威也在于

① 中国政法大学法治政府研究院．中国法治政府发展报告（2018）．北京：社会科学文献出版社，2019.

② 周孜予，杨鑫．“1+4”全过程：我国应急管理法律体系的构建．行政论坛，2021（3）；肖金明，白玉荣．新时代中国法治的理念和形态．法学论坛，2021（5）.

实施。”如前所述，法治是国家治理体系和治理能力现代化的重要依托，法治政府建设与包括有限政府、透明政府在内的其他各面向的政府治理工作息息相关。近年来，随着法治政府建设的加速推进，特别是在深入推进简政放权、“放管服”改革、优化营商环境等重点工作中，许多有助于改革深化的法律规章制度都业已建立。但是，各级政府在制度落实上仍存在着不到位问题，行政法治的实效发挥因此受到制约。

“天下之事，不难于立法，而难于法之必行”（张居正《请稽查章奏随事考成以修实政疏》）。总体来看，经过多年的法治政府建设，虽然在部分领域还有所欠缺，但我国行政法律制度体系中的主要制度已经基本具备。面向未来，我们既需要弥补既有制度缺失，也需要着力推进法律实施和制度落实。针对我国法治政府建设的区域发展不平衡不充分问题，应重点关注法律的有效实施，通过加强制度设计的精细化、引入多元化内外部监督机制等方式，推动法律制度“落地生根”，真正做到以良法促进发展、保障善治。

同时，也需要注意到，法律的贯彻落实不应当是片面的、机械式的。例如，在行政执法制度的落实上，习近平总书记指出，“严格规范公正文明执法是一个整体，要准确把握、全面贯彻，不能畸轻畸重、顾此失彼”[①]，反映出对执法目的与执法形式有机统一的注重。由此可见，程序法治与实质法治之间是相辅相成的，需要根据实践情况调整完善。尤其在我国全面深化改革的关键阶段，许多更为具体的制度规则仍需要在实践探索中建立健全。因此，在推进中国特色社会主义法治实践中，仍要强调遵守既

① 习近平同志《论坚持全面依法治国》主要篇目介绍.（2020－12－16）[2021－06－29]. https://www.ccps.gov.cn/xtt/202012/t20201216_145645.shtml.

定规则、尊重法定程序，但同时也要把握规则性与灵活性的统一和平衡[①]。

（五）以大数据助推法治政府纵深发展

法治政府建设离不开数字化智能化的助力。习近平总书记强调，“没有信息化就没有现代化”[②]。随着数字时代的到来，互联网、大数据、人工智能、区块链等新兴数字科技在助力国家治理现代化中逐步显现出其独特优势。十九届五中全会明确提出要“加强数字社会、数字政府建设，提升公共服务、社会治理等数字化智能化水平”。同时，《法治政府建设实施纲要（2021—2025年）》中也首次将“全面建设数字法治政府”列为法治政府建设工作重点之一。

通过法治政府建设多环节智能化，可以加快推进法治政府建设实现跨越式发展[③]。具体而言，法治政府与数字政府、智能政府建设间有着相辅相成的关系。大数据作为基础战略资源，有助于促进政府职能转变；依托于政务大数据公开机制，有助于畅通依法行政渠道，提升法治为民服务的深度和广度；大数据科技有助于提升行政决策的科学化、民主化水平；以大数据执法能力建设为契机，有助于打破政务数据的信息孤岛瓶颈，提升行政执法的精细化水平；依托于信息挖掘技术和云治理模式，通过建立矛盾纠纷多元化解一体化网络平台，有助于精准研判矛盾纠纷类型和提升社会治理的精细化水平[④]。同时，需要注意的是，在推进法治政府数字化建

---

① 江必新．贯彻习近平法治思想 提升法治建设效能.（2021-05-14）[2021-06-30]. http://theory.people.com.cn/n1/2021/0514/c40531-32102852.html；江必新，黄明慧．习近平法治思想中的法治政府建设理论研究．行政法学研究，2021（4）.

② 习近平：没有网络安全就没有国家安全.（2018-12-27）[2021-06-29]. http://www.cac.gov.cn/2018-12/27/c_1123907720.htm.

③ 曹鎏．论我国法治政府建设的目标演进与发展转型．行政法学研究，2020（4）.

④ 康兰平．大数据时代法治政府建设的逻辑演进与治理转型：兼论改革开放40年法治政府建设的经验与启示．人文杂志，2018（8）.

设过程中，也需要依法规范政府对信息的收集、处理、使用过程，依法厘定相应的权力结构和权力边界，避免对个体权利和国家安全造成侵害。

（六）提升领导干部及社会公众的法治能力意识

究其根本，法治政府建设有赖于政府工作人员依法行政意识和能力的全面提升。党的十八届四中全会明确指出要“坚持把领导干部带头学法、模范守法作为树立法治意识的关键，完善国家工作人员学法用法制度”。《法治政府建设实施纲要（2015—2020年）》明确提出“政府工作人员特别是领导干部牢固树立宪法法律至上、法律面前人人平等、权由法定、权依法使等基本法治理念，恪守合法行政、合理行政、程序正当、高效便民、诚实守信、权责统一等依法行政基本要求”。十九大报告强调“各级党组织和全体党员要带头尊法学法守法用法，任何组织和个人都不得有超越宪法法律的特权，绝不允许以言代法、以权压法、逐利违法、徇私枉法”。十九届四中全会则进一步表述为“各级党和国家机关以及领导干部要带头尊法学法守法用法，提高运用法治思维和法治方式深化改革、推动发展、化解矛盾、维护稳定、应对风险的能力”。

由此可见，抓住领导干部这一“关键少数”，着力提升其尊法学法守法用法模范带头作用，是未来一段时间内法治教育工作的重中之重。《大学》有云：“君子有诸己而后求诸人”。只有作为“关键少数”的领导干部能做到率先垂范，才能真正在政府内部乃至全社会营造出良好的法治氛围和风气。对此，有必要通过优化法治教育培训、将法治指标纳入组织及干部绩效考核、严格行政监督问责和加强对法治政府建设先进集体及个人的表彰激励等多方位、多渠道的方式和做法，不断提升各级领导干部对法治建设的认知，真正使依法行政入脑入心。

更进一步来说，由于法治政府与法治社会、法治国家建设是相互促进的，也需要重视同步开展面向全社会的法治教育工作。目前，我国社会的整体法治氛围还有待加强，公众和市场主体尊法学法守法用法的意识能力还有着进一步提升空间。只有切实加强法治政府和法治社会的一体建设，才能从源头上减少政民互动中的行政纠纷，以法治思维和方法防范和化解社会矛盾纠纷。对此，有必要通过引导社会媒体大力弘扬法治观念，并将法治教育更好纳入国民教育体系等做法，强化和巩固法治价值观，使运用法治思维思考和解决问题成为每一个中国公民的本能反应。

第六章

更负责任的政府治理

责任，是治国理政的核心要素，是现代政治社会的重要价值。国家治理现代化的主体是政府治理现代化，责任政府是实现国家治理现代化的必然要求。从概念上看，对人民负责的政府治理应当包含两个方面的内容：一是政府部门及公职人员有就其行为予以解释说明的责任，强调“责任”；二是在政府部门或公职人员发生过失后，政府内外部监督主体能够追究其失责行为，并实行一定的惩罚措施，强调“问责”。总之，责任与问责是相辅相成、不可或缺的关系。自新中国成立以来，回顾我国责任政府建设的历程，党的自身建设始终保持在突出位置。在党的领导下，问责的内容与方式不断发展完善，取得了丰富的历史成就。本章首先梳理新中国成立以来各个历史时期责任政府建设取得的成就与经验，然后分析当前责任政府建设仍然存在的困境与挑战，最后对迈向更负责任的政府治理的未来进行展望。

一、历史回顾

在中国共产党成立以来的不同历史时期，对人民负责呈现出相应的阶段性特征。回顾历史，可以看到，政府责任与问责制度建设的发展脉络如下：

（一）尝试与探索阶段（1949—1978年）

新中国成立后，与政府责任有关的各类机构和制度建设百废待兴。中央人民政府政务院人民监察委员会的成立，与1949年11月中共中央做出《关于成立中央及各级党的纪律检查委员会的决定》①，意味着国家行政监察机构与党的纪检机关的建设迈出重要一步。1954年颁布的第一部宪法从根本上规定了新中国人民政府的责任指向，也就是“中华人民共和国的一切权力属于人民。人民行使权力的机关是全国人民代表大会和地方各级人民代表大会”②。进一步地，《国务院关于国家行政机关工作人员的奖惩暂行规定》于1957年颁布出台③，规定了“警告、记过、记大过、降级、降职、撤职、开除留用察看、开除”八类纪律处分及纪律处分的适用情形。

在尝试与探索阶段，面对新中国成立后新的形势和任务，机构建设与制度建设的成果为改革开放后政府责任体系的进一步发展完善准备了基础、积累了经验。这一历史时期的实践表明，权力监督与责任体系的建设意义重大，各类责任关系需要在制度层面上实现有法可依。

（二）恢复与发展阶段（1978—2003年）

改革开放初期，经济建设成为迫切任务④，问责制的改革举措在经济领域逐步展开的同时，政治领域的责任建设也稳步推进。在1979年出台

---

① 历史沿革.（2017－12－30）[2021－09－30]. https://www.ccdi.gov.cn/xxgk/lsyg/201712/t20171230_159887.html.

② 中华人民共和国宪法．人民日报，1954－09－21.

③ 国务院关于国家行政机关工作人员的奖惩暂行规定．人民日报，1957－10－29.

④ 张力伟．通向责任政治之路：我国责任建设的发展与演变：基于国务院政府工作报告（1979—2018）的语料分析．求实，2019（2）.

的《关于实行干部考核制度的意见》中，适用对象不仅包含各级党政干部、领导干部，还包括技术干部、专业干部[①]。1982年，十二大党章强化了关于党的纪律和纪律检查机关的规定[②]。之后，《中国共产党纪律处分条例（试行）》（1997）、《关于实行党风廉政建设责任制的规定》（1998）等文件相继出台，进一步细化了党内追责的认定条件、追究内容；《党政领导干部选拔任用工作暂行条例》（1995）、《党政领导干部选拔任用工作条例》（2002）等文件，还对建立和发展辞职制度提出了规定和要求[③]。

在加强党的纪律的同时，我们通过法制化的有效途径，对政府机构的职能定位、各级政府之间的权责分配关系也做了进一步梳理。1982年修订的宪法、地方各级人民代表大会和地方各级人民政府组织法，都通过法律的形式重申了人民代表大会任免干部的制度与政府的基本职能。随着1989年颁布的《行政诉讼法》、1999年通过的《行政复议法》等一系列法律法规的发展完善，政府的行政责任进一步得到法律的制度化规范。除各类法律法规的出台外，1994年实行的分税制改革调整了央地之间的财税关系和权责配置。

可以说，恢复与发展阶段承上启下，责任观念在各级党员干部心中得到恢复和确认，追责程序完成了制度上的建设与补充，逐步实现制度层面的有法可依。

---

① 中共中央组织部关于实行干部考核制度的意见（1979年11月21日）.(2005-06-01)[2021-09-30]. http://www.gcdr.gov.cn/content.html? id=16875.

② 中国共产党章程（中国共产党第十二次全国代表大会一九八二年九月六日通过）.(2012-09-27)[2021-09-30]. https://fuwu.12371.cn/2012/09/27/ARTI1348715767823434_all.shtml.

③ 党政领导干部选拔任用工作条例（2002年7月9日）.(2013-08-19)[2021-09-30]. http://www.hjqdj.gov.cn/zcfg/zcfg1/201308/t20130819_940853.html.

（三）巩固与提高阶段（2003—2012 年）

2003 年被认为是我国问责制发展史上的关键年份[①]，“非典”疫情袭击中国，传统问责制受到挑战，《突发公共卫生事件应急条例》于该年 5 月出台，可以看作是突发公共事件问责的重要标志。针对突发事件的问责，常常被称作风暴式问责。所谓风暴，指执行上的果断、严厉。2004 年出台的《党政领导干部辞职暂行规定》，以及 2006 年施行的《中华人民共和国公务员法》也相继规定，对“工作严重失误、失职造成重大损失或者恶劣影响，或者对重大事故负有重要领导责任”[②] 的干部要启动问责程序。风暴式问责在实现快速、有效回应的同时，也暴露出一些局限性，特别是主要关注事后追责，在一定程度上忽视了事前预防的重要性。对问责范围进一步扩展的需要，促使对突发事件的风暴式问责向对履职过错的常态化问责过渡，问责在程序设计上更加完善。

2009 年印发的《关于实行党政领导干部问责的暂行规定》，强调对决策严重失误，工作失职，政府职能部门管理、监督不力，滥用职权，对群体性、突发性事件处置失当，用人失察、失误等情况[③]均可问责，问责的科学性、客观性以及问责效果的显著性得到进一步提升。

在巩固与提高阶段，政府责任体系在实践中不断加强，发现问题的动

---

① 杨雪冬．社会变革中的政府责任：中国的经验．中国人民大学学报，2009（1）；盛明科，李悦鸣．改革开放四十年干部问责制度：历史图景与发展逻辑．湘潭大学学报（哲学社会科学版），2019（1）．

② 党政领导干部辞职暂行规定（2004 年 4 月 8 日）．(2015－03－12)[2021－09－30]．https://news.12371.cn/2015/03/12/ARTI1426126947401278.shtml；中华人民共和国公务员法（2005 年 4 月 27 日第十届全国人民代表大会常务委员会第十五次会议通过）．(2005－06－21)［2021－09－30］．http://www.gov.cn/flfg/2005－06/21/content_8249.htm．

③ 关于实行党政领导干部问责的暂行规定（2009 年 6 月 30 日）．(2009－06－30)[2021－09－30]．http://www.gov.cn/gongbao/content/2009/content_1371343.htm．

力机制逐渐由风暴性突显向常态化履职转变。

（四）系统化完善阶段（2012 年至今）

党的十八大以来，我们坚持全面从严治党战略方针，反腐败斗争逐渐常态化，党风廉政建设持续推进，责任政府建设取得新的进展，主要表现在将“不作为、慢作为、乱作为”与履职过错视为同等重要的问责内容。2012 年 12 月中共中央政治局审议通过关于改进工作作风、密切联系群众的八项规定。2016 年颁布的《中国共产党问责条例》规定，对“违反党章和其他党内法规，不履行或者不正确履行职责”的行为[①]可启动问责。在加强对“懒政”“庸政”“怠政”问责力度的同时，建立容错机制。2018 年印发《关于进一步激励广大干部新时代新担当新作为的意见》，进一步提出容错纠错必须把握好“三个区分开来”[②]。这是对党的十九大“坚持严管和厚爱结合、激励和约束并重，完善干部考核评价机制，建立激励机制和容错纠错机制”[③] 的具体回应，为容错机制指明了基本方向。

为深化行政体制改革，2015 年印发了《关于推行地方各级政府工作部门权力清单制度的指导意见》，把“将地方各级政府工作部门行使的各项行政职权及其依据、行使主体、运行流程、对应的责任等，以清单形式明确列示出来，向社会公布，接受社会监督”[④] 作为工作目标加以强调。2021 年

① 中国共产党问责条例.（2016 - 07 - 17）[2021 - 09 - 30]. https://www.chinacourt.org/law/detail/2016/07/id/148769.shtml.

② “三个区分开来”，即：把干部在推进改革中因缺乏经验、先行先试出现的失误错误，同明知故犯的违纪违法行为区分开来；把尚无明确限制的探索性试验中的失误错误，同明令禁止后依然我行我素的违纪违法行为区分开来；把为推动发展的无意过失，同为谋取私利的违纪违法行为区分开来。

③ 习近平．决胜全面建成小康社会 夺取新时代中国特色社会主义伟大胜利：在中国共产党第十九次全国代表大会上的报告．北京：人民出版社，2017：64.

④ 中办、国办印发《关于推行地方各级政府工作部门权力清单制度的指导意见》.（2015 - 03 - 24）[2021 - 09 - 30]. http://www.gov.cn/xinwen/2015 - 03/24/content _ 2837962.htm.

8月，《法治政府建设实施纲要（2021—2025年）》也要求“全面实行政府权责清单制度，推动各级政府高效履职尽责”[①]，推动清单管理贯彻执行。

在现阶段，责任政府建设向更广、更深处发展，推动多领域、多层次的系统化完善，对广大党员干部在工作中的主动性、创造性与积极性产生有效激励，问责成效空前。

（五）我国责任政府建设的历史经验

在中国共产党领导下，我国责任政府建设走过了尝试与探索、恢复与发展、巩固与提高、系统化完善的历史阶段，取得了相当大的历史成就，特别是改革开放以来，我们经历了由风暴式问责向制度化问责、由过错问责向有错无为问责的深刻转变。问责制的发展和完善，与各个历史阶段治理实践的需要和调整始终紧密相关、步调一致，展现了政策变迁的客观规律。改革开放以来，特别是十八大以来，我国在取得责任政府建设一系列成就的同时，也积累了丰富的经验。这些历史经验主要可以归纳为以下四个方面：

第一，以“党内问责”带动责任政府建设。回顾责任政府建设的各个历史阶段，党的自身建设始终保持在突出的主体位置。党建引领是重要的中国特色，各级政府部门都建有相应层级的党组织，政府机构中各级党组织的负责人通常也是相应政府机构的主要负责人。通过强调主体责任，落实“一岗双责”，以“党内问责”促进“党政同责”，推动我国责任政府建设不断取得新的进步。

---

① 中共中央 国务院印发《法治政府建设实施纲要（2021—2025年）》.（2021-08-11）[2021-09-30]. http://www.gov.cn/zhengce/2021-08/11/content_5630802.htm.

第二，以制度建设作为保障。回顾责任政府建设的各个历史阶段，通过不断发展完善制度体系，规范和落实政府责任。依靠制度建设具有不可替代的优势，在法治社会，制度一经确立，便不可以任意废除。履行职责有据可依，问责面前人人平等。科学合理、执行有力的问责制度，反过来也加强了党员干部的责任心，使广大党员干部对履行职责有了更清醒的认识。

第三，既加强外在的制度规范，也强调内在的价值要求。回顾责任政府建设的各个历史阶段，在党的领导下，一方面不断加强外在的制度规范，另一方面不断强调内在的价值要求。外在的制度约束，通过国家法律与党内规定等形式明确失责追究的认定条件，其目的是使党员干部不敢触碰问责红线；而内在的价值引导，通过党性教育等方式筑牢“全心全意为人民服务”的责任观念与使命担当，其目的是使党员干部自愿遵守政治纪律。外在的制度规范与内在的价值要求，两者互相补充，共同促进了我国责任政府建设。

第四，不同阶段的制度建设，服务于各阶段政府工作的中心任务。新中国成立初期，针对官僚主义作风、贪污腐败等问题的问责追究，获得了人民的拥护，巩固了新生的人民政权。改革开放以后，经济建设的迫切任务加强了对岗位责任的要求。随着经济社会发展的不断深入，人民群众对政府部门、党员干部个人履职尽责表现出更高期望，对高质量公共服务提出新的需要。十八大以来的责任政府建设，进一步明确了科学合理的责任体系，强化了从事前决策、事中执行到事后追责的全过程责任监管体系。

二、现实挑战

回顾历史可以发现，责任政府建设不是一蹴而就的。随着时代的发展，我国政府的责任制度与问责体系逐步深化完善，特别是党的十八大以来，责任政府建设取得了一系列重要成果。我们应当倍加珍惜并不断巩固现有的改革成果，针对性地优化责任制度与问责体系，向更负责任的政府治理迈进。这就要求我们正视当前的问题与挑战，具体如下：

（一）责任界定还存在模糊地带

权责清单的制定，明确了政府部门之间的责任划分，使政府部门的权力边界更加清晰[①]。作为“放管服”改革的重要举措，各级政府部门推行清单管理取得了实际成效。特别是一并强调、同步推进权力清单与责任清单，使具体的行政权力与责任对应起来，实现针对权力讲责任。可以说，权责清单制度对消除寻租空间、建设责任政府具有重要意义。权责清单进一步厘清了部门间的责任划分，但清单管理制度尚不能解决所有问题，我国责任政府建设在对党员干部个人的责任界定、责任归因方面，还存在模糊不清的地带。

一方面，对党员干部个人追责的认定存在现实困难。当前的问责制度主要围绕政府的工作内容展开，启动问责也大多基于对具体行政行为违法违纪结果的判断，对抽象的行政行为，例如行政决策等，往往由于集体决策、官员调动、执行上级指示等现实原因难以界定责任主体、确定责任发生时段。尤其是面对主观过错的问责，如何界定官员的主观行为动机本身就是一个难题，现有法规很难从技术上界定官员个人的决策失误等抽象行政行为的发生，究竟是出于主观过错还是其他原因。

另一方面，对党员干部个人而言，容错与问责的边界仍然难以界定。

① 梁远．让权责清单在落地运用中结出制度硕果．中国行政管理，2018（8）.

容错与问责是责任体系中两种不同的激励机制①。容错强调免责，属于正向激励；问责强调追责，属于负向激励。但现阶段，容错机制在具体执行上与预期目标还存在一定差距，可操作性不足。尽管在现有责任体系中已经提出容错免责、容错纠错的指导性原则，但在具体操作层面，容错与问责的边界仍然难以界定，哪些情形可以免责、哪些情形必须追责还没有清晰的标准。

表 6-1 展示了 2018 年中国人民大学中国地方治理综合调查中有关问责冲突情况的调查结果。表中的六道题目体现了公务员对考核指标、问责标准与问责情况的感知与评价。如果将“比较同意”和“完全同意”视为公务员对表中说法感到认同，那么公务员认为考核指标太多、工作上负责人过多、考核指标之间有冲突以及经常需要对自己的决策做出解释的比例分别为 35.77%、32.12%、20.48%和 29.69%。公务员中认为问责标准清晰的有 46.04%，认为工作出问题后肯定会被问责的有 47.03%，均不超过 50%。这些结果说明政府的考核指标与问责标准的设置不够清晰协调，责任政府建设仍存在较大的进步空间。

表 6-1　问责冲突情况调查结果

就所在单位情况，是否同意以下说法：	完全不同意	比较不同意	一般	比较同意	完全同意
各种考核指标太多了，疲于应对	11.77%	15.79%	36.67%	19.85%	15.92%
工作上的“婆婆”太多，要对太多的人负责	14.82%	21.74%	31.31%	18.32%	13.80%
不同考核指标之间有冲突，让人无所适从	18.07%	26.79%	34.65%	12.53%	7.95%
经常需要对自己的决策做出解释	13.10%	23.07%	34.14%	19.75%	9.94%

① 刘畅．国家治理中问责与容错的内在张力与合理均衡．政治学研究，2021 (2).

续表

就所在单位情况，是否同意以下说法：	完全不同意	比较不同意	一般	比较同意	完全同意
问责标准清晰，谁在什么条件下要被问责清楚	8.34%	16.39%	29.22%	25.72%	20.32%
如果工作出了问题，肯定会被问责	7.42%	13.16%	32.39%	25.24%	21.79%

（二）腐败、避责等行为仍然存在

随着反腐败斗争逐渐常态化以及党风廉政建设的持续推进，问责制度建设取得了新的进展。与此同时，也应注意到，腐败与反腐败的斗争将长期存在，反腐问责将是一个长期过程。这是由于，一方面，位居幕后操纵等新的腐败形式出现，问责制度建设需要应对新的腐败情况，对腐败的形式、内容、认定条件等主动做出相应的调整；另一方面，腐败问题的表现更加隐蔽，不同程度的不正之风与腐败问题相互交织，腐败问题的顽固性较难消解，对不正之风滋生腐败的问责还需要具体措施上的补充完善。

避责同样具有隐蔽性，要将“不作为、慢作为、乱作为”视为重要的问责内容，就不得不思考这一问题产生的原因与影响。一方面，问责泛化使党员干部不敢作为①。问责的力度影响官员的行为②，问责的滥用、问责情形适用不精准会导致政府工作人员采取避责行为。特别是对基层干部来说，问责泛化加剧了被问责的风险，党员干部在此压力下可能不主动履责。另一方面，避责较腐败问题更加难以查处。避责的形式多种多样，例如对工作任务虚张声势、不做实事，面对问责互相推诿、分散责任甚至找替罪羊等，使问责主体难以察觉，以避责对抗问责。

---

① 吕永祥．新中国成立70年党内问责制的历史沿革、现实困境与破解之道．河南社会科学，2019（7）．

② 倪星，王锐．从邀功到避责：基层政府官员行为变化研究．政治学研究，2017（2）．

在严格的制度执行面前，以腐败、避责为代表的消极行为的出现，不断对责任政府建设提出新的要求。责任政府建设不断面临新的挑战，需要问责制度不断调整、补充、完善，以保持制度的活力、震慑力。

表6-2展示了2018年中国人民大学中国地方治理综合调查中有关问责情况的调查结果。表中的三道题目体现了公众对本地政府问责情况的感知与评价。如果将“比较同意”和“完全同意”视为公众对问责情况感到满意或评价较高，那么公众对管理者负责情况与对问题官员问责情况感到满意的比例分别为37.33%和44.37%，均低于50%，对纪委监督情况评价较高的占比53.67%，仅略高于50%。这些结果说明政府问责的现实情况与公众期望之间存在差距，政府问责仍需加强。

表6-2　问责情况调查结果

就当地市政府的总体情况，您是否同意以下说法：	完全不同意	比较不同意	一般	比较同意	完全同意
为官不为、懒政、怠政在本市得到了根治	6.88%	15.56%	40.22%	26.18%	11.15%
对那些有问题的官员，问责很及时	5.86%	11.72%	38.05%	30.60%	13.77%
本市各级政府受到了纪委监察部门的有效监督	2.93%	7.31%	36.09%	36.87%	16.80%

（三）问责模式相对单一

与党员干部等问责客体相对的是问责主体，包括人民群众、新闻媒体、上级行政机关、执政党、人民代表大会、政协等等。根据问责主体的不同，可以分为“同体问责”与“异体问责”两类，即问责主体是由政府内部人员构成，还是来自政府外部。从实践来看，现有的问责主体比较单一，主要集中在政党或政府内部，是自上而下地启动问责，而来自人民群众自下而上的问责相对薄弱[①]，异体问责时有缺位。政党或政府内部的同体问责，尽管其时间成本与人力成本都相对更低，但过度依赖内部上级对下级的问责，会制约其积极作用的发挥。在执行过程中，面对连带责任、部门利益，政府内部、上级对下级的问责可能造成相互包庇、偏袒下属、避重就轻等情况的发生[②]，影响问责结果的公平性，使问责流于形式，偏离问责的初衷。

问责效能的充分实现，有赖于多方优势的相互配合，充分调动各方主体的积极性与主动性。随着社会经济的发展、法治水平的进步、移动互联网等信息技术的普及、公民受教育程度的提高，来自政府外部的人民群众、社会团体、新闻媒体等问责主体渴望获得更多的知情权，人大、政协也应积极行使法律赋予的监督权力，在政府责任与多方参与的互动中，治理的合法性与有效性都能得到进一步提升，有助于在政府与公众之间形成良好的信任关系。

（四）对问责的应对方式还有不当之处

负责任的政府，必须积极回应并满足社会公众的正当要求[③]。既然政府部门及公职人员对其行为的解释说明是政府责任的应有之义，那么面对问责，特别是社会关切的热点问题，就必然要求负责任的政府采取积极有效的措施，对问责的启动与处理情况进行积极主动的公开和沟通。目前来看，对问责的应对方式不当还时有发生，制约着政府更好地履行职责。

面对人民群众自下而上的问责，特别是引起舆论关注的突发热点事件，政府的应对不当表现得尤为明显。例如，有的政府部门不能及时回应

---

① 顾肃．民主治理中的责任政府理念与问责制．学术界，2017（7）.
② 陈翔，陈国权．我国地方政府问责制的文本分析．浙江社会科学，2007（1）.
③ 张成福．责任政府论．中国人民大学学报，2000（2）.

公众质疑，在社会公众发起问责、舆论发酵相当长的时间内，出现政府话语权的丧失与真空；有的政府部门虽然对公众质疑做出了反应，但为维护政府形象，宣传工作仅停留在“报喜不报忧”的层面，甚至对已经曝光的问题遮遮掩掩，一味简单粗暴地封锁消息。特别是信息时代，一些政府部门对网络问责的回应方式不当，引起公众不满，不被公众接受①，严重损害政府的公信力。增强地方各级政府对问责的应对处理能力，使问责的作用得到有效发挥，对提升政府公信力、建设责任政府具有十分重要的意义。

图 6-1 和图 6-2 展示了 2018 年中国人民大学中国地方治理综合调查中有关公职人员对问责看法的调查结果。在问责处罚方面，从图 6-1 可以看到，认为问责处罚不够合理（处罚过严和处罚过轻）的公职人员仍有 22.59%。在问责原因方面，仍有许多公职人员认为行政问责并非“责有应得”。如图 6-2 所示，28.49%的公职人员认为被问责的原因是“点子背”，17.94%的公职人员认为被问责的人是“替人受过”，11.54%的公职人员认为被问责是因为“关系不硬”。可见，仍有许多公职人员对行政问责的感知评价不佳。

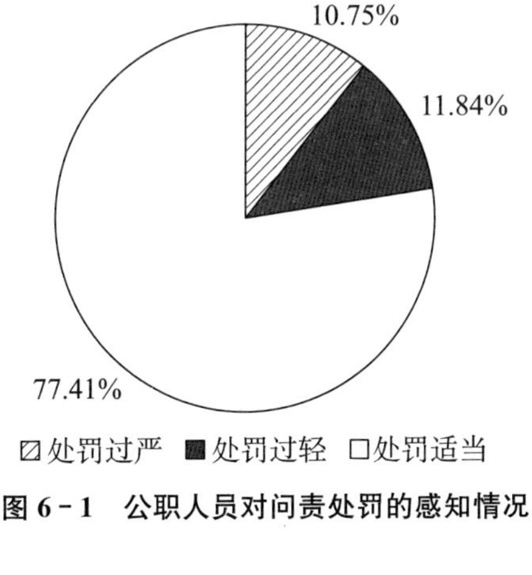

图 6-1　公职人员对问责处罚的感知情况

① 何臣，傅守祥．困境与理路：网络问责的政府回应性分析．江南社会学院学报，2013 (1).

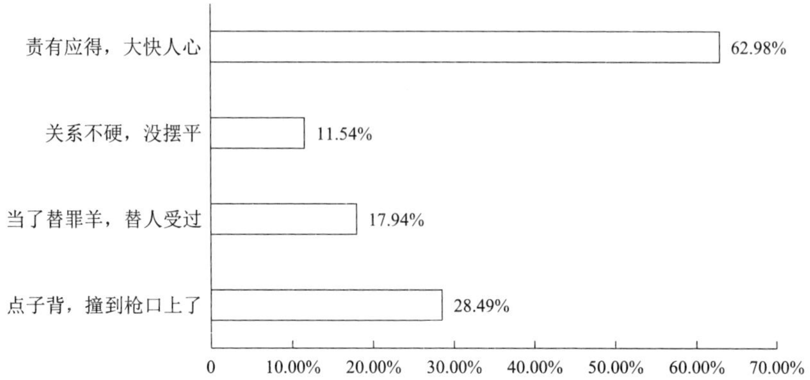

图 6-2 公职人员对问责原因的感知情况（多选题）

（五）大数据、新媒体时代的挑战

信息时代，以大数据、新媒体为代表的新兴技术深刻影响政务服务的生产与提供方式，为责任政府建设带来了诸多挑战。在大数据背景下，行政决策的信息来源得以扩展，大数据可以帮助行政决策更加科学化。要充分发挥大数据技术对责任政府建设的积极作用，首先要从管理制度上打破数据整合共享的壁垒。解决数据整合共享的问题，有助于利用大数据评价各部门履行职责的成效。数据整合共享的效果目前还受到多方因素的制约，包括缺少统筹部门、技术平台难以对接等等。其次，数据鸿沟问题依然存在，在经济发展相对落后的地区，政府部门缺少大数据的专门人才，社会大众也尚未具备准确表达社情民意的数据技能。

相对于传统媒体而言，以互联网平台等为代表的各类新媒体，其最突出的特点之一就是传播信息的速度更快、传播范围更广。相对于传统媒体而言，新媒体扩展了信息渠道、加快了传播速度，新媒体时代的到来使政府外部的社会公众掌握了更多的话语权，要求问责的发起、处理结果的公布都更加透明、更加快速，否则就可能影响政府形象，损害政府公信力。

三、未来发展

针对上述问题，我们要深入理解其中存在的主要矛盾，结合公共部门工作实际，从五个方面把握未来的发展方向。

（一）继续发挥制度建设与价值引导相结合的政治优势

在我国的治理实践中，有两个特点不容忽视：一是中国共产党是使命型政党；二是政党驱动国家治理。回顾我国责任政府建设历程，不难看出中国共产党以自身建设引领政府责任体系建立完善的历史脉络。特别是党的十九大报告指出，要“坚定不移全面从严治党，不断提高党的执政能力和领导水平”[①]，围绕这一目标，责任政府建设取得了一个又一个突出成果。

“党建引领”的优势主要表现在选人用人、能力建设方面。在中央纪委、国家监委近年来查处的领导干部违纪违法问题中，“丧失理想信念”“背弃初心使命”等词常被提及，很值得我们注意和深思。行动上“担责”“履责”的前提是心中“知责”、心中“有责”。正确树立责任意识，可以帮助党员干部提高自身的判断力与执行力，更好地对人民负责、为人民服务。不仅要强调把“担当精神、忠诚履责、尽心尽责、勇于担责”作为干部工作的核心理念，还要通过加强党性教育，不断重申责任使命，时刻激励党员干部的责任感，在强化外在制度约束的同时，强调对党员干部内心价值的积极引导，消除“被动应责”的思想惰性，增强“主动负责”的政

---

① 习近平．决胜全面建成小康社会 夺取新时代中国特色社会主义伟大胜利：在中国共产党第十九次全国代表大会上的报告．北京：人民出版社，2017：61.

治热情。坚持和加强党的领导，发挥制度建设与价值引导相结合的政治优势，既是我国责任政府建设的历史经验，也是未来应继续坚持的方向。

（二）多方有序参与

在保持同体问责现有优势的基础上，还要适时培育异体问责的多元主体，发动人民群众、新闻媒体、人大、政协等各方力量。对社会公众来说，推动其积极参与的首要举措，就是保障人民群众的知情权。使社会公众掌握必要的问责信息[①]，解决问责内外部主体之间的信息不对称问题，是保障公众积极参与问责、有效实行监督的前提。当然，要想发挥信息公开的有效作用，以推动责任政府建设，仅仅做到提供信息是不够的，还有赖于信息获取的便利、信息内容的易于理解。为帮助公众获取与利用政务信息，政府应当建立协助机制[②]。政府公开的信息应当具体、便于理解，使社会公众能够通过数据公开获得对行政活动具体可感的认识，从而形成观点以参与讨论[③]。透明公开、便于获取、易于理解，三管齐下才能保障多方参与问责的有效进行，为决策提供有价值的参考信息。

在更高的要求方面，社会公众的参与不能只停留在提供参考、发出声音的阶段，还要持续深化。要促进责任政府的深入发展，不仅要在事后听取社会公众的意见，还要使社会公众能够跟踪监督问责后绩效的改进，这就需要制度化地保障外部主体参与问责的权利。保证民主政府、获得公民信任才是责任政府的最终目的[④]，问责不是为了追究和惩罚。公众要能在

---

① 肖光荣．中国行政问责制存在的问题及对策研究．政治学研究，2012（3）．

② 张鹏，蒋余浩．新治理模式下的变革：从政务数据信息开放到责任政府构建．电子政务，2018（6）．

③ 张雪帆．大数据时代行政责任的挑战与机遇．行政论坛，2020（3）．

④ 杨开锋，吴剑平．中国责任政府研究的三个基本问题．中国行政管理，2011（5）．

参与中施加影响，意味着社会公众不能仅是信息的提供者，还应当是政府的合作者[①]。在政府做出积极改变的同时，公民也要提高自身的政治素养，提高参与的质量。

与此同时，各级人民代表大会、政协机构，应通过质询、对政府重要事务积极提建议等方式，切实依法发挥好监督职能。通过人大、政协的外部监督，加强和改进政府工作。多方有序参与是复杂的系统工程，需要各级政府、社会公众、人大、政协多方努力，共同发挥积极有效的作用。

（三）及时有效回应问责

提升政府的回应性，既是尊重民意的体现，也是履行政府责任的要求。从政府官员的角度来看，首先是要端正态度，转变工作方式，认识到积极回应问责的重要性。不回避事实，不讲“套话”，不闪烁其词，要直面公众的质疑与问责。其次，政府官员要提高自身的职业水平，及时掌握职责范围内的信息，发现并关注可能出现的问责事件，增强回应行为的可预见性，在面对质疑时有能力做出反应。

从政府机构的角度来看，一是要加快事件发生后的调查速度，主动、及时对外披露有效信息，掌握舆论主导权，树立政府的权威形象。理当问责时及时启动问责，避免民意不良宣泄。二是要充分利用各种沟通手段，畅通政府与民众之间的沟通渠道，加快信息传递。三是在发现问题的第一时间，尝试主动回应，减少回应的被动性，避免舆论持续发酵。总之，负责任的政府既要及时回应，又要使回应起到积极的作用。

---

① 秦晓蕾．地方政府绩效评估中的有效公民参与：责任与信任的交换正义：以南京市“万人评议机关”15 年演化历程为例．中国行政管理，2017（2）．

（四）通过优化权责清单推进履职尽责

权责清单是规范政府部门权力边界、责任内容的主要依据。权责清单的规定越清晰明确，权责边界越清晰，在政府治理中越能发挥其重要作用。因此，优化权责清单，首先要增强清单的可操作性。在顶层设计环节加强法制建设，既要保证中央的规定不变样，又给予地方一定的灵活空间，使权责清单有法可依。明确编制清单的法律依据，在法律规定的基础上行使权力、履行职责。要提高对清单内容的规范性要求，保证权责一致。清单内容的信息完整，意味着落实到每一个工作环节或职能部门的责任都具体清楚，能够为考核与问责提供切实可行的目标要求。清单公布后，还要根据实际情况及时调整[①]，使权责清单能够适用出现的新情况、新问题。

权责清单制度的重中之重，是要在实际工作中使用，不能束之高阁。要将权责清单视作加快政府职能转变、推动责任政府建设的必要措施。政府部门要依照清单，认真落实职责，要用权责清单巩固已经取得的改革成果。总之，优化权责清单，不仅仅是提高清单的科学性、适用性，更要注意以权责清单为依据履职尽责。

（五）推进责任政府建设与大数据等信息技术有机融合

十九届四中全会要求，要“建立健全运用互联网、大数据、人工智能等技术手段进行行政管理的制度规则”[②]。在信息时代，责任政府建设不能

---

① 沈荣华，马英．权责清单制定中的难题与对策．中国行政管理，2017（7）．

② 中共中央关于坚持和完善中国特色社会主义制度 推进国家治理体系和治理能力现代化若干重大问题的决定．人民日报，2019－11－06．

忽视大数据等信息技术带来的改变，既要充分利用大数据的技术优势，通过数字政府建设取得实效，帮助政府部门更好地履职尽责，也要防范信息技术带来的数据安全等各类风险，减少痕迹管理等工作中数据与技术的滥用，借助技术手段进一步推进政府治理能力现代化。

推进责任政府建设，充分发挥大数据等信息技术的优势，具体来说主要体现在两个方面。一方面，利用大数据等新兴技术，改进工作方式方法，扩展信息渠道，提升决策的科学性。既要帮助政府部门掌握更多信息，以技术方式支持政府精准施策；又要降低社会公众在参与问责过程中获取信息的成本和门槛，帮助人民群众增强问责的能力和水平。另一方面，借助大数据等技术优势，创新电子政务等治理工具，提供更高质量的公共服务，促进政府职能更加完善。

第七章

更优服务的政府治理

更优服务是我国政府治理的重要目标和方向，也是推进国家治理能力和治理体系现代化的重要内容。建设人民满意的服务型政府，推进基本公共服务均等化和标准化，这既是中国共产党来自人民、根植人民、服务人民的根本体现，也是我国政府始终坚持以人为本、行政为民的理念担当，更是新征程中不断以公共服务满足人民对美好生活新期待的必由之路。领航新时代，开启新征程，谱写新篇章，站在“两个一百年”奋斗目标的历史交汇点上，进一步深化行政体制改革和优化公共服务体系，进一步推进人民满意的服务型政府建设，需要我们以坚定的信念、清醒的头脑、昂扬的态度对服务型政府建设的历史阶段和历史经验进行回顾和总结，对建设过程中存在的问题和现实挑战进行反思，对发展目标和未来方向进行明确和展望。

一、历史回顾

（一）服务型政府的“初步酝酿”（1949—1995 年）

服务型政府建立在较高水平的现代化和后现代化基础上，是较高级社会形态下对应存在的政府理念、职能和机构体制。传统的农业与工业社会并不存在建设服务型政府的生产力基础、物质水平和客观环境。但是，任何制度的推行必有一种精神与之相配合，这是制度常青的重要保障，没有内在精神配合的制度积久了一定会失败①。1949 年成立的新中国孕育出与服务型政府密切相关的精神和理念，为服务型政府提供了丰富内涵、历史积淀和思想渊源。

一方面，中国共产党和新中国的性质是服务型政府建设的基础。在工业化社会中诞生的无产阶级，天然具有“服务人民”的基本思想。虽然工业社会对应的政府形态是管制型政府，但其孕育并催生了登上历史舞台并试图掌握政权的工人群体和无产阶级。广受压迫和剥削的无产阶级建立政权的主要目标就是建立切实为人民服务的政府。“服务”对于工人阶级和无产阶级政府而言，天然具有合法性和适用性。无产阶级政府应当为人民服务的思想事实上构成了无产阶级政府的衡量标准。中国共产党作为中国工人阶级的先锋队，继承和发扬了无产阶级的服务思想和服务意识，始终把全心全意为人民服务作为出发点和落脚点。因此，党建立并执政的新中国早在提出“服务型政府”的确切概念之前，已经有了服务型政府的坚实基础。

另一方面，中国特色社会主义道路和社会主义市场经济体制是服务型政府建设的保障。我国的社会主义是中国特色社会主义，在中国共产党的领导下，立足基本国情，以经济建设为中心，坚持四项基本原则，坚持改革开放，不断解放和发展生产力。中国特色社会主义的建设必然意味着市场和经济主体活力的释放、“全能主义政府”的扬弃，以及政府职能的重塑和服务型政府的孕育。此外，中国特色的社会主义市场经济体制的建立也为服务型政府建设提供了更进一步的思想基础和物质保障。

---

① 钱穆．中国历史精神．北京：九州出版社，2012．

（二）服务型政府的“逐渐萌发”（1995—2004年）

这一阶段，随着市场经济的不断推进和政府职能的转变，“服务型政府”虽然还没有被明确提出，但已经初具雏形。服务型政府的“逐渐萌发”体现为三个方面。

1. 地方政府的先行先试

服务型政府的萌发是实践先行的。早在正式概念提出、明晰、确定之前，广阔的中国大地上就已经存在关于服务型政府的尝试了。1995年广东顺德率先提出“六个行政”的理念，包括依法行政、规范行政、高效行政、透明行政、服务行政和廉洁行政。“服务行政”体现出顺德在政府建设和规范上的新要求，不仅如此，顺德还通过开展“三为服务”进一步规定了政府的服务内容与服务对象，即为改革开放服务、为经济建设服务、为群众服务①。

随后，在2001年左右，成都、南京、重庆等城市也陆续进行了与提升政府服务能力有关的讨论和尝试。但这一阶段的实践是不成体系的分散化尝试，既没有统一的理论指导，也没有中央层面的统筹和部署，仅是萌芽阶段自发的初尝试。

2. 中央政府的宏观指导

中央层面对于政府服务职能的关注更多与转变政府职能密切相关。这一时期国家职能和政府职能转变的思路，是逐步从侧重经济职能与宏观管理向公共服务过渡。中央对于政府服务职能的论述最早可追溯到1998年。第九届全国人民代表大会《关于国务院机构改革方案的说明（1998年）》

① 沈荣华，王扩建．我国服务型政府研究览析．行政论坛，2010（4）．

中明确表示了将政府职能向公共服务转变和侧重的观点，即改革的原则是“按照发展社会主义市场经济的要求，转变政府职能，实现政企分开。要把政府职能切实转变到宏观调控、社会管理和公共服务方面来，把生产经营的权力真正交给企业”。

2002 年，党的十六大第一次将政府职能明确定位为“经济调节、市场监管、社会管理和公共服务”，“公共服务”开始作为政府的重要职能与“经济调节”等传统职能并列。2003 年，党的十六届三中全会再次强调政府的服务职能，指出要“切实把政府经济管理职能转到主要为市场主体服务和创造良好发展环境上来”。

3. 内外环境的持续推进

除了政府自身认识的深化和职能的变革外，国际与国内环境的推动也是这一阶段“服务型政府”萌芽的重要原因。

国际方面，2001 年我国成功加入世界贸易组织（WTO）。这一举措对我国政府管理理念和管理方式产生了全面的冲击，加速了我国从直接干预经济到提供服务助推经济的转变。世界贸易组织的规则本身就是以限制政府行为为主要导向的，要求其成员国的政府必须是公开透明并且为企业提供好的服务的政府①。对世贸组织规则的适应过程也是我国在经济全球化背景下服务型政府萌芽的过程。

国内方面，2003 年的“非典”疫情暴露出我国政府在以公共卫生服务体系为代表的公共服务和公共产品供给上的短板，加之社会稳定和持续发展的压力，促使全社会开始重新认识我国政府的职能②。我国中央和地方

---

① 吴玉宗．服务型政府：缘起和前景．社会科学研究，2004（3）.

② 同①.

各级政府也开始深刻认识到，推动经济发展绝不能以忽略社会发展、牺牲人民群众的利益为代价[①]，“以人为本，科学发展”的决心，是对公共服务缺位的痛定思痛和对服务型政府萌芽的进一步催化。

（三）服务型政府的“崭露头角”（2004—2010年）

“服务型政府”的提法于2004年首次正式出现。2004年2月，温家宝在中共中央党校省部级主要领导干部“树立和落实科学发展观”专题研究班结业仪式上，第一次正式提出了“服务型政府”的概念，阐述了服务型政府的建设问题，强调了十六大提出的四项政府职能，并且进一步指出“社会管理”和“公共服务”不仅是极为重要的政府职能，也是当前的薄弱环节。这标志着服务型政府真正开始崭露头角，开始转向国家层面的实践，成为之后中国政府发展的指导思想。2004年3月，温家宝在参加全国人大陕西代表团审议时又对服务型政府进行了重申，服务型政府建设在较大范围内形成了共识。2005年《政府工作报告》中明确提出“努力建设服务型政府”，作为“加强行政能力建设和政风建设”的重要部分，服务型政府要创新政府管理方式，寓管理于服务之中，更好地为基层、企业和社会公众服务[②]。2005年以来，包括取消农业税、免除全国义务教育阶段学费等在内的一系列强化公共服务和改善民生的政策出台，这表明国家层面的服务型政府已经开始从“政治口号”转化为具体的“行动计划”[③]。

2006年十六届六中全会通过的《中共中央关于构建社会主义和谐社会

---

① 燕继荣．服务型政府的研究路向：近十年来国内服务型政府研究综述．学海，2009（1）．

② 温家宝．2005年政府工作报告．（2006－02－16）［2021－10－24］．http://www.gov.cn/test/2006－02/16/content_201218.htm.

③ 孙涛．近年来服务型政府建设研究述评．中国行政管理，2011（1）．

若干重大问题的决定》明确提出“建设服务型政府，强化社会管理和公共服务职能”，并且重申“为人民服务是各级政府的神圣职责和全体公务员的基本准则”，要转变职能、权责一致、强化服务、改进管理、提高效能，更加注重社会管理和公共服务的职能[①]。这是“服务型政府”首次被写入党的重要文件，对服务型政府建设具有重要意义。2007 年，党的十七大报告再次提及要“加快行政管理体制改革，建设服务型政府”，完善公共服务体系[②]。十七大“四位一体”的发展战略，将社会建设提升到与政治经济文化建设同等的高度，并对完善公共服务体系、创新社会治理与服务型政府建设提出了进一步的明确要求。可以看出，从提出建设服务型政府的目标，到强调建立和完善公共服务体系，党的十七大报告标志着以建设服务型政府为核心内涵的政府管理模式转变的整体框架已经确立，并成为引领行政管理改革的目标模式[③]。

在这一目标模式的引领下，政府始终高度重视自身的改革和建设。2008 年《政府工作报告》继续强调推动政府职能转变和管理创新，强化社会管理和公共服务[④]；2009 年《政府工作报告》侧重城市社区卫生服务体系的建设，助力服务型政府建设[⑤]。

---

① 中共中央关于构建社会主义和谐社会若干重大问题的决定.（2006-10-11）[2021-10-24]. http://www.gov.cn/govweb/gongbao/content/2006/content_453176.htm.

② 胡锦涛．高举中国特色社会主义伟大旗帜 为夺取全面建设小康社会新胜利而奋斗：在中国共产党第十七次全国代表大会上的报告.（2012-11-06）[2021-10-24]. http://www.npc.gov.cn/zgrdw/npc/zggcddsbcqgdbdh/2012-11/06/content_1742192.htm.

③ 周光辉．从管制转向服务：中国政府的管理革命：中国行政管理改革 30 年. 吉林大学社会科学学报，2008（3）.

④ 温家宝．2008 年国务院政府工作报告.（2009-03-16）[2021-10-24]. http://www.gov.cn/test/2009-03/16/content_1260198.htm.

⑤ 温家宝．2009 年国务院政府工作报告.（2009-03-16）[2021-10-24]. http://www.gov.cn/test/2009-03/16/content_1260221.htm.

（四）服务型政府的“全新篇章”（2010年至今）

2010年以来，服务型政府已经成为当今中国主流政治话语和主要政府目标。随着脱贫攻坚战的胜利和全面建成小康社会目标的实现，政府的服务能力和水平都有了质的飞跃，服务型政府建设揭开了新的篇章——从“服务型政府”上升到“人民满意的服务型政府”，服务型政府建设从出现阶段进入升华阶段。

2010年《政府工作报告》第一次出现“努力建设人民满意的服务型政府”的表述，但是并未进行详细的解释，表述中仍然为“大力推进服务型政府建设，努力为各类市场主体创造公平的发展环境，为人民群众提供良好的公共服务，维护社会公平正义”①。2012年党的十八大报告对“人民满意的服务型政府”进行了进一步修辞，即建设“职能科学、结构优化、廉洁高效、人民满意”② 的服务型政府。因此，也可以认为，十八大报告是服务型政府建设“升华阶段”的真正起点。2017年党的十九大报告再次强调，要“转变政府职能，深化简政放权，创新监管方式，增强政府公信力和执行力，建设人民满意的服务型政府”③。2019年十九届四中全会对服务型政府提出了更高的要求，即“必须坚持一切行政机关为人民服务、对人民负责、受人民监督，创新行政方式，提高行政效能，建设人民满意的服务型政府”④。

---

① 温家宝.2010年国务院政府工作报告.（2015－03－05）[2021－10－24]. http://www.scio.gov.cn/xwfbh/xwbfbh/wqfbh/2015/20150305/xgbd32605/Document/1395827/1395827.htm.

② 胡锦涛：坚定不移沿着中国特色社会主义道路前进 为全面建成小康社会而奋斗：在中国共产党第十八次全国代表大会上的报告.北京：人民出版社，2012：28.

③ 习近平.决胜全面建成小康社会 夺取新时代中国特色社会主义伟大胜利：在中国共产党第十九次全国代表大会上的报告.北京：人民出版社，2017：39.

④ 中共中央关于坚持和完善中国特色社会主义制度 推进国家治理体系和治理能力现代化若干重大问题的决定.（2019－11－05）[2022－02－12].http：//www.gov.cn/zhengce/2019－11/05/content_5449023.htm.

在新征程中，服务型政府建设有了更新层次的内涵和更高层次的要求，将“服务型政府”与“人民满意”紧密联系，进一步突出了人民的主体地位，重申了公共服务提供和评估中的人民主体性，强调了服务型政府的建设应当也必须以满足人民日益增长的美好生活需要为出发点和落脚点。“人民满意”，这是服务型政府建设在新起点前的展望、新时代上的希冀、新征程中的奋进。

（五）我国服务型政府建设的历史经验

从新中国成立至今，服务型政府建设经历了孕育阶段、萌芽阶段、出现阶段和升华阶段，从无到有，从不完善到渐趋完善，提供了均等化的基本公共服务，取得了辉煌的建设成就，在理想信念、职责功能和体制机制方面积累了丰富的历史经验。

理想信念上，服务型政府建设始终坚守初心，牢记使命。“为人民服务”的宗旨贯穿在服务型政府建设的各个历史阶段，这是薪火相传、一脉相承的。从毛泽东撰写《为人民服务》一文到邓小平关于“领导就是服务”的论述，从“以人为本”的科学发展观到新时代下建设“人民满意的服务型政府”，“为人民服务”的思想理念具有一贯性、延续性和传承性。一方面，这体现为“以人为本”的民本位理念。不同于传统社会的“官本位”，服务型政府的民本位思想含义如下：一是政府服务对象为全体公民和由公民构成的组织和社会；二是服务宗旨是出于公心、为民兴利，促进社会的和谐稳定发展；三是服务内容由民意决定，受民众评估。服务型政府建设始终坚持从人民群众的切实需求出发，回应人民群众的基本关切，实现人民群众的迫切愿望，坚持提供人民群众喜闻乐见的公共服务，解决人民群众“急难愁盼”的问题；服务型政府建设始终坚持将人民群众作为公共服务监督和评估的主体，人民群众的满意度就是公共服务提供质量和效率的“晴雨表”与“试金石”，人民群众满不满意、赞不赞成、答不答应是衡量公共服务的最高标准。另一方面，这体现为政府本位向社会本位的理念转变。在建设服务型政府的过程中，政府逐渐意识到，服务型政府的权力来源于社会，受制于社会，服务于社会。服务型政府要为社会主体提供服务，要以社会主体的方式提供服务，要依靠社会主体提供服务。服务型政府建设并不是政府的“单边行为”，而是政府与社会的“双向互动”①。总之，“为人民服务”理念的坚守与对社会主体的逐步重视既是服务型政府建设的最终目标与不竭动力，也是其最突出的成就和历史经验。

职责功能上，服务型政府建设要顺应时代，转变职能。服务型政府从孕育到升华的过程，同时也是我国政府职能转变的过程。不同时代政府的主要职能不同，从传统农业社会到工业社会和后工业社会，存在着统治型政府、发展型政府、管制型政府和建设型政府等多种政府形态②。而服务型政府是基本完成现代化任务的信息化社会的政府形态，意味着政府职能从管制到服务、从经济职能到服务职能、从经济建设到民生建设的转变过程。我国服务型政府的建设能够立足国内，放眼国际，牢牢把握国内国际两个大局，将政府职能的转变与经济社会发展状况相联系，与宏观时代发展背景相契合，与社会主要矛盾相适应。未来发展中，应积极吸收既有经验，顺应科技发展的时代机遇，进一步推进建成服务型政府。

体制机制上，服务型政府建设中注重深化改革，完善创新。一方面，改革永远在路上，服务型政府建设是不断改革和深化的过程。尤其是改革

① 朱光磊，薛立强．服务型政府建设的六大关键问题．南开学报（哲学社会科学版），2008（1）．
② 郑家昊．论政府类型从“统治”到“管理”的转变．天津行政学院学报，2013（3）．

开放以来，我国政府先后进行了八次大规模机构改革和行政管理体制改革，以推动建立比较完善的中国特色社会主义行政管理体制，建设人民满意的服务型政府。服务型政府建设是行政管理体制改革的核心目标，它并不仅仅是行政体制的问题，而是涉及经济体制、政治体制、文化体制和社会体制改革等各个领域，是一场深刻的“政府革命”，以公共服务体制为重点，涉及各个体制的全面完善与变革。另一方面，重视地方政府探索和创新，服务型政府建设是不断尝试与创新的过程。无论是服务型政府的建设初期还是发展完善阶段，来自基层和地方政府的创新尝试都是服务型政府建设的宝贵经验。例如，“一站式审批”、行政服务大厅、“最多跑一次”等，都是服务型政府建设过程中地方智慧和地方创新的体现。

二、现实挑战

（一）思维惯性：部分传统思想尚未扭转

虽然我国历史上具有较为深厚的有关政府服务职能的思想积淀，服务型政府建设也自 2004 年便已提出并有序推进，但是，对于人民满意的服务型政府建设，政府和社会的认知仍然是一个逐步推进的过程。

理论上，服务型政府是一个区别于有服务职能政府的综合性的全新概念。它在提出时间上并不晚于西方“服务，而不是掌舵”的新公共服务理论，因此，服务型政府是我国根据现实情况提出的具有创新性的理论概念，我们既不能简单将其看作是新公共服务理论在我国政府改革中的应用，也不能将服务型政府建设简化为政府提供公共服务或便民措施[①]等。

---

① 吴玉宗．服务型政府：缘起和前景．社会科学研究，2004（3）．

目前，关于服务型政府的中国化和本土化的理论研究并不充分，理论和概念上还存在一定的模糊性，并且相当部分的研究成果仍然是对西方国家一些公共管理和公共服务理论[①]进行机械的移植和嫁接。理论上的不系统、不连贯和不完备加剧了实践部门对服务型政府的认识难度。

实际中，一方面，传统官本位思想并不能在短时间内彻底得到扭转，“官贵民贱”的传统观念一定程度上还具有生存空间。另外，中国历来有“重统治轻管理”、“以统治代管理”和“重统治轻服务”的特点，短时间内尚难彻底改变。另一方面，政府具有经济发展和行政管制的路径依赖与思想惯性，“以经济建设为中心”的发展主义意识形态影响深远，在思想观念和具体实践中将政府职能的侧重点转移到公共服务上，是一个长期的过程，前途光明，道路曲折。

根据2018年中国人民大学中国地方治理综合调查中政府提供公共服务相关问题的调查结果，政府工作人员的总体服务、服务态度、服务的回应和反馈都具有一定的进步空间，传统思维需要进一步扭转，服务意识和服务能力需要进一步提升。表7－1展示了公众对政府公共服务提供的评价。可以看出，完全同意“政府工作人员的服务态度很好”、“政府工作人员切实为老百姓服务”、“老百姓关心的民生实事，市政府回应得很快很好”和“政务服务热线电话反馈及时，效果较好”的占比分别仅有10.76％、14.59％、13.72％和16.55％，同时，约三成的公众对上述陈述持“比较同意”观点。由此可见，我国政府提供的公共服务与公众期待还存在不相匹配的地方。服务型政府建设征途漫漫，需要摒弃传统思维惯

① 杨国鹏．我国公共服务型政府建设问题研究综述．中州学刊，2006（2）．

性，牢记使命，在新的时代起点上进一步深入推进公共服务。

表 7-1 公众对政府公共服务提供的评价情况表

就当地市政府的总体情况，您是否同意以下说法：	完全不同意	比较不同意	一般	比较同意	完全同意
政府工作人员的服务态度很好	4.86%	10.52%	41.00%	32.86%	10.76%
政府工作人员切实为老百姓服务	4.03%	9.77%	38.12%	33.49%	14.59%
老百姓关心的民生实事，市政府回应得很快很好	4.60%	10.93%	39.22%	31.54%	13.72%
政务服务热线电话反馈及时，效果很好	4.74%	9.31%	38.26%	31.14%	16.55%

（二）背景复杂："两化叠加"困境持续存在

服务型政府建设要统筹中华民族伟大复兴战略全局和世界百年未有之大变局这"两个大局"，面临着国内国际两个复杂环境的挑战。从社会形态和政府形态的线性发展过程来看，与服务型政府类似的理念和模式在西方国家更多是在基本完成现代化任务后，为满足工业化和现代化整体水平较高的后现代化社会需求而出现的后现代政府形态。但是，对包括中国在内的后发国家而言，允许社会形态和政府形态依照线性过程稳步向后现代发展的时间和空间并不充分。

尤其在当前，我国发展环境面临深刻复杂的变化，虽然仍处于重要战略机遇期，但机遇和挑战都有新的发展和变化[①]。一方面，我国仍处于现代化建设中，为全面建设社会主义现代化国家而努力，社会主义现代化的远景目标仍然包括实现新型工业化、信息化、城镇化、农业现代化等，这是我国服务型政府建设的国内背景和基本国情；另一方面，我国已经转向

① 中共中央关于坚持和完善中国特色社会主义制度 推进国家治理体系和治理能力现代化若干重大问题的决定.（2019-11-05）[2022-02-12]. http://www.gov.cn/zhengce/2019-11/05/content_5449023.htm.

高质量发展阶段，人民生活水平提高，全球化程度不断加深，人类命运共同体的理念深入人心，人民群众开始逐渐面临人口老龄化、少子化和城镇化带来的具有后现代化特征的需求结构调整与需求质量要求，对具有后现代化特征的公共服务模式的需求不断强化。因此，我国面临着“两化叠加”和“双重历史任务”[①] 的困境——既面临着现代化阶段的发展压力，同时又被全球化拉入后现代化进程，面临着后现代化阶段的服务需求。从而，服务型政府建设中基本公共服务的提供就面临着需求的增长与供给不充分、发展不平衡并存的现象[②]，前者体现为后现代化社会中多层次、多样化、高质量的公共服务需求，后者则是现代化建设中公共服务数量不足、质量不高的现实困境。我国当前社会的基本矛盾是人民日益增长的美好生活需要和不平衡不充分的发展之间的矛盾，其本质就是“两化叠加”带来的发展挑战。

对于后发国家而言，后现代化的内容融入了现代化的进程中。现代化意味着要加速发展过程，以更快的时间完成更多的发展任务，兼顾发展与服务，因此，在现代化建设中便面临着建设服务型政府这一后现代化时期的发展目标。实质上，未完成现代化的后发国家并不存在从容建设服务型政府的前提条件：一是服务型政府建设的物质基础不够扎实，不具备现代化实现和生产力发展积累的大量社会资源等；二是服务型政府建设的阶层基础不够稳定，后现代化社会催生出大量的中产阶层，菱形的社会结构为服务型政府建设奠定了稳定的阶层基础，而正处于现代化历史阶段的社会

---

① 朱光磊，薛立强．服务型政府建设的六大关键问题．南开学报（哲学社会科学版），2008（1）.

② 张启春，杨俊云．基本公共服务均等化政策：演进历程和新发展阶段策略调整：基于公共价值理论的视角．华中师范大学学报（人文社会科学版），2021（3）.

显然不具备这样的阶层条件；三是服务型政府建设的社会基础不够成熟，服务型政府建设与政府职能转变本质上是国家与社会关系在政府职能上的体现和延展，并不是政府的“单边行为”，而一个不够成熟的社会，既没有发育程度较高的市场支柱，也没有具备显著影响力的“第三方”社会力量，承担起与政府“双向互动”的功能是充满挑战的。

此外，错综复杂的国际环境为服务型政府建设带来新的挑战。国际环境日趋复杂，虽然和平与发展仍然是时代的主题，但是不稳定性和不确定性明显增加，尤其是受到新冠肺炎疫情的影响，经济全球化遭遇逆流，世界进入动荡变革期。在这种背景下，如何利用好制度优势，保持战略定力，在稳步推进现代化的过程中实现“弯道超车”，破除制约高质量发展、高品质生活的体制机制障碍，满足后现代的公共服务需求，这是我们在当前复杂背景下面临的重要挑战。

（三）能力短板：广义政府自身建设不足

作为服务型政府建设的重要主体，政府自身能力建设的不足是新征程中至关重要的问题与挑战。服务型政府中的“政府”是广义“大政府”的概念[①]，是一个需要各方面、各角度综合统筹协调的问题。行政机关、立法机关、司法机关和事业单位，包括政党等构成“广义政府”的任何机构的短板都可能给服务型政府建设带来困难和挑战。

第一，作为“狭义政府”的行政机关本身，职责体系不够优化。长期对经济发展的过度追求使得政府公共服务的能力和水平与服务型政府的要求不完全匹配，政府权责清单制度仍需建立，经济调节、市场监管、社会

---

① 朱光磊，薛立强．服务型政府建设的六大关键问题．南开学报（哲学社会科学版），2008（1）．

管理、公共服务和生态环境保护等职能仍需完善，职能转变仍然面临一定的阻力和压力，构建职责明确的服务型政府任重道远。

第二，作为“广义政府”的立法机关，目前对服务型政府的认识不够充分，对自己在服务型政府建设中应当发挥的作用不够明确，在服务型政府建设中处于缺位的状态。经济监管需要立法，公共服务的提供也应当有充分的法律依据。在有法可依方面，完善以宪法为核心的中国特色社会主义法律体系，加强服务型政府建设相关的立法工作，人大等立法机关大有可为。

第三，作为“广义政府”的司法机关，在服务型政府建设中没有发挥必要的作用。一方面，法院和检察院作为“一府两院”的重要组成部分，对服务型政府理念的认识不够深刻，公共服务的意识不够强化，没有主动参与到服务型政府的建设中来。另一方面，过往案例的短缺使得司法机关在处理涉及公共服务的法律纠纷时经验不足，效率较低，其自身服务水平也有待提升。此外，应当认识到，法治政府作为服务型政府建设的一方面，司法机关的作用必不可少。

第四，在理想的服务型政府中，事业单位和国有企业兼具政府的公共性和市场的灵活性，是提供公共服务的重要主体，相当部分的公共服务应当由事业单位和国有企业提供。在社会主义基本经济制度建设和供给侧结构性改革之下，事业单位和国有企业效率低下、管理僵化、尾大不掉、积极性欠缺等问题得到很大程度上的解决。但是，改革始终在路上，国有经济的竞争力、创新力、控制力、影响力、抗风险能力等仍然存在不足，其所参与的社会主义市场经济条件下的核心技术攻关新型举国体制尚未完全建立，无法完全提供满足公众基本需求的基本优质公共服务和高端科技公共服务，仍然面临“卡脖子”的难题。国有企事业单位需要承担起服务型政府建设所赋予的重要责任和期望。

第五，“党政军民学，东西南北中，党是领导一切的。”我国服务型政府的建设必然离不开政党的核心领导作用，党的执政能力的提升是我国服务型政府建设的关键环节①。作为中国特色社会主义的领导核心，中国共产党带领中国人民和中华民族实现了由站起来、富起来到强起来的历史性飞跃。在服务型政府建设方面，党始终健全为人民执政、靠人民执政的各项制度，保持同人民群众的血肉联系，将尊重民意、汇集民智、凝聚民力、改善民生贯穿治国理政的全部工作中。但是，对于服务型政府的建设，党也存在经验不足等问题，需要在“摸着石头过河”的过程中不断提升自身执政能力和执政水平。

综上，我国服务型政府建设仍然面临着来自广义政府自身的挑战，包括政府各机关部门、国有企事业单位和政党能否理顺以及如何理顺关系等，这需要广义政府共同努力，密切合作，群策群力②。

（四）张力突出：多对矛盾关系较难平衡

服务型政府建设是一个综合全面的过程，如何平衡多对关系的张力，处理多对关系的矛盾，成为建设服务型政府的重要挑战。

一是如何平衡经济发展与公共服务的关系。尽管服务型政府要求政府将职能重心转移到公共服务上，但这并不意味着政府对经济发展的忽视。相反，人民满意的服务型政府建设要以经济高质量发展为前提和基础。一方面，提供公共服务的基础是高水平、高质量的经济依托和物质资源，经

① 燕继荣．服务型政府的研究路向：近十年来国内服务型政府研究综述．学海，2009（1）．
② 朱光磊，薛立强．服务型政府建设的六大关键问题．南开学报（哲学社会科学版），2008（1）．

济运行总体平稳与经济结构持续优化是服务型政府建设的动力保障；另一方面，以公共服务职能为重心的政府所面对的客观问题也不仅是服务方面，还有几乎是全方位的社会问题。那么，以经济增长新常态和供给侧结构性改革为背景，如何在侧重公共服务的同时，坚持和完善社会主义基本经济制度，兼顾经济高质量发展等其他方面，成为服务型政府建设需要处理和平衡的重要关系。此外，服务型政府建设中需要处理的关系还包括管理与服务的关系、市场服务与公共服务的关系、经济性公共服务与社会性公共服务的关系、科教型公共服务与转移支付型公共服务的关系等①。

二是如何平衡区域、城乡等公共服务供给的关系。人民满意的服务型政府需要围绕人民从出生到死亡各个阶段和不同领域，着眼于实现人民群众都能公平可及地获得大致均等的基本公共服务。“十四五”规划和 2035 年远景目标提出，在区域、区际、城乡、发达地区和欠发达地区等层面上实现基本公共服务均等化，这是服务型政府建设的关键一步。在现实中，精准扶贫与乡村振兴建设使得城乡、区域、人群间基本公共服务水平差距在不断缩小。但不可否认的是，当前公共服务对象面临的客观“歧视”仍然存在，兜底性公共服务的“硬短板”和“软短板”仍然较为明显，区域、省际、城乡及人群间所享有的公共服务和资源分配的公平程度仍然存在着较为明显的不公正、不均等、不平衡现象②，尤其是在与公众生活息息相关的教育、医疗、就业、文化等基本公共服务领域③。东部发达地区

① 燕继荣．服务型政府的研究路向：近十年来国内服务型政府研究综述．学海，2009（1）．

② 张启春，杨俊云．基本公共服务均等化政策：演进历程和新发展阶段策略调整：基于公共价值理论的视角．华中师范大学学报（人文社会科学版），2021（3）．

③ 郭雨晖，汤志伟，赵迪．基本公共服务均等化的评估与研判：区域补偿和质量提升下的动态演进．公共管理评论，2020（4）．

特别是大城市面临着“新二元结构”问题，外来人口的大量流入极大地增加了实现常住人口基本公共服务均等化覆盖的难度。在西部欠发达地区尤其是边远地区和部分农村地区，一方面，由于我国长期存在的城乡二元结构将农村长时间排除在公共服务体系之外，公共服务基础设施较为薄弱；另一方面，人口的快速迁移和流动使其面临着“空心化”的问题，导致已有基本公共服务设施闲置和资源浪费严重[①]。服务型政府建设适应新时代与新征程，加快推进城乡、区域基本公共服务一体化、标准化和均等化，这是亟待解决的重要问题。

三是如何平衡政府纵向间的府际关系。服务型政府建设是一个系统性、综合性、协调性的任务，“全国一盘棋”，需要各级政府的统筹参与，需要充分发挥中央和地方两个积极性，理顺中央与地方权责关系。但是，我国政府“上下对齐”“职责同构”的职责体系设置导致在服务型政府建设过程中各级政府的职能分工并不明确，中央和省级政府宏观管理，地市政府承上启下，基层政府提供服务，这种服务型政府的纵向职责体系并未形成和完善。相反，现实中通常存在高层级政府直接提供公共服务，而基层政府动力不足等问题，亟待加强中央在知识产权保护、养老保险、跨区域生态环境保护等方面事权，减少并规范中央和地方共同事权，赋予地方更多自主权[②]。并且由于部分省级政府统筹不力，存在省内首位城市或优势地区公共服务过度而整体公共服务均等化程度较低的问题[③]。此外，中

① 邢伟．聚焦兜底线保民生 以标准化高质量推进基本公共服务均等化．财经界，2021（12）.

② 中共中央关于坚持和完善中国特色社会主义制度 推进国家治理体系和治理能力现代化若干重大问题的决定．（2019－11－05）［2022－02－12］．http：//www.gov.cn/zhengce/2019－11/05/content_5449023.htm.

③ 郭雨晖，汤志伟，赵迪．基本公共服务均等化的评估与研判：区域补偿和质量提升下的动态演进．公共管理评论，2020（4）.

央与地方政府间事权和财权划分不够优化，权责不够清晰，财力不够协调，各级政府事权、支出责任与财力尚不完全适应，不利于整体服务型政府的建设。

四是如何平衡服务型政府建设与其他类型政府建设目标的关系。服务型政府建设是综合和复杂的，但在进行服务型政府建设的同时，有为政府、整体政府、透明政府、责任政府和法治政府等建设也是当前工作的重点和新征程中的远景目标。如何在把握上述政府建设目标间关系的基础上，将其纳入服务型政府建设的大框架，以服务型政府建设为引领，这是将服务型政府作为高水平、革新性、主导性政府目标的重点和难点。

三、未来发展

（一）平衡各种服务关系，厘清整体职能

新征程中的服务型政府建设是综合任务和复合目标，需要平衡政府和社会、经济发展和公共服务以及各类公共服务之间的各种关系，处理各种矛盾。平衡服务型政府建设中的各项繁杂关系，核心要点就在于厘清、理顺政府相应职能，追求政府各项职能间的协同性与整体性。只要政府职能之间不存在本质的冲突，那么这些关系的张力就是较低层次的，是能够被平衡的。

根据十九届四中全会精神，政府的主要职能包括经济调节、市场监管、社会管理、公共服务、生态环境保护等，在服务型政府建设中，需要把握以下三点：第一，侧重公共服务的核心职能。经济调节、市场监管、社会管理和生态环境保护职能本质上都是“以人为本”的，政府履行这些职能必须坚持为人民服务、对人民负责、受人民监督。政府创新行政方式

和提高行政效能的最终目的也是建设人民满意的服务型政府。因此，政府履行职能需要明确公共服务的核心和主导地位。第二，兼顾经济和管理等传统职能。经济发展是物质基础，管理和监管是重要保障，甚至有观点认为“管理就是服务”①，在政府职能重心向公共服务转移的过程中，也不能忽视经济发展与社会管理这些传统职能。第三，建设整体性政府职责体系。加快转变政府职能，通过政府职责体系和权责清单制度的建设，推进政府职能的法定化，使政府机构设置更加科学，职能更加优化和协同，更具整体性地履行政府职能，将服务型政府从职能意义上的服务型政府向实质意义上的服务型政府转变②。

（二）面向不同服务对象，构建多种模式

由于我国政府发展同时面临着现代化和后现代化的“双重历史任务”，服务型政府建设所面临的客观环境和任务目标不可避免地带有“两化叠加”的双重性。这就意味着未来的服务型政府建设并不是一个一成不变的固定模式和准绳，而是在核心观念与基本架构稳定的基础上具有权变性和情境性。目标指向和服务对象的复杂性必然带来服务型政府模式③和具体实现方式的多样性。

首先，建立发展模式的服务型政府，主要服务于企业。服务型政府的构建并不意味着政府对经济职能的放弃，相反，政府需要以提供服务的方式为经济发展保驾护航。当前，经济发展仍然是地方政府的主要任务，发

① 郁建兴，徐越倩．从发展型政府到公共服务型政府：以浙江省为个案．马克思主义与现实，2004（5）．

② 竺乾威．服务型政府：从职能回归本质．行政论坛，2019（5）．

③ 陈红太，李严昌．中国服务型政府的四种模式．中国行政管理，2007（7）．

展模式下的服务型政府建设也依然要围绕着经济发展的中心展开。政府应当积极为企业提供稳定的投资环境与优质的投资服务，包括基础设施、优惠政策和各种便利，尤其是行政审批的削减与行政审批制度的改革。

其次，建立保障模式的服务型政府，主要服务于弱势群体。为了维护社会稳定，保障模式的服务型政府要为社会成员提供基本保障，以公平为价值导向，构建完备的社会保障体系和社会安全阀。

再次，建立参与模式的服务型政府，主要服务于公民。对于公民而言，从管制向服务进行根本性转变的服务型政府意味着政府与公民关系的转变。同时，随着公民的民主意识、权利意识和参与意识日益增强，服务型政府建设要增强回应性与参与性，强化共商共建共享的社会治理理念。

最后，建立竞争模式的服务型政府，主要服务于“顾客”。服务型政府提供公共服务时，要将企业优秀的管理理念和方法运用到公共物品和公共服务的提供中，将服务对象看作“顾客”，着力提高服务的质量和效率。

（三）兼顾差异服务区域，健全体制机制

党的十九届五中全会通过的《中共中央关于制定国民经济和社会发展第十四个五年规划和二〇三五年远景目标的建议》中明确，“基本公共服务实现均等化，城乡区域发展差距和居民生活水平差距显著缩小”是2035年重要的远景目标。在新征程上，服务型政府建设的重要方向就是确保服务的普惠性、基础性和兜底性，使服务真正满足人民多层次、多样化的需求，使服务真正能够更多更公平惠及全体人民。为了实现公共服务的均等化，需要健全服务型政府的各项体制机制和体系建设。

第一，健全基本公共服务制度体系。推动公共服务立法的完成，完善基本公共服务清单制度，以实现基本公共服务的均等化。同时，以标准化

提高资源配置效能[①]，以标准化、精细化的公共服务推动均等化，优化基本公共服务资源配置，实现欠发达地区与困难群体基本公共服务的短板补齐，建立标准化的国家一般公共服务体系，确保公共服务的兜底性特征。同时健全区域战略统筹、市场一体化发展、区域合作互助、区际利益补偿等机制，完善需求表达和整合机制，采用更加柔性、更具韧性的“助推”机制提供公共服务，逐步实现基本公共服务均等化。

第二，健全公共文化服务体系、公共卫生服务体系和社会保障体系。城镇和农村居民在公共服务上的差异性主要体现在文化教育、医疗卫生和社会保障的发展不均衡上，为了在医疗保障和义务教育等方面“补短板”，其一，健全乡村公共文化服务体系建设和文化产业体制，助力乡村文化振兴。首先，提高农村义务教育教师素质和数量，加强基层文化工作人员的培训，完善人才引进和人才管理制度；其次，形成尊重知识与尊重文化的乡村氛围，提升整体文化氛围，盘活乡村文化资源；最后，加强与县、市文化方面的交流合作，既做公共文化服务的享用者，也做公共文化服务的供给者和传播者。其二，健全乡村公共医疗卫生服务体系。建立和完善相关政策制度，增加基层医务人员的岗位吸引力，加强乡村医疗卫生人才队伍建设；改善乡镇卫生院与村卫生室的硬件条件和基础设施；健全网络化服务运行机制，鼓励县医院与乡镇卫生院建立县域医共体，鼓励城市大医院与县医院建立对口帮扶、巡回医疗和远程医疗机制；全面建立分级诊疗制度，实行差别化医保支付政策；等等[②]。其三，健全多层次社会保障体

① 康健．基本公共服务制度体系显著优势及其转化为治理效能的实现路径．东北大学学报（社会科学版），2021（3）．

② 中共中央 国务院关于建立健全城乡融合发展体制机制和政策体系的意见．（2019-05-05）[2021-10-24]．https://www.gov.cn/xinwen/2019-05/05/content_5388880.htm．

系，使其覆盖全民、统筹城乡、公平统一，在社会保障方面实现公共服务均等化和标准化建设。总之，将乡村建设摆在服务型政府建设的重要位置，注重乡村基础设施的建设和县域综合服务能力的提升，将乡镇建设成为服务农民的区域中心。

第三，构建职责明确、依法行政的政府治理体系。以政府内部管理体制的完善推进公共服务均等化提供的完善。一方面，努力完善国家行政体制，以推进国家机构职能优化、协同高效为着力点，优化行政决策、行政执行、行政组织、行政监督体制。另一方面，优化政府职责体系，完善政府经济调节、市场监管、社会管理、公共服务和生态环境保护等职能。同时，深入推进简政放权、放管结合、优化服务，深化行政审批制度改革，改善营商环境，激发各类市场主体活力，为公共服务在区域间、城乡间实现均等化提供制度环境与物质基础。

（四）应用先进服务技术，打造门户平台

科学技术是第一生产力，也是服务型政府建设的强大支撑。以互联网时代为背景，服务型政府建设应当把握先进技术手段，打造全国一体化的政务服务平台和政府信息门户。

首先，通过信息门户平台进行数字政府建设。建立健全运用互联网、大数据、人工智能等技术手段进行行政管理和政府建设的制度规则，大力推行服务型政府的电子政务建设，打造信息化支撑的管理服务平台和信息门户平台。利用现代化信息技术理顺政府内部关系，提高行政效率，为政府更快更好提供公共服务奠定坚实基础。一方面，全国一体化平台能够整合不同层级与部门的公共服务内容，通过流程再造与服务模式重塑政府职能，优化流程，提高效能，克服分散独立与各自为政的问题。另一方面，基于互联网平台的上下左右互联互通，能够降低服务成本，推进公共服务模式的彻底变革。

其次，通过信息门户平台进行政务信息公开和公共数据的开放共享。在数据资源公开和共享的基础上保障公民的知情权，提高治理和服务的有效性。通过数据的有序共享和公开，确保政府服务的跨地区、跨部门、跨层级协同，更好助力服务型政府建设。

最后，通过信息门户平台了解服务需求，创新公共服务方式。推动公共服务信息化平台的共建共享，有助于将公共服务的供给与需求数字化、信息化、精细化，以便加强供需匹配和对接，提高数字化公共服务效能。以行政审批的“一网通办”和“一站式办理”为例，信息门户平台能够使企业、群众办事越来越方便快捷。因此，服务型政府建设要着重创新管理和服务方式，并且从组织扁平化、业务协同化和数据共享化方面进行改革，重塑服务型政府的组织架构、业务架构、技术架构①，加快推进全国一体化政务服务平台建设，追求对服务对象需求的精准把握与识别，建设“互联网+”服务型政府的平台模式，建成线上线下相融合的一体化服务型政府。

（五）发挥基层服务力量，创新落地方式

作为直接面向服务对象的一级政府，基层政府在服务型政府的建设和探索中发挥突出作用。在新征程、新起点上建设服务型政府，理顺中央和地方权责关系，在加强中央宏观事务管理的同时，要赋予地方更多自主性，支持地方和基层政府针对服务型政府建设开展创造性工作。要推动公

---

① 谢鸣鸣．打造一体化服务型政府 数据治理是关键．政府采购信息报，2021-07-26.

共服务与社会治理中心向基层下移，向基层放权赋能，积极发挥基层的积极性和主动性，鼓励基层政府创新基层社会治理模式，因地制宜探索服务型政府落地落实的创新方式，借助基层服务力量，加强城乡社区治理和服务体系的建设，努力构建网格化、精细化的基层公共服务。

此外，对地方和基层政府的有益探索及时给予肯定，形成示范效应，带动积极性不足地区的地方政府行动起来。开展服务型政府建设以来，具有代表性的各地尝试措施层出不穷。例如，浙江的“最多跑一次”，江苏的“不见面审批”，广东佛山、吉林长春的“一门式”服务，北京的“12345 热线”和“接诉即办”等，都是在服务型政府建设的大背景下，各地基层政府进行的具体创新性探索。基层是孕育政策创新的最好土壤，也是提供公共服务的直接主体，尤其是对拥有五级政府的我国而言。

发挥基层政府对服务型政府具体实现方式的探索作用，基层党组织的作用也不容忽视。基层党组织是党的神经末梢，要健全基层党组织领导基层群众自治机制，在城乡社区治理、基层公共事务和公益事业中广泛实行群众的自我管理、自我服务、自我教育和自我监督，更好拓宽人民群众反映意见和建议的渠道，发挥基层党组织收集民意、反映民情的义务，更有助于确保服务型政府不走样地在基层社会落地落实。

第八章

更透明的政府治理

公开透明是现代政府的基本特征，建设透明政府是推进国家治理体系和治理能力现代化的必然要求。在我国长期的封建专制统治时期，统治者奉行“宫廷政治，事以密成”的原则，遵循“民可使由之，不可使知之”的驭民理念，形成了根深蒂固的保密文化，缺乏公开透明的政治风尚。新中国成立以来，特别是改革开放以来，在中国共产党的领导下，我国在透明政府建设方面不断探索、积极创新，取得了显著的成绩。进入新时代，我国社会矛盾发生重大变化，对党和国家的工作也提出了新的要求，新时代呼唤更加透明的政府治理。本章首先对我国透明政府的发展历程进行简要概述，进而对我国当前透明政府建设中存在的挑战和问题进行分析，最后对未来如何推进更加透明的政府治理进行展望。

一、历史回顾

尽管党在领导人民群众开展建设的各个历史时期都不同程度遵循着公开透明的理念，但我国系统性地开展透明政府建设、推进政府信息公开还是在改革开放之后。本章对新中国成立以来我国透明政府建设的历程进行简要梳理和回顾。

（一）观念萌芽阶段（1949—1978 年）

1949 年新中国成立后，党和政府大力发展社会主义民主政治，一改以往保密愚民的封建文化，鼓励人民参政议政，及时通过广播报纸向人民群众传递国家的大政方针和重大活动信息。在早期的领导人讲话、指示和相关法律法规当中都有关于公开政府信息的表述和规定。1959 年 6 月 20 日，毛泽东主席在看了新华社关于广东水灾的内部参考资料后，就曾在有关批示中指出："广东大雨，要如实公开报道。全国灾情，照样公开报道，唤起人民全力抗争，一点也不要隐瞒"①。新中国成立之初，政务院就曾两次发布法规性文件，规定由新华社统一发布有关政府事务的公告和公告性新闻，由《人民日报》负责刊载。

但与此同时，为了巩固新生政权、维护社会安定，保密工作仍然在国家工作中占据重要地位，保密文化仍然具有一定的影响。1951 年 6 月 8 日，政务院发布了《保守国家机密暂行条例》，规定了 17 个方面的国家机密，其中包含不少涉及广大人民切身利益，而又无关国家安全或商业秘密的事项。例如，该条例规定，"国家财政计划，国家概算、预算、决算及各种财务机密事项"都是国家机密，几乎到了凡未公开都是国家机密的地步。但这与特定的历史阶段有关系，也表明旧社会的保密文化与新社会的公开文化之间存在一定张力。

（二）基层探索阶段（1978—2001 年）

20 世纪 80 年代以来，基层民主作为我国发展社会主义民主政治的基础性工程被重点推进，并为我国最早的公开实践——村务公开奠定了基础。80 年代初，一些村庄在建立村民自治制度的同时也开始了村

① 童兵．中国共产党对党媒的引领：兼议马克思主义新闻观中国化的发展．中国社会科学报，2021-07-08.

务公开的实践探索，并在1987年通过的《村民委员会组织法（试行）》中得到肯定。1990年，《中共中央关于批转〈全国村级组织建设工作座谈会纪要〉的通知》指出“要增加村务公开程度，接受村民对村民委员会工作的监督”。1998年，中共中央办公厅和国务院办公厅联合下发《关于在农村普遍实行村务公开和民主管理制度的通知》，对村务公开的方方面面进行了详细的规定，推动了村务公开制度的进一步发展和完善。同年，《村民委员会组织法》正式通过并颁布，该法明确规定了村务公开的五项内容，村务公开制度正式得到法律确认并在全国范围内广泛推行。

村务公开取得的成效推动了乡镇基层政权的政务公开。早在1997年，党的十五大报告就指出，城乡基层政权机关和基层群众性自治组织，都要健全民主选举制度，实行政务和财务公开，让群众参与讨论和决定基层公共事务和公益事业，对干部实行民主监督。1998年，《关于在农村普遍实行村务公开和民主管理制度的通知》中也提到，要在推行村务公开和民主管理的同时，积极探索在乡镇机关建立政务公开的途径，先行试点，培植典型，逐步推广，但这只是鼓励，并不要求乡镇政府开展政务公开。直到2000年，乡镇一级的政务公开才得到中央政府的强有力支持。这一年，中共中央办公厅和国务院办公厅联合下发《关于在全国乡镇政权机关全面推行政务公开制度的通知》，该通知不再只是鼓励探索，而是要求所有的乡镇机关必须对人民群众普遍关心的和涉及群众切身利益的信息予以公开，乡镇政务公开制度正式确立。

（三）全面探索阶段（2001—2008年）

进入21世纪，我国的国际国内环境都发生了很大变化，在无形中推动了政务公开的进一步发展，各级政府和中央部门都开始积极加入到信息公开的实践中来。就各级政府的具体探索而言，在乡镇一级政府推行政务公开的同时，一些县级以上政府也开始尝试政务公开的实践。2002 年，中纪委向党的十六大的工作报告指出，各地在完善乡（镇）政务公开、村务公开和厂务公开等制度的同时，积极推行县级以上政权机关政务公开，推行面超过半数的有 26 个省（区、市）。2005 年，中共中央办公厅和国务院办公厅联合下发《关于进一步推行政务公开的意见》，明确了乡镇、县级、市级、省级政府政务公开的主要任务。在进行实践探索的同时，一些地方政府和中央部门也开始了信息公开法制化的尝试。在城市层面，广州市于 2002 年 11 月出台了《广州市政府信息公开规定》，到 2006 年底，49 个较大的市中已有 17 个出台了信息公开的相关立法[①]。在省级层面，上海市率先于 2004 年 1 月出台了《上海市政府信息公开规定》，到 2006 年底，已经有 12 个省级政府制定了政府信息公开规定[②]。

地方各级政府的实践探索为全国性的信息公开立法积累了经验，奠定了基础。从 2002 年起，中央开始着手考虑制定全国性的信息公开立法。2002 年，在《国家信息化领导小组关于我国电子政务建设指导意见》出台后，国务院信息化办公室于 5 月委托中国社会科学院法学所起草《政府信息公开条例》（以下简称《条例》），并于 8 月份形成草案。2004 年后，国务院法制办和国务院信息化办公室还一起征询了 46 个中央部门和 34 个地方人民政府以及专家学者的意见，并据此修订了《条例》草案。2006 年，

① 肖卫兵．中国信息公开改革新解：从信息流通视角．上海：上海社会科学院出版社，2013.

② 赵正群．中国的知情权保障与信息公开制度的发展进程．南开学报（哲学社会科学版），2011（2）.

国务院首次将《条例》列为立法计划中的一类立法，并最终于 2007 年 4 月 5 日正式颁布了《条例》。

（四）确立完善阶段（2008 年至今）

2008 年 5 月 1 日，《中华人民共和国政府信息公开条例》正式实施，信息公开作为政府工作中的一项基本制度得以确立。在义务主体上，《条例》规定，所有的行政机关都成为政府信息公开的主体。在《条例》实施之前，由于缺乏统一的规定，各级各地政府在信息公开工作方面存在较大的差异，有的已经积累了一定的经验，有的却还在初步探索阶段。《条例》将行政机关全部纳入信息公开的主体，极大拓展了信息公开的主体，并就公开范围、公开方式与程序、公开的保障措施等进行了详细规定，推动了政府信息公开的法制化和规范化。

《条例》实施之后，特别是十八大以来，党和政府根据《条例》实施过程中发现的问题和经济社会发展的需要，适时调整和不断完善政府信息公开制度，公开主体从行政机关向司法机关、党的部门拓展，公开内容从静态文件向动态流程信息拓展①，公开目的越来越强调回应和服务公众的诉求。在实施了十年之后，2019 年《条例》迎来了第一次修订，此次修订明确了公开为常态、不公开为例外的原则，进一步完善了依申请信息公开制度，并致力于提升信息公开的在线服务和便民服务水平，把我国的透明政府建设推向了新的高度。

（五）我国透明政府建设的历史经验

经过改革开放后 40 余年的理论实践探索，我国透明政府建设已经取

---

① 孟庆国，李晓方．全面推进政务公开：内涵诠释、实践特色与发展理路．河南师范大学学报（哲学社会科学版），2017（2）.

得了显著的成就，积累了一定的经验，具体体现在以下几个方面：

首先，以政府其他方面的建设任务为抓手和契机，协同推进政府信息公开建设。我国信息公开工作的推进很大程度受益于电子政务建设和反腐败建设。信息化工程，特别是电子政务工程与我国的信息公开改革密切相关①，政府网站等信息化平台的搭建为信息公开提供了技术支撑，例如2002年《国家信息化领导小组关于我国电子政务建设指导意见》把信息公开立法作为电子政务立法规划之一。反腐败建设也是影响我国政府信息公开进程的积极因素，2003年6月，全国政务公开领导小组成立，领导小组办公室就设在纪委监察部，由中央书记处书记、中央纪委副书记担任全国政务公开领导小组组长，纪委从预防腐败视角出发，在推进政府信息公开方面发挥了重要作用。

其次，采用“先试点、后推广”的渐进式改革方式。在我国国家治理实践中，试验是一种有效的制度安排，中央通过选择性赋权，激励地方探索新政策，成功之后推广至全国②，这样有利于降低改革创新的风险和成本，提升公共政策绩效。我国政府信息公开建设同样遵循和体现了试验主义治理的特点。一方面，首先自下而上不断积累经验，鼓励基层积极探索村务公开和政务公开，在取得积极成效之后再逐级拓展到市级和省级。另一方面，从横向来看，首先由经济发达地区政府率先开展信息公开立法尝试，在取得一定经验之后，再由中央出台统一的信息公开条例，将信息公开制度推广至全国。

再次，坚持以主动公开为主、被动公开为辅的信息公开模式。西

① 黄璜．数字政府：政策、特征与概念．治理研究，2020（3）．
② 李娉，杨宏山．中国试验治理的注意力转变与制度发展．甘肃行政学院学报，2020（3）．

方国家早期的信息公开改革更加倚重依申请公开或被动公开，目的是回应公众对政府责任缺失的不满，而公众倾向于通过申请政府信息公开揭露政府内部存在的弊病，这使得依申请信息公开具有较强的敌对色彩①。我国信息公开制度建设起步相对较晚，受益于信息通信技术的发展，我国采用的是以政府网站主动公开为主的信息公开模式。主动公开有助于树立亲民负责的政府形象，特别是在突发重大公共事件中为政府争取主动，使谣言止于公开。我国在信息公开建设的过程中，不断扩大主动公开的范围，不断细化主动公开的内容，不断提升主动公开的水平，极大降低了公众获取政府信息的负担，为公众生活提供了诸多便利。

二、现实挑战

（一）重要信息公开力度不足

尽管《条例》已经实施十年有余，我国政府信息公开工作也已取得了较大进步，但总体来看，我国政府的透明度水平仍然不高，特别是对于重要信息的公开力度还十分不足。归根到底，这还是因为政府对信息公开的重视和认识不足。作为一项限制和约束政府权力的制度，信息公开是一项“刀刃向内”的改革，它压缩了官员腐败滥权的空间，牵涉到多方利益，在执行过程中也面临很大阻力②。一些地方政府并不愿在政府信息公开中投

---

① 肖卫兵．中国信息公开改革新解：从信息流通视角．上海：上海社会科学院出版社，2013．

② Yan B，Wang X，Wu J. Fiscal transparency online and public trust：an exploratory study on Baimiao Township Government. The china review，2020，20（3）.

入过多精力，仅追求满足中央政府的基本要求，对于中央政府未明确要求的则会选择性公开，规避风险，避免“冒尖”，呈现出“逐底竞争”的特点[①]。由此带来的一个结果是，虽然政府信息公开的数量与日俱增，但这些信息并未能向公众展现政府运作的清晰图景，真正重要的信息仍然掌握在政府手中，公众需要的信息政府不公开，政府公开的信息公众不需要，出现信息剩余与信息短缺并存的“透明悖论”[②]，公众很难有效地监督政府。

这一点也得到了一些透明评估项目和实证研究的支持。图8-1展示了根据国内一些政府透明度评估项目得出的我国政府透明度的变化趋势。从图中可以看出，我国政府的透明度呈现波动上升、整体向好的趋势，但也仍然存在一定的问题。就政府总体透明度而言，两个针对政府网站开展的透明度评估均显示，政府网站的透明度近年来有所下降，但与其他具体领域的透明度相比，政府总体透明度的得分相对较高。就法院的透明度而言，社科院对法院网站开展的透明度评估结果显示，虽然近年来我国的司法透明度有所提升，但整体水平还不够高，尚未达到及格标准。就政府财政透明度而言，上海财经大学开展的省级政府财政透明度评估和清华大学开展的市级政府财政透明度评估结果均表明，我国政府财政透明度的整体水平仍在及格线以下。就政府环保信息的透明度而言，公众环境研究中心发布的污染源监管信息公开指数显示，政府环保信息公开也存在较大的提升空间。

表8-1展示了2018年中国人民大学中国地方治理综合调查中有关公

① 刘金东，薛一帆，管星华．财政信息公开为何陷入“低水平陷阱”?：基于地方标杆竞争视角的研究．公共行政评论，2019（5）.

② 王新才，聂云霞．信息剩余与信息短缺：政府信息公开中的悖论解析．情报科学，2014（1）.

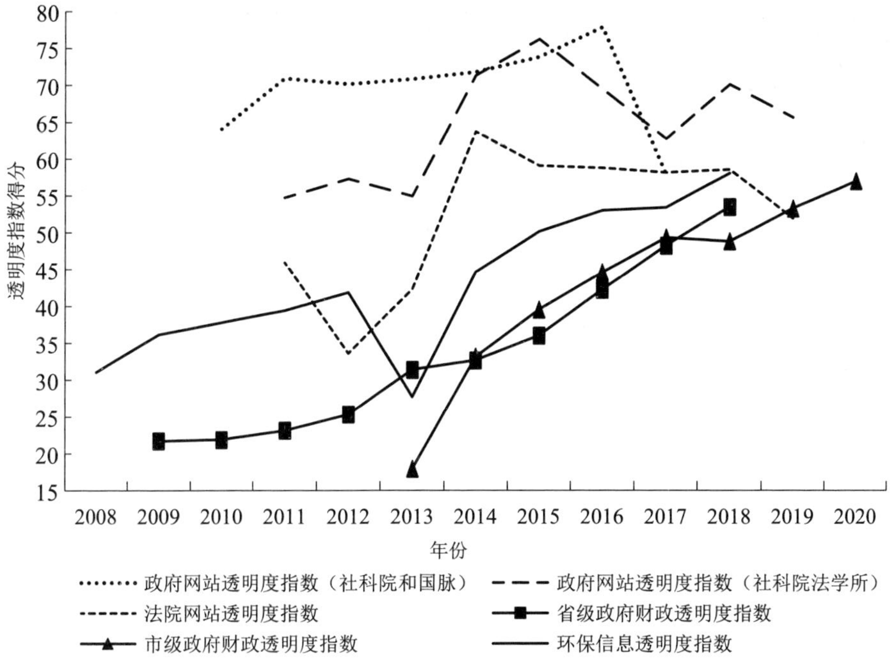

图 8－1　我国政府透明度的变化趋势（2008—2020 年）

众对政府透明感知题目的调查结果。表中的四个题目分别体现了公众对政府主动透明、财政信息透明、网站透明、绩效信息透明的感知与评价。如果将“比较同意”和“完全同意”视为公众对政府透明感到满意或评价较高，那么公众对政府主动透明和网站透明感到满意的比例均超过了 50％，分别为 50.66％和 52.92％，对财政信息透明和绩效信息透明感到满意的比例均低于 50％，分别为 39.32％和 44.85％，表明公众对政府一般透明度的评价较高，而对特定领域政府透明度的评价则较低，这一发现与前述客观透明度的评估数据也是一致的，要求政府更加重视财政、绩效等重点领域的信息公开工作。同时，即使是满意度比例最高的网站透明度，满意比例也仅略高于 50％，表明我国政府透明度的现实水平与公众的期望之间还存在较大的差距，透明政府建设仍然任重道远。

表 8-1 公众对政府透明感知

就当地市政府的总体情况，您是否同意以下说法：	完全不同意	比较不同意	一般	比较同意	完全同意
本市在政务公开上做到了积极主动	3.74%	9.23%	36.37%	34.50%	16.16%
本市财政预算情况主动让老百姓了解和知情	7.22%	13.45%	40.01%	27.65%	11.67%
老百姓在政府网站上可以获取广泛有用的信息	2.95%	8.17%	35.96%	36.85%	16.07%
政府部门的年度绩效考核结果主动向全社会公开	5.26%	10.90%	38.99%	30.53%	14.32%

（二）依申请信息公开效果不佳

尽管 2019 年国务院对《条例》进行了修订，并不再将申请目的作为公众申请信息公开的限制性条件，也对不予公开的信息进行了更为明确的规定，但这似乎并不能完全解决当前依申请公开中存在的诸多问题。当前的信息公开规定仍然留给了政府广泛的自由裁量空间，并且由于政府是信息的生产者和掌控者，在与公众互动中享有天然的优势地位和主动权，这些都为政府利用规则规避信息公开义务提供了便利。

当前依申请信息公开中存在的问题主要体现在以下几个方面。首先，不能公开的信息仍然缺乏明确的标准。尽管新修订的《条例》在第十四、十五和十六条对不予公开的信息进行了规定，但这些规定仍然具有较大的弹性和解读空间，哪些信息能公开、哪些信息不能公开没有清晰明确的边界。例如，《条例》第十四条规定“公开后可能危及国家安全、公共安全、经济安全、社会稳定的政府信息，不予公开”，第十五条规定“涉及商业秘密、个人隐私等公开会对第三方合法权益造成损害的政府信息，行政机关不得公开”，但对于哪些信息可能危及国家安全、公共安全、经济安全和社会稳定，哪些信息涉及商业秘密和个人隐私，《条例》并没有进行具体说明。这些规定的模糊性在客观上限制了政府信息公开的范围，也成为公众申请信息公开的“玻璃天花板”，这一点也在实践中得到了印证。对于那些可能暴露出政府问题的信息，一些政府官员可能会采用各种理由尽可能规避公开义务或降低公开程度，包括所申请信息属于不予公开的范围、所申请信息不存在、所申请信息已经在网站公开、所申请信息不是本机关掌握的信息、不负责信息的加工汇总等，而这些理由并无明确依据①。此外，一些地方政府还会采用选择性公开部分申请信息、设置程序障碍等策略达到这一目的②。除了这些问题，我国政府当前的依申请信息公开工作还存在诸如在线申请不顺畅、答复申请不及时、答复内容不规范等其他方面的问题，这些问题也影响了依申请公开的效果。

（三）公众参与程度有待提升

信息公开并不意味着透明的实现，从信息流通的视角来看，透明至少涉及信息供给者和信息需求者两方主体，如果政府仅仅公开了信息，而公众却没有真正获取、理解和使用这些信息，或者存在可以去申请的信息，但公众实际上并未去申请这些信息，那么公众与政府之间的信息不对称问题仍然存在，透明的目的也没有实现。近年来，随着我国经济发展水平和居民受教育程度的提升，公众的权利意识日益崛起，对政府信息公开的关注度和热情也日益提高，这一点可以从公众申请政府信息公开的数量上看

---

① 亓泽瑜，张赏雪，赵首花．政府网站依申请公开存在的问题及建议．信息系统工程，2020(6).

② 郝萌，刁伟涛．当前我国地方财政信息依申请公开状况和完善提升建议．财政监督，2021(21).

出来。以北京市为例，在《条例》刚刚颁布的2008年，全市的信息公开申请总数仅为3 631件，而到了2020年，这一数字已经飙升到36 988件，表明公众在信息公开中的参与度已经得到了较大提升。

然而，当前公众对信息公开的参与也还存在很多问题。首先，从申请信息公开的目的来看，当前公众申请的信息大多是拆迁补偿、土地利用等与自身利益密切相关的政府信息，出于公共利益考虑申请信息公开的情况较少，因此当前我国公众申请信息公开的类型更多属于“生活需要实用型”而非“政治参与民主型”①。更有甚者将申请信息公开视为一种质疑政府行为合法性、宣泄对政府不满情绪的手段，这也导致了一些滥用信息公开申请权的情况②。其次，从申请信息公开的主体来看，学者、律师、记者等知识精英群体是政府信息公开申请的主力军，在出于公益目的的信息公开申请中尤为如此，这一点并不难理解，但要更好地发挥依申请信息公开的作用，还需要更多社会公众的参与。再次，从政府主动公开信息的使用情况来看，形势也不容乐观。胡衬春采用网络调查数据分析发现，仅19.2%的受访者经常或总是使用政府网站浏览信息③，颜海娜和王丽萍对广东省某区居民的调查结果也表明，仅24.7%的受访者曾采用政府网站、微信、APP等政务平台获取政府信息④。

而之所以存在上述问题，概括起来主要有两方面的原因。一方面，公众获取和使用政府信息的意愿不强。与西方社会不同，中国公众更倾向于

---

① 肖卫兵．中国信息公开改革新解：从信息流通视角．上海：上海社会科学院出版社，2013.

② 后向东．构建新时代中国特色政府信息公开制度．中国行政管理，2018（5）.

③ 胡衬春．地方政府网站、政务微信、政务微博的使用与公众政府信任的关系研究．电子政务，2017（12）.

④ 颜海娜，王丽萍．电子政务、繁文缛节与政府信任：政务服务满意度的中介效应校验．广东行政学院学报，2019（6）.

从实质层面而非程序层面来理解民主，他们更加关注民主制度能否带来好的结果，而非民主程序本身。由于公开透明具有较强的程序色彩，与经济发展、公共服务等政府其他方面的绩效相比，受公众关注的程度也会低很多。更一般地来看，公众是理性经济人，在做出决策时会考虑利弊得失。对于普通公众而言，通过获取政府信息监督政府需要付出时间精力甚至金钱的代价，但收益却是不确定的，相比之下，将这些时间投入到工作、家庭或者休闲之中似乎是更为明智的选择。另一方面，公众获取和使用政府信息的能力也不足。并非所有的政府信息都通俗易懂，事实上，不论是最基本的经济社会发展信息，还是政府政策法规信息，都对信息使用者的信息素养有一定的要求。而由于公众的年龄、教育程度、专业背景、知识结构存在较大差异，信息素养也参差不齐，信息素养高的公众对政府信息具有较好的理解力，进而能够将这些信息与自身需求相结合，发挥信息的潜能并产生实际效果，而信息素养低的公众对信息的理解力和利用率都更低，这在客观上造成了政府信息利用的不公平①，也极大限制了政府信息公开作用的发挥。

（四）信息技术的作用有待更好发挥

现代信息技术，特别是互联网的运用，极大拓展了信息公开的范围和广度，降低了公众获取信息的成本，使公众可以在任何时间、任何地点方便地获取信息。正因为如此，网上信息公开越来越成为政府信息公开的主要形式，国内外各类政府透明度评估也多以政府网站作为评估对象，更有学者感叹现今的政府透明是“以电脑为媒介的透明”②。但需要注意的是，

---

① 段尧清．政府信息公开：价值、公平与满意度．北京：中国社会科学出版社，2013.

② Meijer A. Understanding modern transparency. International review of administrative sciences，2009，75（2）.

正如芳汀的技术执行理论所指出的那样，技术并不能决定自己的发展路径，而是在被个人和组织感知、解释、设计、使用的过程中发挥作用的。而个人和组织如何使用和执行技术又取决于其所处的组织环境和制度环境，在某个环境中表现极佳的信息系统在另一个环境中却可能表现糟糕[①]。这提醒我们要避免落入“技术决定论”和“技术万能论”的泥淖，不能认为只要搭建起政府网站，透明的目标就会自然实现，而要更加注重组织因素和制度因素在其中的关键作用。

当前，我国在运用信息技术提升政府透明度方面还存在诸多问题。首先，政府网站“重形式、轻内容”的问题突出，用户友好性差。为规范对政府网站的管理，2017 年国务院下发了《政府网站发展指引》，对政府网站的开设、整合、功能和设计规范进行了详细规定，之后全国开展了大规模的网站清理整顿工作，各地政府网站的规范性程度大为提升。然而，这种规范性主要体现在了形式上，各地政府网站的栏目设置虽然变得整齐划一，但内容质量却并未明显提高，诸如信息公开不及时、信息内容不完整、信息分类不合理、信息搜索不方便、信息可回溯的年限较短等诸多问题并未随着政府网站的技术升级而得到根本解决。

其次，政府网上信息集成度有待进一步提升。政府信息涉及不同的政府部门，当前这些信息主要散布在不同的政府部门网站，而公众很多时候并不能分辨所需信息属于哪个部门，在此情况下就很难准确地找到这些信息。因此，仿照当前“放管服”改革中“一网通办”的做法，建设集成性的政府信息公开网站，或可提升政府信息公开的效果。

---

① 芳汀．构建虚拟政府：信息技术与制度创新．北京：中国人民大学出版社，2010.

再次，政府信息公开与开放政府数据的关系有待进一步理顺。近年来，随着大数据技术的发展，我国也开始大力开展开放政府数据平台建设，以期进一步发挥政府数据的巨大价值。在此过程中，学术界和实践界普遍关注的一个问题就是政府信息公开与开放政府数据之间的关系。一种普遍被接受的观点认为，两者的一个重要区别在于目标不同，信息公开更加强调满足公众的知情权，而数据开放则更加强调数据的增值利用[①]。然而不可否认的是，“知”是“用”的前提，公众只有在获取和理解数据的情况下才能使用数据，从这个意义上来看，透明也是开放政府数据的一个重要价值[②]。当前，我国政府还未在政策层面厘清信息公开与数据开放之间的关系，如何平衡政府数据的开发利用价值和透明价值，避免重复建设，是政府需要思考的问题。

三、未来发展

（一）转变理念，以透明政府建设为抓手推进国家治理现代化

当前透明政府建设中存在的一个重要问题是，一些政府官员还没有真正意识到透明的重要价值，甚至将信息公开视为工作负担和繁文缛节，这与我国推进国家治理体系和治理能力现代化的要求格格不入。十八届三中全会以来，国家治理体系和治理能力现代化成为我国治国理政中的新叙事，越来越多的理论者和实践者呼吁用治理取代传统的管理，即政府不应将公众视为被管理者和被统治者，而要将其视为国家治理的参与者，积极

---

① 郑磊．开放政府数据研究：概念辨析、关键因素及其互动关系．中国行政管理，2015（11）．

② 胡业飞，孙华俊．政府信息公开与数据开放的关联及治理逻辑辨析：基于“政府—市场—社会”关系变迁视角．中国行政管理，2021（2）．

吸纳公众参与、听取公众意见，尊重公众的权利。因此，政府官员必须转换理念，尊重公众的知情权，积极推进透明政府建设，将信息公开作为与公众进行沟通的契机，通过信息公开使公众更加了解政府，进而在此基础上增进对政府的信任。

政府透明不仅具有保障公众知情权的民主规范价值，也具有强化公共问责、遏制政府腐败等诸多工具价值，政府需要在两种价值之间进行平衡①。十八大以来党的历次大会通过的决议为透明政府建设指明了方向。十八大、十八届三中全会、十九大、十九届四中全会均提出通过公开强化对权力的制约和监督。例如十八大报告指出，“推进权力运行公开化、规范化，完善党务公开、政务公开、司法公开和各领域办事公开制度，……让人民监督权力，让权力在阳光下运行”；十九大报告指出，“要加强对权力运行的制约和监督，让人民监督权力，让权力在阳光下运行，把权力关进制度的笼子”。十八届三中全会、十九大、十九届四中全会均提到建立透明的预算制度。例如十八届三中全会《关于全面深化改革若干重大问题的决定》指出，“实施全面规范、公开透明的预算制度”；十九届四中全会《关于坚持和完善中国特色社会主义制度、推进国家治理体系和治理能力现代化若干重大问题的决定》指出，“完善标准科学、规范透明、约束有力的预算制度”。因此，各级各地政府应以此为指引，以透明政府建设为抓手，强化对权力的制约和监督，促进政府预算绩效管理。

（二）完善制度，构建起系统协调的政府透明制度体系

制度问题更带有根本性、全局性、稳定性和长期性，推进国家治理体

---

① 王锡锌．政府信息公开制度十年：迈向治理导向的公开．中国行政管理，2018（5）.

系现代化的关键也在于构建起一套系统完备、科学规范、运行有效的制度体系。因此，要进一步推进我国透明政府建设，一个关键任务就是完善和发展政府透明的有关政策法规，消除不同制度之间的不相协调之处，使政府透明更加制度化、规范化和法治化。具体来说，首先，应该制定更高位阶的信息公开立法。在我国当前规范政府信息公开行为的法律体系中，国务院出台的《条例》是最高位阶的立法，属于行政法规，此外还包括位阶更低的部门规章、地方规章和规范性文件。由于政府信息公开与政府其他方面的工作存在千丝万缕的联系，很容易与位阶更高的上位法律产生冲突抵牾之处，从而导致《条例》的实施效果大打折扣。例如，作为《条例》上位法之一的《保守国家秘密法》对国家秘密的范围进行了规定，其中第九条列举了属于国家秘密范围的若干事项，并将“经国家保密行政管理部门确定的其他秘密事项”作为兜底性条款纳入。在我国，由于诸多行政主体具有确定国家秘密的权限，而它们同时又是信息公开的主体，这就为它们以《保守国家秘密法》的此条款作为挡箭牌，推诿信息公开责任提供了便利，导致保密范围的过度泛化，不利于《条例》公开为常态、不公开为例外原则的实现。因此，有必要制定更高位阶的“政务公开法”，从而在政府信息公开工作与其他方面的工作发生交叉、重叠乃至冲突时，与其他相关法律更好地协调配合。

其次，结合政府其他方面的工作构建完备的政府透明政策体系。推进我国透明政府建设不能仅仅依靠信息公开制度的孤军奋战，还有赖于政府其他方面政策的紧密配合，从而使透明政府建设更为深入和落地。第一，将政府信息公开与预算绩效管理相结合。当前，我国正在大力推进预算绩效管理工作，而公开透明则是实施预算绩效管理的重要原则，中共中央和国务院联合下发的《关于全面实施预算绩效管理的意见》指出，要大力推进绩效信息公开透明，主动向同级人大报告、向社会公开，自觉接受人大和社会各界监督。因此，应以此为契机，将绩效信息公开与预算绩效管理相结合，推动绩效信息公开水平的提高。第二，将政府信息公开与“放管服”改革相结合。打通信息孤岛，推行公开透明服务是“放管服”改革的重要内容，国务院《关于加快推进“互联网＋政务服务”工作的指导意见》指出，要集中全面公开与政务服务事项相关的法律法规、政策文件、通知公告、办事指南、审查细则、常见问题、监督举报方式和网上可办理程度等，因此应在开展“放管服”改革的过程中完善相关配套政策措施，大力推进政务服务信息公开，提升政府透明度。

（三）多方协同，推进透明政府建设

政府信息公开是一项系统工程，需要多方协力才能达到最佳效果。从组织管理体系来看，政府信息公开涉及作为公开主体的信息公开工作机构，作为领导主体的主管部门，作为监督主体的公民、法人和其他组织。从政府内部来看，纵向上，政府信息公开涉及不同层级的政府；横向上，政府信息公开不仅涉及各类行政部门，也涉及司法机关。除此之外，信息公开已经超出了政府部门的范畴，深入到了党的机构。从全社会的角度来看，信息公开也在重塑政府—市场—社会关系，不仅需要政府部门积极主动公开信息，也要求市场和社会力量积极使用信息监督政府，从而以公开促监督，以监督促公开，实现两者之间的良性互动，打造共建共治共享的社会治理格局。

因此，应进一步加强各主体之间的互动合作，推动透明政府建设迈上新台阶。首先，相关部门应进一步加强对信息公开工作的监督考核。《条例》虽然提到，各级人民政府应当建立健全政府信息公开工作考核制度、社会评议制度和责任追究制度，定期对政府信息公开工作进行考核、评议，但在现实中很少听闻有政府官员或部门因信息公开工作被问责，这并不是因为政府的信息公开工作做得很到位，而是因为相关的考核问责制度并不完备。因此，各级政府和相关部门应该进一步完善政府信息公开的考核问责制度，综合考察政府信息公开工作的过程和结果，听取公众意见和评价，并将之与政府部门整体的绩效评价相衔接，制定切实的问责措施和手段，从而产生实质的威慑力。

其次，应进一步提高党务和司法公开的水平。党的部门、政府部门和司法部门都掌握着权力，也都是信息公开的应然主体。同时，党务公开、政务公开、司法公开相互配合、相互衔接，能够产生相得益彰的效果。就党务公开而言，由于党是领导一切的，党的工作深刻影响着国家治理的方方面面，党务公开有助于人民群众更好地理解贯彻党的理论和路线方针政策。2017 年，中共中央审议通过了《中国共产党党务公开条例（试行）》，未来应根据实践经验和现实需要进一步完善该试行条例，时机成熟时出台正式条例，从而推动党务公开水平的提升。就司法公开而言，法院和检察部门的信息公开工作近年来已经有所发展，并积累了一定的经验，未来，法院和检察部门还应根据国家大政方针和民众呼声诉求进一步提升司法公开的力度和深度，使司法公开成为推进法治政府建设的重要抓手。

再次，应提升社会公众使用政府信息的热情和能力。社会公众对政府信息的使用是决定政府信息公开能否产生实效的关键因素，同时也是我国当前信息公开工作中的短板。因此，政府应通过宣传教育等手段提升公众的权利意识，积极鼓励公众通过阅览和使用政府信息行使自身的知情权、表达权、参与权和监督权。同时，政府也可以通过开展线上线下培训等手段提升公众获取和使用信息的能力，并通过多种渠道收集公众的问题和建议，及时解答公众的疑惑，不断提升信息公开的质量。

（四）善用技术，在发挥信息技术优势的同时避免技术滥用

技术也是推进我国透明政府建设的一个关键要素。我国的信息公开改革在起初就是与电子政务紧密相连的[①]，两者是相辅相成、相互促进的关系。一方面，电子政务和信息化建设为政府信息公开工作提供了便利；另一方面，政府信息公开工作的开展也对政府运用信息技术的水平提出了新的要求，这在客观上也促进了数字政府建设。近年来，信息技术发展迅猛、日新月异，大数据、云计算、区块链等新兴技术的出现不仅对企业和公众的生产生活产生了巨大影响，也带来了政府治理的深刻变革。从透明政府建设的角度来看，新兴技术既是机遇，也是挑战。政府必须善用这些技术，做到扬长避短、趋利避害，避免数字赋能变为数字“负”能，在提升政府透明度的同时使人民群众更有安全感、幸福感和获得感[②]。

一方面，要借助大数据和人工智能等技术提升政府信息公开的效率。在传统的信息公开模式下，政府信息由不同政府部门收集、加工、保存和发布，不同政府部门之间的信息无法有效共享，形成一座座信息孤岛，信息重复收集、重复发布的现象较普遍，信息公开和利用的效率较低。借助大数据和人工智能技术，可以实现对海量信息的抓取、分类和汇集，进而通过统一的数据开放平台向社会公众公开，从而大大提高信息公开的效率

---

① 黄璜．中国“数字政府”的政策演变：兼论“数字政府”与“电子政务”的关系．行政论坛，2020（3）．

② 郑磊．数字治理的效度、温度和尺度．治理研究，2021（2）．

和公众获取信息的便利度。为此，需要大力推动政府信息系统和公共数据互联开放共享，加快政府信息平台整合，使政府信息公开与开放政府数据有机结合。

另一方面，要警惕数字鸿沟带来的不公平问题和数字开放中对个人信息的滥用。数字鸿沟是指不同个体或群体之间在获取和使用信息技术方面存在的差异，它既可能是由宏观层面通信基础设施水平的差异引起的，也可能是因微观层面个体性别、年龄、受教育程度、收入水平等的差异产生的。数字鸿沟会严重影响信息公开的效果，对于数字弱势群体而言，他们很难获取政府通过网站或其他新媒体平台公开的信息，对政府的了解也十分有限。因此，政府在开展信息公开工作时一定要兼顾不同群体的需要，采取线上线下相结合的方式，同时也要坚持以公众为中心的导向，为公众提供易用易懂的信息，使公开的信息能为大多数公众所理解、所使用。此外，政府所掌控的信息中也包含海量的公众个人信息，随着开放政府数据的发展，越来越多与个人相关的信息被披露出来，在此过程中，政府必须平衡公共利益需求和个人权利诉求，在充分发掘数据开发价值的同时做好个人隐私保护，避免个人信息被滥用。

第九章

更加智能的政府治理

改革开放以来，我国政府治理完成了由政府信息化发展、电子政务到数字政府建设的转型升级，随着新兴技术的发展和应用，我国政府的传统治理模式得以不断创新和优化，整体上呈现出一个更加智能的服务型政府，在政府建设理念、制度建构、政策机制和社会满意度等方面取得了丰硕的成就，但同时也面临着诸多方面的现实挑战。面对中华民族伟大复兴战略全局和世界百年未有之大变局，建设更加智能的政府将以政策规范体系构建、人工智能技术应用以及国家总体安全观视角下数字信息安全为重要实践面向，这也是实现“十四五”规划和2035年远景目标的关键议题。

一、历史回顾

自20世纪中期开始，电气化、自动化和信息化的发展加速了智能政府的塑造，数字经过转化创造了更多有价值的数据，数据再经过加工、输出和利用，赋予政府和社会新的内部结构和治理流程，数字开始被广泛应用于各领域。因此，数字治理、电子政务和数字政府等概念更多强调一种利用智能化媒介或工具进行信息输出的过程。结合我国政府历次改革实践与理论研究，“电子政务”与“数字政府”在时间上几乎同时出现，其表达的内涵也相近，前者在理论与实务界被应用的时间较长，而后者在中央政策层面出现的时间相对较短，属于一种新的政策概念。因此，政府在不同历史发展阶段采用不同的政策概念，旨在提升治理的精准性和策略性，推动政府向更加智能的方向前进。

（一）政府信息化发展阶段（20世纪80年代初—2000年）

我国开始政府经济管理信息化建设主要体现在工业化和信息化方面，在学术界表述为“政府信息化发展”阶段。20世纪80年代初，我国开始在经济管理领域推进政府信息化建设步伐。1984年，国务院先后批准建立电力、金融以及铁路等关系国家经济社会发展的信息化管理系统。1996年，国务院信息化工作领导小组成立，大力倡导政府办公自动化和业务系统化，信息技术主要应用于基本业务处理，并被视为政府内部工作方式变革的工具。1997年，在深圳召开的全国信息化工作会议引起了全国范围内信息化工作者的广泛关注，会议讨论了《国家信息化“九五”规划和2010年远景目标（纲要）》，明确了我国信息化的方针、任务和目标以及“统筹规划、国家主导、统一标准、联合建设、互联互通、资源共享”的原则，探讨了政府信息化建设的系列政策和措施，商贸领域信息化被列入重点建设工程，已启动的“金”字号工程加快建设，培育软件和系统集成业成为新的经济增长点[①]。全国信息化工作会议之后，中央部委和地方政府陆续出台政府信息化建设规划项目，部分项目由行业部委和地方政府主要负责，部分项目则由大型企业主抓。较为典型的“天津信息港”工程筹资近150亿元，把信息资源的开发与应用作为政府信息化建设的核心和最终目标，以信息港建设带动产业发展，分为电子信息网络建设与信息系统数据

---

① 为了争取21世纪生存与发展的主动权：首次全国信息化工作会议有关信息撷英．信息与电脑，1997（7）．

库广泛应用两个阶段实施。

（二）电子政务阶段（2000—2017年）

为了进一步推动政府信息化建设进程，国家信息化领导小组决定，把电子政务建设作为今后一个时期我国信息化工作的重点。2002年《国家信息化领导小组关于我国电子政务建设指导意见》的出台，标志着国家层面“电子政务”建设的指导意见得以正式确认。“十五”期间我国对电子政务建设的指导思想和原则、主要目标和任务以及主要措施做了明确的定位，即电子政务建设要“加快政府职能改变，提高行政质量和效率，增强政府监管和服务能力，促进社会监督，实施信息化带动工业化的发展战略”[①]。2006年印发的《国家电子政务总体框架》是深化行政管理体制改革的重要措施，是支持各级党委、人大、政府、政协、法院、检察院履行职能的有效手段，也是指导我国“十一五”时期电子政务建设的纲领性文件。2008年国务院机构改革中，国务院信息化工作办公室职责并入工业和信息化部，此后，电子政务建设工作主要由工信部组织实施，这也标志着电子政务成为我国政府改革的核心议题。

党的十八大前后，为了更好地促进电子政府的可持续发展，我国成立了国家互联网信息办公室等领导和议事协调机构，大力推动大数据发展和“互联网＋”的行动计划，这也意味着我国政府信息化建设由此进入一个全新的发展阶段。2015年国务院出台《关于积极推进“互联网＋”行动的指导意见》，指出：把互联网的创新成果与经济社会各领域深度融合，推动技术进步、效率提升和组织变革，形成更广泛的以互联网为基础设施和

① 国家信息化领导小组关于我国电子政务建设指导意见. 中国信息导报，2003（4）.

创新要素的经济社会发展新形态；充分发挥“互联网＋”对稳增长、促改革、调结构、惠民生、防风险的重要作用。2016年国务院办公厅印发《“互联网＋政务服务”体系技术建设指南》，向地方政府各部门提供了“互联网＋政务服务”在平台技术架构、主要内容、一体化办理、信息共享、供需信息收集以及监督考核等方面的统一性技术指导。“十三五”规划纲要明确提出，要“把大数据作为基础性战略资源，全面实施促进大数据发展行动”。随后，各地方政府以“大数据发展”为基础，在医疗卫生、国土资源管理、综合实验区建设、人口管理以及水利工程等方面及时发布了融合各领域大数据广泛应用的实施方案。

（三）数字政府阶段（2017年至今）

2018年，习近平总书记致首届数字中国建设峰会的贺信强调，“加快数字中国建设，就是要适应我国发展新的历史方位，全面贯彻新发展理念，以信息化培育新动能，用新动能推动新发展，以新发展创造新辉煌”①。“十三五”规划纲要明确提出，要加快数字中国建设。《“十三五”国家信息化规划》对数字中国建设目标做了详细说明。党的十九大报告将建设网络强国、数字中国、智慧社会列入未来国家发展战略。党的十九届四中全会通过的《中共中央关于坚持和完善中国特色社会主义制度、推进国家治理体系和治理能力现代化若干重大问题的决定》明确指出，要“推进数字政府建设，加强数据有序共享”②，这是我国首次在国家层面的文件中明确了“数字政府”的建设要求，实现了我国电子政务向数字政府的跨

① 习近平致首届数字中国建设峰会的贺信．人民日报，2018-04-23．

② 中共中央关于坚持和完善中国特色社会主义制度 推进国家治理体系和治理能力现代化若干重大问题的决定．人民日报，2019-11-06．

越，也是我国加快数字政府建设的一个战略信号。数字政府的发展有利于推动国家治理体系和治理能力现代化，促使政府治理结构的转型。从目前来看，尚未设立政府数据管理机构的省级政府也在积极筹备之中。我国数字政府建设在政策设计、数据管理机构建设以及系统应用方面开始逐步向纵深方向发展。

改革开放以来，我国智能政府建设整体上经历了信息化、电子政务与数字政府建设三个基本阶段，从数字化雏形设计逐渐走向成熟应用，在理论与实践方面取得了显著的成就和经验。从宏观层面来看，我国数字政府建设在顶层设计与具体执行方面取得的成效主要包括：(1）数字政府治理体系和治理能力现代化的框架基本形成，更加智能的政府治理结构基本形成；(2）政府治理信息化、数字化和智能化特征越来越显著；(3）统一的国家政务服务平台和国家数据共享交换平台基本建成，进一步加速数字政府转型过程；(4）政府跨部门、跨行业信息共享的能力日渐凸显，技术治理成为解决“数据壁垒”和“数据烟囱”的主要手段；(5）政务服务领域数字化应用逐渐普及。

（四）我国智能政府建设的历史经验

在智能政府建设过程中，各级政府部门取得了较为丰富的实践经验，在实践中探索，在探索中前进，逐步形成了规律性总结，积累了数字政府建设的中国经验。

坚持以人民为中心。更加智能的政府建设是以人民为中心的治理实践，反映了过去、当前和未来人民群众的现实诉求和治理路向，坚持以人民为中心是我国数字政府建设的重要经验。政府信息化建设离不开人民群众的支持，根基在人民、发展依靠人民，从政府上网办公到“最多跑一次”的实践探索，我国政府改革始终以全心全意为人民服务为中心，通过改进服务方式、提高服务效能，提升人民群众的满意度。

坚持理论与实践创新。更加智能的政府建设依靠不断创新的理论与实践，平台治理理论、数字治理理论、网络治理理论以及整体性治理理论等在信息化政府建设中发挥了积极的理论引领作用。同时，我国智能政府建设在实践中不断创新，探索出了包括平台化办公系统、网上审批模式、大数据管理机构以及“互联网＋政务服务”在内的行政治理方式。

坚持循序渐进的发展理念。数字化转型的政府建设符合“数字中国”发展基本诉求，是政府治理与改革尊重循序渐进的内在发展规律的集中体现。我国政府信息化建设过程中充分考虑人民群众和经济社会发展的现实需求，不断适应国内、国际的治理趋势，既不超越社会发展阶段，亦不墨守成规，而是做到了政府改革与社会需求的有机统一。同时，数字政府建设在满足社会发展需求的基础上，重视政府、市场、社会与公民协同化建设，在实践探索与技术嵌入的过程中不断融入新发展理念和新发展模式。

坚持将“获得感”作为智能政府建设的出发点。更加智能的政府建设始终将公平和效率放在第一位，以人民群众的获得感作为推动政府信息化建设的核心目标之一。各级政府通过技术创新、理念创新、模式创新、过程创新，以人民群众在政府数字化转型中的获得感为中心，发展出了具有中国特色的地方数字政府模式，在推动区域性经济社会发展方面取得了较为丰富的实践成效。

二、现实挑战

在当前全球百年未有之大变局的背景下，我国政府高质量发展依然面临着诸多现实的问题或挑战，要全方位、系统性厘清当前我国数字政府建设所面临的现实挑战，以更好地推进数字政府的可持续发展。我国数字政府建设仍处于发展和探索阶段，在职责定位、数据安全、数据共享以及法律规范等方面仍存在国家层面的政策短板，地方政府在数字政府建设过程中由于缺乏统领性政策指南出现了行动迟缓或照搬模仿的现象。

（一）政策机制与规范性不足

数字政府发展至今，政务公开与数据信息共享的问题对推进政府治理体系和治理能力现代化构成了现实挑战。就目前来看，一是中央部委、地方省级政府政务信息公开、数据共享的能力和程度依然不足，相关政策机制缺乏。尽管从 2002 年颁布的《国家信息化领导小组关于我国电子政务建设指导意见》开始，国家层面就出台关于政府数据公开的指导意见，但在实践层面，哪些政府信息需要公开和共享，这些信息的公开和共享程度界限如何设定等问题都缺乏明确且规范的政策机制。各部门间关于数据共享的理念、原则、方法、评估以及可能出现的风险预测等机制尚不明确，在数据共享中的权责划分相对模糊和笼统。二是数字政府建设过程中省级地方政府专门设立了大数据管理机构，但在组建方式上，由于大数据管理机构隶属于多个政府部门，在政府数据治理方面还存在机构关系不清、职能定位不准的现象。尤其是在职责定位方面，尽管大数据管理机构既关注宏观政策设计，也关注数字产业发展，但在数字统筹与整合方面的重视程度依然不足，职责分工方面呈现出差异化特征。从新成立的省级政府大数据管理机构来看，也存在“两块牌子、一套人马”的现象，无论是在管理权限、队伍建设还是职责定位等方面都存在理念、思维、技术与效果等诸多现实问题。三是数字政府建设的整体框架在国家层面相对不够完善，大部分尚处于省级政府探索阶段，数据资源体系、平台技术体系与运维保障体系的重要功能不够健全，政企协同数字政府平台建设或政府购买企业技术的流程规范和政策机制还比较模糊。

（二）信息公开与数据资源共享难

20世纪中后期以来，政府信息化建设阶段以信息数据库的开发与应用为主。《国家信息化“九五”规划和2010年远景目标（纲要）》的核心在于实现信息数据“统一标准、联合建设、互联互通、资源共享”的政策目标，强调有序的信息公开。但从我国的具体实践来看，改革开放初期至90年代末，鉴于信息工具、数据安全以及公开标准等因素，政府信息公开的程度依然较低，部分政策目标难以实现。进入电子政务阶段，《国家电子政务总体框架》的重点目标是解决信息公开程度与政务数据资源共享的难题。“十二五”时期以来，县级政务信息公开和政务服务试点工作为解决上述难题提供了实践思路。党的十八大以来，随着大数据的应用和“互联网+政务服务”的普及，“用数据说话，用数据决策”逐渐成为新时代数字政府的重要工作方式，政府信息公开与数据资源共享难的问题始终成为学界研究的一个焦点。

首先，政府是政策信息发布的权威主体，一些政府部门或其工作人员在发布信息的过程中存在认知偏差。例如，政府工作人员在回应网民诉求时存在不愿意公开的心理，往往对国家政策进行保守解读。由于担心负面信息或者负面解读会引发社会舆情，政府工作人员信息公开的动力不强，信息公开工作难以真正落实。其次，一些政府部门或其工作人员对于信息公开缺乏系统性认知，存在行政干预或滥用职权的现象。尤其对基层政府而言，迫于上级制度约束和上级压力，虽然在形式上完成了信息公开的过程，成立了信息公开领导小组或者进行了人员任免公示等，但从信息公开的内容、范围、时限和方式来讲，通常存在“重要信息不公开，公开信息不重要”的现象。随着自媒体、大数据和“互联网＋”技术的发展，更多信息被媒体率先曝光，而后政府才做出回应或解释，往往显得较为被动，这与民众的迫切诉求形成鲜明对比。最后，从法治层面讲，《政府信息公开条例》中关于政府信息公开的原则在实际中的应用并不全面，对于一些特殊的政府信息，难以公开的主要原因在于信息的种类和保密属性有所差异。同时，政府在执行《政府信息公开条例》过程中拥有较高的自由裁量权，信息公开程度受自由裁量空间大小和信息公开范围的影响，进而限制公众对政府信息的获取。

（三）数据信息面临潜在风险

政府信息化建设以来，数据信息安全问题在“数据主权”背景下始终是理论研究的焦点。党的十八大以来，大数据、“互联网＋”、云计算、区块链、5G以及人工智能等新一代信息技术的应用，使得联网、赋能、计数等成为政府治理新常态。新型技术推动了政府部门之间信息共享的发展步伐，数据挖掘、分析、存储、治理与监管等形成了稳定的闭环链，提升了政府治理的效率，降低了政府固有的行政成本。在此过程中，所有的数据信息都以“数据”的形式存储在系统数据库或互联网之上，新技术在推动数字政府建设的同时，也对数据信息安全形成了潜在的风险，这也是政府信息化建设以来理论与实务界广泛关注的焦点。

1. 政府信息公开与个人隐私之间的矛盾

政府信息公开是信息技术对政府治理现代化的必然要求。随着电子政府和数字政府的深入发展，政府部门之间、行业之间对数据共享的要求越来越高，跨部门融合治理成为一种趋势。大批量的政府服务数据信息经整理和分类，有步骤、有范围地向社会公众开放。随着公民对数字政府参与和认知能力的不断提升，政府信息公开的准确性、时效性和规范性问题逐渐显现。而由于数据信息的覆盖面较广、结构复杂、形式多元，甚至涉及政府和公民个体的重要信息，因此，政府数据安全问题本质上就演变为信息公开与个人隐私之间的矛盾。通常来看，信息技术越发达，社会公众对政府信息公开的诉求越强烈，个人基本隐私信息被暴露的风险就越大。比如“在线办理”“秒批”等网络政务服务以及政务APP系统会存储和收集个人基本信息，包括身份、职业、房产、户籍以及出行等各类信息，这些信息在互联网上被清晰记录，在政府信息公开与电子政务登记过程中，往往容易增加数据安全的风险。

2. 数据伦理问题

数据伦理问题是当前和未来以“数据应用”为中心的智能化政府所面临的现实问题。随着信息技术和数字媒介在政府治理中的广泛应用，各领域行为主体对数字治理有所依赖，政府凭借其公共权威对社会各领域数据信息进行收集和挖掘，包括公民个体的消费习惯、交往对象、阅读内容以及搜索行为等。从治理效能来看，数据收集的完整性和全面性有利于提高政府决策的科学性、准确性和预见性，但从法律层面和道德层面而言，这些大数据的收集、应用以及新技术的潜在风险，也会引发数据伦理的新问题。数字政府建设以“数字方式”对社会生产、生活以及文化领域进行深刻的改变，而“数字方式”带来的数字欺诈、信息虚假以及隐私泄露等数字乱象，本质上则是数字政府治理背景下技术、社会与人之间的伦理冲突。“数字方式”的发展与新的伦理图景往往易于造成现实秩序的“不和谐”，大数据可及性的治理也会涉及信息公开程度、数据挖掘和使用渠道、数据分析结果的应用以及个体技术认知等数据伦理相关问题，这些问题都是政府信息化建设以来政府治理中的实际问题，需要全面审视和关注。

（四）法律体系尚不健全

我国数字信息化过程中的法律框架体系尚不健全。从已有关于政府信息化、电子政务与数字政府建设的法律规范来看，尽管我国政府智能化的特征越来越明显，但政府治理法治化的程度和基础性保障略显不足。例如，21世纪以来，政府信息化建设与电子政务层面出台的法律规范数量较少，法治化支撑体系尚未全面建立，除《市场监管信息化标准化管理办法》（国市监办发〔2021〕1号）和《国家电子政务工程建设项目管理暂行办法》（发展改革委令第55号）之外，其余均为各地方政府《××信息化条例》或《××电子政务管理办法》。“数字政府”提出以来，地方政府纷纷出台三年或五年行动计划，在政策试点、平台建设、政企互动以及资源配置等方面卓有成效，而关于数字政府建设的总体法律规范体系依然未出台，仅有个别省级政府出台了局部性办法或条例。例如，杭州市出台了有关城市大脑的国内首部地方性法规《杭州城市大脑赋能城市治理促进条例》，深圳出台了全国首部数据领域的综合性立法《深圳经济特区数据暂行条例》。从上述情况来看，我国政府信息化发展中着重以地方性法规、行政条例或部门规章为主，且法律规范数量相对较少，整体上缺乏相关的基础性立法和法律体系框架。

在数字政府建设过程中忽视数据立法，往往易造成数据确权不清、责任不明等突出问题。大数据治理背景下信息公开与数据共享的发展理念会涉及数据所有权、数据获取权、数据使用权、数据收益权、数据限制处理权、数据更正权、信息知情权和知情同意权等数据权责问题。数据信息和技术媒介作为数字政府建设的基础要素，主要依赖于国家政策和法律的保障，否则，易于产生“数据孤岛”“数据烟囱”“数据壁垒”以及数据风险等现象。现阶段我国数字政府建设正处于由传统电子政务治理向数字化转型的过程之中，地方政府陆续探索适应当地实际的治理模式与政策机制，而缺乏统一性、整体性和系统性的法律规范体系或机制。相比较政府信息化建设和电子政府阶段，数字政府处于刚起步的阶段，尚缺乏总体规划与顶层设计的法律制度体系，部分地方政府在推动数字政府建设过程中甚至陷入“数字怪圈”的困扰，数字报表、数字 APP 系统填报以及数字定位等加剧了基层行政人员的工作量。这些现实问题正是我国政府数据治理在主体、客体、界限以及程序规范等层面面临的挑战。

三、未来发展

技术赋能政府治理使得政府智能化特征日趋显著。改革开放以来，党和政府高度重视政府信息化建设和电子政务工作，我国政府信息化发展取得了显著的成就。党的十九大提出要加快建设网络强国、数字中国与智慧社会，而“数字政府”作为“数字中国”体系的有机组成部分，已成为政府未来发展模式的一种全球共识，也是推进政府治理体系和治理能力现代化的主要抓手。随着信息技术对传统政务信息的多维度塑造和变革，人工智能、大数据、云计算、5G 技术以及“互联网＋”等媒介重构了数字政府新的政务服务机制，全方位推动我国政务服务高质量发展，营造政民互动的和谐社会环境，提升我国政府行政管理的内在效能和治理效率。然而，随着信息时代向智能社会的快速转型升级，数字政府建设所面临的挑战和风险也在逐渐增加，运用人工智能技术化解数字政府面临的问题，提升政府治理的能力和水平，是数字政府未来发展的基本趋势。

（一）全面加强数据安全治理

数据安全治理是数字政府可持续发展的关键。未来服务型政府建设过程中，政务信息公开与数据共享已然成为共识和趋势，在大数据云集的网络治理平台中全面加强数据安全治理尤为关键。数字政府建设以“服务社会与公民”为出发点，确保政务服务信息与大数据内容的透明化、公开化和及时性，坚持公开为常态、不公开为例外的原则，有利于提升公民的参与度和获得感，保障社会和公民对政府治理的知情权。全面加强数据安全治理是政府未来发展的关键目标之一。从数据属性、数据应用伦理以及数据寻租等层面而言，未来加强数据安全治理：一是要从国家层面出台关于数据安全治理的政策指南或行动框架，尤其是针对数字政府基础平台建设领域的安全保障措施。针对我国统一的电子政务服务平台基础，要强化属地政府责任，规范网上政务服务流程，制定政务服务行为准则，构建更加安全的保护系统。在一体化政务服务平台和政务服务 APP 终端设置统一的身份验证、访问管理和授权管理机制，提高特殊部门或行业的数据安全治理能力。二是对数据安全进行分级分类管理，明确管理主体的职责。2035 年我国数字政府建设将进入全面发展阶段，“用数据办公”将成为政府的主流做法。为了确保云数据的安全，未来数字政府建设可根据数据属性、来源、使用范围与公开程度，分行业、分地区进行分级分类管理。对保密性、规模性、集中性强的数据宜采用不同的分级管理方法，并在数据访问、数据使用和数据深度分析等方面做好标注措施。

（二）开展数据信息合法性保护

构建全面的数字政府法律规范体系是数字政府未来的核心目标之一。数字政府法律规范体系建设是推进数字政府法治化的关键一步，有助于预防各种数据犯罪和数据寻租行为，也是保障政务数据信息安全的一道屏障。20世纪中期以来，我国政府信息化建设、电子政府和数字政府发展都面临着法律层面的各类问题，究其原因，主要在于我国政府信息化建设过程中缺乏系统的法律政策规范体系，数据信息未得到合法性保护。因此，未来我国数字政府发展需要从国家层面出台更多数字政府相关法律。2021年6月10日第十三届全国人民代表大会常务委员会第二十九次会议通过的《中华人民共和国数据安全法》，是我国数据信息领域的基础性法律，有效弥补和完善了该领域基础性法律空缺的现实，是国家安全领域的一部重要法律，这也意味着未来更多领域、更深层次的大数据信息将会得到根本性的安全保障。持续出台数字政府相关的基础性法律乃未来发展的基本趋势。面向未来以技术媒介驱动的政府治理，信息公开与数据共享更需要以《中华人民共和国数据安全法》作为法治依据，以规范和引导数字政府健康有序发展。在数字基础立法层面，要针对我国数字政府建设的实践，适时出台关于数字城市、数字平台应用、数字技术、数字税务以及数字安全监管等领域的基础性法律，同时，要配套设计并出台数字公民、政府行政人员、行业相关部分人员以及大数据管理人员等方面的法律规范或条例，构建数字政府治理领域的整体性法律规范框架体系。未来数字政府监管和安全评估立法不容忽视。

（三）推进一体化智能化公共数据平台建设

智能化公共数据平台建设是推动数字政府转型发展的关键方向。“十四五”时期我国地方政府应围绕“数字化”改革总目标，以“数字政府即平台”的理念积极推进一体化智能化公共数据平台建设。当前，省级政府数字化改革总体方案的出台，为未来构建集约高效、开放共享、安全可控的数字政府提供了行动指南。一体化智能化公共数据平台建设的目的在于实现整体智治的目标，通过构建地方层面（省、市、县等）一体化智能化公共数据平台，有效对接国家公共数据平台。地方政府将由大数据管理局（中心）着力打造“政务服务平台”建设，以公民的实际需求作为出发点，推动服务领域向未来社区、数字乡村延伸和发展，整合各类移动端办公、学习和管理等应用，逐步实现移动应用的整体集成。公共数据平台建设基于公众需求、公共应用和治理转型的现实，从浙江省和广东省的实践经验来看，打造规范高效的应用集成体系是基本趋势。应致力于统筹规划一体化智能化应用支撑体系，为各地各部门开发业务应用提供公共支撑，有序推进各领域数据共建和共享；加强共享开放的一体化数据资源体系建设，实现全领域公共数据高质量供给；加强集约安全的基础设施体系建设，完善政务云服务体系、电子政务内容以及政务外网数据跨网共享机制；在国家总体安全观建设背景下提升政务网络安全体系，健全网络安全制度体系，贯彻落实国家网络安全法律，围绕数据采集、传输、存储、处理、交换与销毁等环节健全公共数据安全保障体系，及时建立公共数据平台安全风险预警机制。

（四）加快数字政府系统性建设

随着多元技术的泛在嵌入与应用，以数字化手段推进政府治理全方位、系统性、重塑性变革是我国地方政府纵深发展和系统性建设的主要趋势。2021 年《政府工作报告》明确指出，年内基本实现“跨省通办”的治理目标，这也意味着打造整体智治、高效协同的现代化政府体系以及构建普惠的政务体系已成为数字政府发展的重要目标之一。加快数字政府系统性建设坚持“以人民为中心”的发展思想，多层次、跨领域满足公众对政务服务的实际需求，有效激发公民对数字政府建设的参与度，推动行政执法“一网通管”全面推进。数字政府系统性建设致力于实践体系、理论体系与制度规范体系协同建设。结合国内发达省份数字政府改革实践，“十四五”时期，数字政府实践体系、理论体系与制度规范体系更加完善。(1) 数字政府综合门户系统迭代升级。以一体化智能化公共数据平台为依托，地方政府将积极探索系统性、综合性数字门户系统，包括政务服务、公共资源交易与一网通办等平台。政府各部门行政办公业务迭代升级速度加快，国家和地方政府层面统筹推进科学决策、风险预警、监管执法、服务保障与绩效评估等体制机制。跨部门、跨行业，以及政府内、外部门之间数字化决策、执行、监管与服务等将成为新常态。(2) 塑造全域性数字政府建设图景。未来我国地方政府各层级将更加重视对服务型政府的建设：一是着力打造政府效能管理应用，运用数据挖掘、机器学习与在线调查等数字化技术，提升政府治理质量、效率和公信力。二是推进“放管服”改革深度发展，优化政务服务环境。各地方政府以政务服务 APP 作为增进政府与公民互动的基础性工具，强调技术化、智能化在政务服务中的开发应用，拓展智能化技术服务向其他领域延伸，包括数字乡村、生态环境保护、民生保障、应急管理、新型城镇化建设、区域协调发展和数字营商环境领域。

(五) 推动城市大脑建设

城市大脑是数字政府智能化发展的创新模式，也是未来引领数字政府建设的核心驱动模式。“城市大脑作为新型政府治理系统，打造网云一体的政府数字化基础底座，可以灵活运用大数据资源和技术，以政府数据共享开放为引领，以城市统一基础数据资源和共性大系统、大平台为主要支撑组成政府数字化基础底座的中枢，同城市数字化基础设施有机融合”[①]。从我国省级政府城市大脑建设的实际来看，浙江、上海和福建城市大脑为国内其他地区提供了示范和样板，其中《浙江省数字化改革总体方案》中明确指出，要运用云计算、大数据、人工智能、区块链等新一代信息技术，推动数字经济高质量发展，积极构建产业大脑体制机制。城市大脑在政府端主要实现公共数据资源的共享应用，推动各领域数据汇聚，有效提升政企协同的能力，其包括基础层和平台层两部分。基础层着力实现物理空间、人类活动空间与网络虚拟空间的感知；平台层则着重实现对数据资源的统一管理和监控，并通过深度学习、机器学习和语音图像识别等方式提供基本服务。未来城市大脑建设将在互联网架构与智慧城市建设基础上，着力解决机器智能与人类智慧相结合的现实问题，城市神经元网络则是城市大脑要解决的关键问题。随着物联网、人工智能、大数据以及 5G 技术的应用，城市大脑能够在提高城市复杂性问题治理、提升政府治理效率、降低城市治理成本以及满足市民需求等方面创造智能化场景。尽管当前我国城市大脑建设的步伐日趋加快，但推动城市大脑建设还需厘清诸多现实问题，例如城市大脑的负责主体、解决问题类型、如何评估其效果、如何对城市大脑进行监控以及如何实现城市大脑数据共享等，这些问题一方面构成了城市大脑普遍化发展的能力和进程，另一方面也是推动城市数字政府创新升级的核心架构。

---

① 李烨，闫翀．以构建“城市大脑”促进政府数字化转型发展的思考．中国信息化，2021（7）．

第十章

更廉洁的政府治理

反腐败是治国理政中的关键议题，一直受到党和政府的高度重视。加强廉洁政府建设，是落实全面从严治党要求的重要任务，是做好经济社会发展工作的重要保障[①]。站在开启全面建设社会主义现代化国家新征程的历史起点上，系统梳理党和政府推进党风廉政建设和反腐败斗争的发展历程和历史经验，为打造中国特色的国家廉政体系提供理论支持，对于在新时代更好坚持和加强党的全面领导，更好坚持和发展中国特色社会主义，推进国家治理体系和治理能力现代化具有重要意义。

一、历史回顾

党风廉政建设和反腐败斗争事关执政党的生死存亡，事关国家的前途命运，事关人民的利益福祉[②]。自新中国成立以来，在社会主义革命和建设、改革和发展的各个历史阶段，党和政府围绕中心工作，审时度势制定反腐倡廉方略，把党风廉政建设和反腐败斗争放在突出位置常抓不懈。

（一）新中国成立至改革开放前（1949—1978年）

中华人民共和国成立后，党和政府将工作重心放到推进社会主义革命

---

① 李克强在国务院第四次廉政工作会议上的讲话.（2021-05-09）[2022-03-12]. http://www.gov.cn/xinwen/2021-05/09/content_5605508.htm.

② 彭向刚，郝玲玲．建国以来反腐倡廉建设的回顾与展望．同济大学学报（社会科学版），2009（5）.

和建设上来，在新政权确立之后，各地陆续暴露出党政机关内部的贪污、特权、盗窃国家资财肆意挥霍现象和党员干部的腐化变质、官僚主义问题，党和政府高度警惕，在坚决清除党内贪污腐败分子、从严惩治腐败、整顿党的组织纪律等方面展开工作。1951 年底，中共中央发出《关于实行精兵简政、增产节约、反对贪污、反对浪费和反对官僚主义的决定》，并先后开展了“三反”“五反”运动，坚决清除党内腐败分子，整治贪污腐败行为。相继查处一大批有贪腐问题的党员干部，其中，原天津地委书记、石家庄市委副书记刘青山和原天津行署专员、天津地委书记张子善贪污案堪称“新中国反腐第一大案”。党和政府惩治腐败的坚定决心对党风廉政建设起到了积极的推动作用，挽救了一大批党政干部[①]。

新中国成立后，党和政府进一步建立和健全反腐败的法律法规和组织机构，制定了《中华人民共和国惩治贪污条例》《关于处理贪污浪费问题的若干规定》《关于划分浪费与贪污界限的四类标准》等一系列法规制度，对贪污浪费等行为进行严厉查处。“对各级干部的职权范围和政治、生活待遇，要制定各种条例，最重要的是要有专门的机构进行铁面无私的监督检查。”[②] 1949 年新中国成立前夕，中国人民政治协商会议第一次全体会议决定建立对政府的监督体制：在政务院设立人民监察委员会，在县市以上的各级人民政府内设置人民监察机关。同年 11 月，党中央决定成立中央及各级党的纪律检查委员会，负责检查中央直属部门和各级党的组织及党员违犯党的纪律的行为，这是新中国最早的反腐败机构。1955 年 3 月，党的全国代表会议决定成立中央和地方各级党的监察委员会，代替各级纪

① 中共中央党史和文献研究院．中国共产党一百年大事记．北京：人民出版社，2021.

② 邓小平．邓小平文选：第 2 卷．2 版．北京：人民出版社，1994：332.

委，加强对党内各种违法乱纪现象的斗争。党的八大将这一体制写入党章，但规定各级监委在各级党委的领导下工作，建立了各级监委同时接受同级党委和上级监委领导的双重领导体制[①]。

这一时期，党和政府积极探索在社会主义革命和建设中开展反对贪污腐化的斗争规律，通过作风建设、组织建设、纪律建设等一系列创新举措，深化了对党风廉政建设和反腐败工作的认识，积累了宝贵的经验。然而，1957 年以后随着反右派运动和阶级斗争逐步扩大化，党和政府的监督工作被日益削弱。到 1959 年，已无法正常行使职能的监察部和地方各级监察部门相继被撤销，各级政府失去了对干部实施监督的专门机关，正常的党风廉政建设和反腐败工作逐渐被政治斗争所取代，反腐倡廉、纪检监察工作进入低潮期。

（二）改革开放至中共十八大前（1978—2012 年）

在改革开放和社会主义现代化建设时期，党和政府不断加强组织建设、作风建设、制度建设和思想建设，积极探索从严治党的新路径。党的十一届三中全会后，党和国家工作重点开始向经济工作转移，国民经济进入快速发展时期，但在高度集中的计划经济体制向社会主义市场经济体制转变的过程中，部分党员干部思想受到侵蚀，各种消极腐败现象滋生蔓延。这时，以邓小平同志为核心的党的第二代中央领导集体对反腐倡廉工作逐步形成了两点共识：一是反腐败不应搞政治运动而应靠加强社会主义民主与法制建设来解决；二是在腐败成因上，个人的思想、作风问题固然重要，但制度上的问题更为重要、更带有根本性，反腐败的根本出路在于

---

① 江金权．新中国成立 70 年来反腐败斗争的经验与启示．中国纪检监察报，2019－09－26.

积极进行政治体制改革[①]。

党的纪律检查委员会和监察部在这一时期先后恢复设立，并逐步推进纪检工作向农村基层、党和国家机关单位延伸，把党的监督延伸到各个层级。1980 年 2 月，中央纪委向中央提交了《关于改变省、市、自治区以下各级党委纪委领导关系的请示报告》，规定地方各级纪委由受同级党委领导改为受同级党委和上级纪委双重领导和以同级党委领导为主，双重领导的管理体制至此确立并延续至今[②]。党的十二大通过的党章专设“党的纪律”和“党的纪律检查机关”两章，对纪检机关的产生、领导体制、任务和职权等根本性问题做出规定，奠定了改革开放以来党的纪律检查工作的制度基础。党的十三届四中全会后，颁布了《中共中央纪律检查委员会关于中央纪委派驻纪检组和各部门党组纪检组（纪委）若干问题的规定（试行）》，加强对各部门党组的监督。1993 年 2 月，党中央做出中央纪委、监察部合署办公的重大决定，极大地增强了监督合力。2004 年 4 月，中央纪委监察部全面实行对派驻机构的统一管理，将派驻机构由中央纪委监察部和驻在部门双重领导改为由中央纪委监察部直接领导[③]。2006 年开始，部分省的纪委书记改由中央提名或委派，对于提高纪委监督的独立性与有效性发挥了积极作用[④]。

根据改革开放的新形势，党和政府的反腐倡廉建设逐步走向制度化，先后制定、修订党内政治生活准则、党内监督条例、纪律处分条例、党员

① 彭向刚，郝玲玲．建国以来反腐倡廉建设的回顾与展望．同济大学学报（社会科学版），2009（5）．

② 肖云祥．从百年党史看中国特色监督之路．中国纪检监察报，2021-05-13．

③ 江金权．新中国成立 70 年来反腐败斗争的经验与启示．中国纪检监察报，2019-09-26．

④ 邬思源．百年来中国共产党党内监督实践历程、历史经验及前瞻性思考．学术探索，2021（7）．

权利保障条例等党内法规制度，建立健全惩治和预防腐败体系，推进重点领域和关键环节的改革。1992 年党的十四大将“坚持不懈地反对腐败，加强党风建设和廉政建设”等内容写入党章。1993 年 8 月，十四届中央纪委二次全会在京召开，首次提出“消极腐败现象在有些方面呈蔓延、发展趋势，反腐败斗争的形势是严峻的”这一科学准确判断，并做出加大反腐败斗争力度的重大决策。党的十六届四中全会提出“标本兼治、综合治理，惩防并举、注重预防”的反腐败方针。党的十七大把反腐倡廉建设纳入党的建设总体布局，强调更加注重治本、更加注重预防、更加注重制度建设，拓展从源头上防治腐败工作领域。2003 年，《中国共产党党内监督条例（试行）》以中央文件形式首先在党内颁布。随着改革开放的不断深入，中国政府在 2003 年签署了《联合国反腐败公约》，这标志着在经济全球化和“腐败全球化”的条件下，我国反腐败工作实现了从“关门反腐”到“开放反腐”的转变①。同时，党的选举制度、集体领导制度、政府信息公开制度等日趋科学完备，有力推动了民主监督的实现。

这一时期，我国党风廉政建设和反腐败战略的基本特征是在过去经验的基础上，进一步加强法制建设、完善制度化建设，推动党风廉政建设和反腐败工作走向深入，推进党的执政能力建设和先进性建设。但是，受到管党治党宽松软、监督缺位和惩治腐败制度体系不够健全等因素影响，腐败风险仍然存在，成为影响党的先进性和纯洁性、动摇党长期执政基础的严峻问题②。

---

① 彭向刚，郝玲玲．建国以来反腐倡廉建设的回顾与展望．同济大学学报（社会科学版），2009（5）.

② 中国纪检监察学院党委理论学习中心组．百年党风廉政建设和反腐败斗争的经验与启示．中国纪检监察报，2021－06－10.

（三）新时代以来的反腐倡廉建设（2012年至今）

党的十八大以来，党和政府直面重大风险考验，以强烈的使命忧患感和自我革命精神正风肃纪、反腐惩恶，开展了史无前例的反腐败斗争，取得压倒性胜利并全面巩固。2014年10月，习近平总书记在党的群众路线教育实践活动总结大会上的讲话中首次提出了“全面推进从严治党”的战略部署，党风廉政建设和反腐败斗争成为全面从严治党的重要内容。习近平总书记在与中外记者见面时深刻指出：“新形势下，我们党面临着许多严峻挑战，党内存在着许多亟待解决的问题。尤其是一些党员干部中发生的贪污腐败、脱离群众、形式主义、官僚主义等问题，必须下大气力解决。”[①] 党和政府保持反腐败的高压态势，出台了中央八项规定，严厉整治形式主义、官僚主义、享乐主义和奢靡之风，坚决反对特权[②]，严肃查处了一大批高级干部严重违纪违法问题，集中削减腐败存量，坚决遏制腐败增量，有力遏制了腐败蔓延势头，形成了“不敢腐”的惩戒机制，为完善制度、筑牢思想防线创造了条件，为深化标本兼治夯实了基础。

改革体制机制，完善法律制度，建立党集中统一领导、既分工明确又协同推进的反腐败组织体系，形成“不能腐”的防范机制。从全面从严治党、强化自我监督出发，以习近平同志为核心的党中央做出深化国家监察体制改革的重大决策部署，健全完善了党和国家监督体系。牵住全面从严

① 习近平在十八届中共中央政治局常委同中外记者见面时强调 人民对美好生活的向往 就是我们的奋斗目标，人民日报，2012-11-16.

② 习近平：决胜全面建成小康社会 夺取新时代中国特色社会主义伟大胜利：在中国共产党第十九次全国代表大会上的报告.（2017-10-27）[2022-03-12]. http://www.gov.cn/zhuanti/2017-10/27/content_5234876.htm.

治党责任制的“牛鼻子”，压实党委主体责任和纪委监督责任[①]，各级党委（党组）当好反腐败斗争的领导者、执行者和推动者，一级抓一级、层层抓落实，发挥问责利器作用，全党一起抓党风廉政建设和反腐败工作的生动局面逐步形成；通过领导体制、工作机制和组织人事等方面的改革，保证各级纪委监督权的相对独立性和权威性，发挥其党内监督专责机关的作用；高举巡视利剑，激发其作为党内监督战略性制度安排的活力，实现党的历史上首次一届任期内中央巡视全覆盖，推动巡察工作向基层延伸；擦亮派驻监督的“探头”，实现中央纪委对中央一级党和国家机关派驻监督全覆盖，进一步强化自上而下的组织监督；对党员领导干部，一方面加强“高线引导”，颁布《廉洁自律准则》等一系列规范党员干部廉洁从政的行为规则，另一方面列明“底线禁区”，构建党员、公职人员违纪违法行为惩处法规制度体系。2018 年 3 月，第十三届全国人民代表大会第一次会议经过投票表决，通过了新的宪法修正案，在《宪法》第三章“国家机构”中增设了“监察委员会”一节。同月，我国反腐败工作领域的基础性法规《中华人民共和国监察法》通过施行，中华人民共和国国家监察委员会挂牌成立，反腐败资源力量进一步整合，实现了对所有行使公权力的公职人员的监督全覆盖。

创新思想理念，加强思想教育，形成“不想腐”的自律防线。党的十八大以来，党中央科学汲取中华优秀传统文化中的思想精髓，坚持古为今用、推陈出新，在实践中丰富和发展了马克思主义廉政思想[②]。在坚持

---

① 夺取反腐败斗争压倒性胜利：“十三五”时期党风廉政建设和反腐败斗争回眸.（2020 - 10 - 08）[2022 - 03 - 12]. http://www.xinhuanet.com/2020 - 10/08/c_1126582396.htm.

② 中国纪检监察学院党委理论学习中心组．百年党风廉政建设和反腐败斗争的经验与启示．中国纪检监察报，2021 - 06 - 10.

“反对腐败、建设廉洁政治”的鲜明政治立场上，提倡“为民”、“勤俭”、“艰苦朴素”、“清廉”、对腐败“零容忍”等价值理念，形成了层次分明、内涵丰富的“干部清正、政府清廉、政治清明”廉洁政治观。通过开展党的群众路线教育实践活动、“三严三实”专题教育、“两学一做”学习教育、“不忘初心、牢记使命”主题教育等，加强全面从严治党理论阐释和宣介，锻造党员干部的党性，淬炼党员干部的作风品格，培育和弘扬清廉文化。党风、社风、民风为之一新，廉荣贪耻、崇廉尚洁的社会文化逐步形成。

这一时期，以习近平同志为主要代表的中国共产党人，深刻总结并充分运用党成立以来的历史经验，探索了党长期执政条件下实现自我监督的有效途径，以坚定的决心和铁腕手段一举扭转了反腐败问题上的被动局面，解决了许多长期想解决而没有解决的难题。党的自我净化、自我完善、自我革新、自我提高能力显著增强，管党治党宽松软状况得到根本扭转，反腐败斗争取得压倒性胜利并全面巩固，保证了党和国家事业取得历史性成就、发生历史性变革①。

（四）我国反腐倡廉建设的历史经验

新中国成立至今，党和政府对党风廉政建设和反腐败工作常抓不懈，取得了巨大的成就，消除了党和国家内部存在的严重隐患，政治生活气象更新，政治生态明显好转，党和政府的创造力、凝聚力、战斗力显著增强；党和政府积累了反腐败的经验，出台了一批标志性、关键性、基础性的法规制度，逐步构建起科学化、系统化的监督体系；反腐败工作获得了

① 中国共产党第十九届中央委员会第六次全体会议公报.（2021-11-11）[2022-03-12]. http://www.xinhuanet.com/2021-11/11/c_1128055386.htm.

人民群众的广泛支持，巩固了党的执政根基，焕发出新的强大生机活力，为党和国家事业发展提供了坚强政治保证。

党的十八大以来，中央纪委共立案审查调查中管干部 453 人，运用监督执纪四种形态批评教育帮助和处理 883.4 万人，查处了违反中央八项规定精神问题 62.6 万件。查处形式主义、官僚主义问题 21.7 万件，处理了 32.2 万人。党的十九大后，查处涉及民生领域的问题、侵害群众利益的问题 39 万余件，处理了 35.9 万人。查处扶贫领域问题 28 万件，处分 18.8 万人。在扫黑除恶的过程中，打击黑恶势力保护伞，查处了 9.3 万个案件，处理了 8.4 万人①。

在多个国际上衡量腐败的指标排名中，中国的反腐败成绩也在稳步提升。国际反腐败非政府组织“透明国际”（Transparency International）2021 年 1 月 28 日发布《2020 年全球清廉印象指数》，中国以 42 分的得分排名第 78 位。世界银行 2019 年发布的腐败控制指数显示，中国得分－0.32 分，世界排名 43.3%，相较于 2011 年的得分－0.51 分有明显提升。世界经济论坛（World Economic Forum）发布的《全球竞争力报告 2017—2018》中以“非法支付和贿赂指标”反映对所在国腐败程度的评价，中国得分 4.5 分（1 分最差，7 分最好），全球排名第 49 位，并呈现连年攀升的势头。

党和政府在党风廉政建设和反腐败斗争中，逐渐探索反腐倡廉建设的规律，积累了许多宝贵的经验。主要体现在：

第一，坚持党对反腐败斗争的全面领导，坚定反腐败的政治立场。党

---

① 党的十八大以来中央纪委立案审查调查中管干部 453 人.（2021-06-28）[2022-03-12]. https://www.ccdi.gov.cn/yaowen/202106/t20210628_244978.html.

是最高的政治领导力量，是中国特色社会主义事业的坚强领导核心。坚持党对反腐败斗争的领导始终是根本原则、根本方向，保证了反腐败斗争始终沿着正确的政治方向发展。建党百年来，中国共产党的政治建设内涵不断发展，逐步深化对从严治党的探索，党和政府始终坚定政治立场、保持政治定力，发挥政治引领和政治保证作用，把反腐败作为严肃政治斗争摆在突出位置，常抓不懈。

第二，坚持围绕党和国家中心工作，审时度势科学制定反腐败斗争方略。党风廉政建设和反腐败斗争不是孤立的，与党和国家所处的外部环境、面临的历史任务、经济社会发展水平之间有着复杂的互动关系①。在时代变幻中，党和政府不断深化对反腐败规律的认识和把握，客观分析不同时期、不同阶段腐败形势变化，制定科学的反腐败斗争方略，确保反腐败斗争有力有效。

第三，坚持完善反腐败斗争的体制机制，扎紧制度的笼子。体制机制是持之以恒反腐败、落实反腐败斗争方略的基本保障，党和政府根据反腐败斗争形势和任务，不断建立健全体制机制，为反腐败斗争提供可靠保障。制度具有根本性、全局性、稳定性和长期性的特点，党规党纪和法律法规是防腐、治腐的利器。党和政府不断深化对制度反腐作用的认识，不断总结实践的经验教训，制度建设快速推进，制度的体系化逐步形成，切实把权力关进制度的笼子。

第四，坚持思想政治建设，形成行之有效的思想教育工作机制。长期以来，中国共产党就有思想建党的传统，建党之初和新中国成立伊始党和

① 唐皇凤，杨洁．中国共产党从严治党的百年历程和基本经验．浙江学刊，2021（4）.

政府都组织了大规模的党内整风运动，改革开放后多次开展了集中性、经常性的教育活动。党一以贯之地重视和加强思想建设，提高党员干部的认知、觉悟和品性，帮助他们树立正确的世界观、人生观、价值观和权力观，不断筑牢党员干部拒腐防变的思想防线。

第五，坚持推进反腐败国际合作，加强国际追逃、追赃和防逃工作。尤其自改革开放以来，我国逐步细化了与其他国家、国际组织间的相关法律法规的有效衔接，在抓捕引渡外逃涉案人员、调查腐败案件、追缴赃款等方面紧密配合，促进反腐败的信息交流和经验分享，在对外协作中提升反腐败国际合作能力和水平。

二、现实挑战

新中国成立以来，我国的党风廉政建设和反腐败斗争取得了令人瞩目的历史性成就，为国家今后进一步深入开展反腐倡廉工作积累了宝贵的经验。然而，面对错综复杂的外部环境和全面建设社会主义现代化国家的艰巨任务，腐败形势不容乐观。与此同时，新时期的腐败问题呈现出许多新特点、新情况，这对未来的党风廉政建设和反腐败工作提出了新挑战。

2021 年 1 月 22 日，习近平总书记在十九届中央纪委五次全会上发表的重要讲话中用两个“存在”、三个“交织”做出了高瞻远瞩的战略判断。两个“存在”指的是腐败这个党执政的最大风险仍然存在，存量还未清底，增量仍有发生；腐蚀和反腐蚀斗争长期存在，稍有松懈就可能前功尽弃，反腐败没有选择。三个“交织”指的是政治问题和经济问题交织，传统腐败和新型腐败交织，腐败问题和不正之风交织。

（一）存量还未清底，增量仍有发生

党的十八大以来，从提出“用最坚决的态度减少腐败存量，用最果断的措施遏制腐败增量”，到要求“通过有效处置化解存量、强化监督遏制增量”，再到强调“存量还未清底，增量仍有发生”，严厉惩治腐败、去存量遏增量一直是党和国家治理腐败的坚决主张，也是建设廉洁政治、实现中国社会廉洁转型的关键环节。在长期的历史发展中，由于腐败现象没有得到及时有效的遏制和治理，导致积累了大量腐败问题。虽然十八大以来的反腐败工作已经有效减少了腐败存量，但腐败问题仍然存在，并且我国尚处在经济社会转型时期，腐败问题易发多发，腐败风险依然较高，存在新的腐败现象不断出现的可能性。

（二）腐蚀和反腐蚀斗争长期存在

2017 年 10 月 18 日，习近平总书记在党的十九大报告中提出“反腐败斗争压倒性态势已经形成并巩固发展”，再次强调“反腐败斗争形势依然严峻复杂”，要求“巩固压倒性态势、夺取压倒性胜利的决心必须坚如磐石”。党风廉政建设和反腐败斗争是一项长期的、复杂的、艰巨的任务，不可能毕其功于一役。反腐倡廉必须常抓不懈，拒腐防变必须警钟长鸣。近年来查处的违纪违法党员干部中，有不少问题主要发生在党的十八大以后甚至十九大以后，高压态势和顶风作案并存，不收敛、不收手现象仍有发生。这就表明，党风廉政建设和反腐败工作需要始终保持高度的政治警觉和永远在路上的政治定力，做到态度不变、决心不减、尺度不松，坚持一个标准严格执纪执法，不搞运动式的反腐败，继续保持反腐败高压态势，严格依纪依法查处各类腐败案件成为常态性工作。

（三）政治问题和经济问题交织

从查处的腐败案件看，腐败问题和政治问题往往相伴而生、相互交织、相互渗透。腐败分子不仅经济上腐化，而且政治上蜕变，违反党的政治纪律和政治规矩，严重阻碍党的理论和路线方针政策贯彻执行，严重损害党的执政根基。十九届中央纪委五次全会公报指出，政策支持力度大、投资密集、资源集中的领域和环节，是政治问题和经济问题交织的腐败案件高发的风险点：一些金融领域腐败分子利用金融资源权力搞幕后交易、侵吞国有金融资产；一些国企“蛀虫”靠企吃企、滥用职权造成国有资产重大损失；政法战线违纪违法问题还很突出，一些典型案件背后潜藏着的执法司法不严、不公、不义、不廉等深层次问题暴露，“围猎”与被“围猎”交织、滥用职权与谋取私利交织、违法办案与利益输送交织等腐败问题浮出水面；省市县乡领导班子集中换届是选人用人不正之风的易发多发期，拉票贿选、买官卖官、跑官要官的现象依然存在。

（四）传统腐败和新型腐败交织

相较于传统的“四风”问题及普通的贪污受贿形式，新类型腐败以更隐秘的形式存在，借助新的作案工具与方法，实现利益输送或者其他形式的权力交换，给纪检监察机关和司法机关的调查取证造成更大的困难。典型如：“期权腐败”，不追求当下的利益套现，而约定在未来进行利益兑现；“高利转贷”，一些公职人员借助其职业带来的良好信贷资质从银行贷款，再转手以数倍的利率转借他人，牟取暴利；一些人使用“一家两制”等手段瞒天过海，在幕后通过亲属或其他代理人利用自己的权力受贿；还有“雅贿”“影子股东”等隐性腐败。腐败手法不断“推陈出新”，但是腐败问题的本质——“公权私用，权钱交易”——并没有发生根本性变化[①]。如果不能及时查处新型腐败案件，不仅会产生腐败的漏网之鱼，也会使部分公职人员心存侥幸，阻碍党风廉政建设和反腐败工作的深入推进。

（五）腐败问题和不正之风交织

中央八项规定出台已经近十年，仍然有人享乐主义、奢靡之风积习难改，仍然有人在贯彻党中央和国务院决策部署时搞表面文章、形象工程，推动改革发展举措落地见效上还有差距。形式主义、官僚主义问题不同程度存在，有的执行政策搞“一刀切”，一些地方网上政务存在“指尖上的形式主义”，少数干部不担当、不作为、不善为。不合理行政审批事项仍然较多，有的存在暗箱操作，公平公正监管仍有薄弱环节[②]。习近平总书记指出，腐败问题和不正之风交织，“四风”成为腐败滋长的温床。“四风”问题实际上就是以权谋私，必须下决心加以解决。作风问题看似是小问题、小毛病，但是覆盖面更广、规模更大，微小的问题可以成为诱发腐败的直接动因，其危害不可小视。作风问题具有反复性和顽固性，纠正不正之风不可能一蹴而就、毕其功于一役，更不能一阵风、刮一下就停，必须经常抓、长期抓。作风建设是党的建设和公务员队伍建设的一项长期性任务，是一个永恒的课题。

三、未来发展

如何有效地防治腐败现在仍困扰着许多国家，未来也是重要的社会

① 程文浩．新型腐败的识别要点和惩治策略．人民论坛，2021（17）．

② 李克强：在国务院第四次廉政工作会议上的讲话．（2021－05－09）[2022－03－12]．http://politics.people.com.cn/n1/2021/0509/c1024－32098228.html.

问题。正因为如此，反腐败是一个长期的、复杂的系统工程，必须形成一贯的、整体的、全盘的策略。党和政府要在过去经验的基础上，结合社会环境以及条件变化，在新的发展格局和新的社会条件下控制腐败问题[①]。

（一）充分发挥党的政治引领作用

“坚持党的集中统一领导，坚持党的科学理论，保持政治稳定，确保国家始终沿着社会主义方向前进”[②]，这是我国国家制度和国家治理体系的显著优势之一，在党风廉政建设和反腐败治理中同样发挥着重要的作用。充分发挥党统揽全局的政治优势，坚持党的领导和全面从严治党的高度统一，有效整合多种力量和资源，切实调动各方面的积极性和主动性，形成全党全社会共同推动反腐败工作的新局面。充分发挥党的政治引领作用，从政治上深刻把握腐败问题的政治本质和政治危害，以强有力的政治监督保障现代化建设。从工作重点看，必须把握习近平总书记提出的“四个着力点”：“坚持中国特色社会主义制度不动摇，捍卫中国特色社会主义制度的根本制度、基本制度、重要制度；推动党中央重大决策部署落地见效，确保党中央权威和集中统一领导；督促落实全面从严治党责任，推动主体责任和监督责任一贯到底；保证权力在正确轨道上运行，督促公正用权、依法用权、廉洁用权”[③]。

---

① 王沪宁．政治的人生．上海：上海人民出版社，1995.

② 中共中央关于坚持和完善中国特色社会主义制度 推进国家治理体系和治理能力现代化若干重大问题的决定.（2019－11－05）[2022－03－12]. http://www.gov.cn/zhengce/2019－11/05/content_5449023.htm.

③ 如何正确理解和深入推进政治监督.（2021－01－07）[2022－03－12]. https://www.ccdi.gov.cn/lswh/lilun/202101/t20210108_233489.html.

（二）一体推进不敢腐、不能腐、不想腐

反腐败是历史性难题、世界性难题，不可能毕其功于一役，反腐败斗争注定是一场攻坚战、持久战。习近平总书记在十九届中央纪委五次全会上强调："腐蚀和反腐蚀斗争长期存在，稍有松懈就可能前功尽弃，反腐败没有选择，必须知难而进。"党风廉政建设和反腐败斗争首先要把握"坚持无禁区、全覆盖、零容忍，坚持重遏制、强高压、长震慑，坚持受贿行贿一起查"的重要原则，把严的主基调长期坚持下去。同时，既要合乎民心民意，又要激励干部担当作为，充分利用"四种形态"提供的政策策略，深化整治形式主义、官僚主义顽瘴痼疾，让求真务实、清正廉洁的新风正气不断充盈。持续整治群众身边腐败和不正之风，促进社会公平正义、保障群众合法权益，增强人民群众的获得感。深刻把握党风廉政建设规律，一体推进不敢腐、不能腐、不想腐，统筹联动，增强总体效果，实现政治效果、纪法效果、社会效果的有机统一①。

（三）弥补腐败滋生的制度漏洞

腐败活动的本质"就是政治上经济上在法律和制度之外的权力"，及时弥补制度漏洞，通过制度建设来遏制腐败是当今世界各国廉政实践中的一条成功经验②。在我国，只有坚持全面深化改革，切实改革并完善党和国家的制度，建立长效的防范体制和保障机制，才能实现标本兼治，有效堵塞诱发腐败的制度漏洞，促进社会主义现代化事业的顺利发展。同时，

---

① 习近平．习近平谈治国理政：第3卷．北京：外文出版社，2020：549.

② 万广华，吴一平．制度建设与反腐败成效：基于跨期腐败程度变化的研究．管理世界，2012（4）.

必须将正风肃纪反腐与深化改革、完善制度、促进治理贯通起来，“各项改革举措要体现惩治和预防腐败要求，同防范腐败同步考虑、同步部署、同步实施，堵塞一切可能出现的腐败漏洞”[①]，避免头痛医头、脚痛医脚、顾此失彼的问题，提升反腐倡廉建设科学化水平。此外，破解新时代纪检监察工作重点难点问题，也要发挥好改革的先导、突破、创立作用，不断深化国家监察体制改革，强化专门性的纪检监察机构的权威性和独立性，推动框架完整、内容完备、原则鲜明、权威高效的党和国家监督体系早日形成[②]。

（四）完善党和国家监督体系

政府及其官员行使职权的过程中，必须有一个强大的、完善的监督机制来制约政府权力的执行，提高腐败的成本。习近平总书记在十九大报告中指出，要“构建党统一指挥、全面覆盖、权威高效的监督体系，把党内监督同国家机关监督、民主监督、司法监督、群众监督、舆论监督贯通起来，增强监督合力”[③]。完善党和国家监督体系，充分发挥党内监督的政治引领作用，促进各类监督贯通融合，把监督融入区域治理、部门治理、行业治理、基层治理、单位治理之中，协同完善监察执法与刑事司法衔接机制，充分发挥巡视综合监督作用和联系群众纽带功能，使监督体系更好融入国家治理体系，释放更大治理效能，推进国家治理体系和治理能力现

---

① 习近平：强化反腐败体制机制创新和制度保障 深入推进党风廉政建设和反腐败斗争.（2014-01-15）[2022-03-12]. http://cpc.people.com.cn/n/2014/0115/c64094-24120035.html.

② 张桂林．国家廉政体系的基本认知与构建中国特色监督体系．政治学研究，2019（5）.

③ 习近平：决胜全面建成小康社会 夺取新时代中国特色社会主义伟大胜利：在中国共产党第十九次全国代表大会上的报告.（2017-10-27）[2022-03-12]. http://www.gov.cn/zhuanti/2017-10/27/content_5234876.htm.

代化。

（五）筑牢拒腐防变的思想防线

长期来看，思想教育是遏制腐败的治本之策。如果通过良好的思想教育，政府官员能自觉坚守道德准则和职业操守，社会公众能拒绝行贿和拉拢，腐败自然丧失了存在的基础。思想教育需要全社会共同努力，日积月累，持之以恒，进行长期、反复的教化和灌输，才能塑造人的信念和信仰体系，影响人们的价值判断和行为选择，进而产生效果。国家廉政体系是包括公共情怀、社会责任、奉献精神、廉洁意识等主要内容的行政伦理规范体系。党和政府的公职人员要坚持不懈加强理论武装，树立崇高理想，坚定理想信念，不断提高政治觉悟和政治能力，始终把人民放在心中最高位置，把为党和人民事业贡献力量作为自己的最高要求。坚持开展批评和自我批评，坚持惩前毖后、治病救人，运用监督执纪“四种形态”，抓早抓小、防微杜渐。坚持古为今用，推陈出新，将中国古代文化中重视道德建设的传统，发展为新形势下加强反腐倡廉教育和廉政文化建设的重要资源。重视全社会廉洁文化建设，有效降低公众的腐败容忍度，进而实现从官方反腐向社会反腐的转型。

第十一章

更高能力的公务员队伍

“为政之要，惟在得人。”公务员队伍是我国社会主义事业的中坚力量，是党治国理政的骨干力量。建设新时代堪当民族复兴重任的高素质干部队伍，对于实现“十四五”规划和2035年远景目标、全面开启建设社会主义现代化国家新征程具有重要意义。本章在回顾新中国成立以来公务员队伍建设历程的基础上，梳理总结公务员队伍建设的基本经验与显著成就，分析新时代公务员队伍建设面临的问题与挑战，提出健全公务员能力建设的发展建议，对于贯彻落实党的二十大精神，推动新征程中政府治理现代化，具有重要的现实意义。

一、历史回顾

新中国成立以来，我国公务员队伍建设持续推进，既有积累性渐进式发展，也有关键性突破式创新，不仅取得了众多的理论和实践突破，更为实现社会主义现代化和中华民族伟大复兴提供了人才支撑和智力保障。本部分基于新中国成立以来的三个重大历史时期，对公务员队伍建设的制度产生、发展与完善进行梳理，分析公务员选拔任用、素质要求、能力培养、考核评价等在各个历史时期的特征与变化。

（一）社会主义革命和建设时期（1949—1978年）

新中国成立后，以毛泽东同志为核心的党中央在公务员管理机制、选拔任用、素质要求、能力培养、考核评价等方面进行了一系列的制度创建与发展。在管理机制方面，正式提出实行分部分级管理制度。1953 年 11 月，中共中央下发《关于加强干部管理工作的决定》，规定“将全体干部划分为九类，在中央及各级党委的组织部的统一管理下，由中央及各级党委的各部分别进行管理”；分级管理即“在中央及各级党委之间建立分工管理各级干部的制度”，“凡属担负全国各个方面重要职务的干部均应由中央加以管理，其他干部则由中央局、分局及各级党委分工加以管理”①。分部分级管理制度的实施促使我国干部管理向职级定位、分门别类、科学管理的方向迈出了重要步伐。

在选拔任用方面，党中央主要采取了三大措施以缓解当时公务员数量不足，难以满足大规模社会主义建设需求的问题。一是有计划地从军人、工人、知识分子、农民中选取优秀分子，任用到相应工作岗位；二是依照德才兼备的原则，大胆起用年轻干部；三是选拔任用非党员干部、妇女干部和少数民族干部。

在素质要求方面，这一时期，党中央突出强调公务员队伍的理想信念和专业能力。1957 年，毛泽东在中共八届三中全会上首次提出“又红又专”思想②。其中，“红”是要求党的干部坚定社会主义理想信念，坚持党领导的政治方向；“专”是指党的干部要具备专业知识和业务经验。“又红又专”体现了新中国成立初期党中央对干部队伍建设的整体思考，奠定了这一时期干部能力素质建设的根本方向。

---

① 中共中央文献研究室．建国以来重要文献选编：第 4 册．北京：中央文献出版社，1993：573，576.

② 中共中央文献研究室．毛泽东文集：第 7 卷．北京：人民出版社，1999：309.

在能力培养方面，为满足社会主义建设的迫切需要，党中央制定了诸多政策旨在提升公务员队伍的理论文化水平，并且逐渐确立了干部轮训制度以提升公务员队伍的实际工作能力。1950 年 12 月，政务院发布《关于举办工农速成中学和工农干部文化补习学校的指示》，鼓励优秀的工农干部入学，深入学习马克思主义和文化科学知识，培养新中国社会主义建设人才。这一文件为各级干部队伍学习的顺利开展和正规化建设提供了坚实的制度保障。1954 年 12 月，中共中央发出《关于轮训全党高、中级干部和调整党校的计划》，提出“必须确定党的各级干部的轮训制度”①。1961 年 9 月，中共中央发布《关于轮训干部的决定》，在全党开展学习运动，重在教育干部，轮训内容主要是社会主义建设和党的建设两个方面。

在考核评价方面，新中国成立初期，中共中央逐步建立并完善了干部考核制度。1949 年 11 月，中共中央组织部颁布了《关于干部鉴定工作的规定》，重点考察干部的政治立场、工作作风、政策掌握、纪律遵守、联系群众、学习态度等方面，采取个人自我检讨、群众会议讨论、领导材料审查相结合的方式对党员干部进行考察。1953 年 11 月，中共中央发布《关于审查干部的决定》，对干部政治审查制度进行了详细阐述，提出对党员干部进行基于档案材料的分析研判。同年，中共中央下发《关于加强干部文化教育工作的指示》，将干部的学习成绩作为干部鉴定和考核的重要内容。

总体而言，新中国成立初期，中国共产党面临着社会主义建设发展的迫切需求，亟须提升公务员队伍的整体思想政治水平和专业技术能力。对

---

① 中共中央文献研究室．建国以来重要文献选编：第 5 册．北京：中央文献出版社，1993：697.

此，党中央积极推动制度建设，在队伍建设多个方面完成从无到有的创新举措。然而，令人惋惜的是，随着反右派斗争的扩大化和“文化大革命”的展开，自 1957 年起的随后 20 年间，我国的公务员队伍建设逐渐停滞，甚至遭到破坏，进入倒退阶段。

（二）改革开放和社会主义现代化建设新时期（1978—2012 年）

随着“文化大革命”的结束，国家经济社会秩序有序恢复，我国社会主义建设进入新篇章。在这一时期，以党的思想路线、政治路线的拨乱反正为基础，公务员队伍建设逐渐回到正轨，适应现代化建设需要的干部人事制度逐步建立。

在选拔任用方面，中共中央分别采取了废除职务终身制、推进干部能上能下、建立公务员法等措施推进干部队伍建设的科学化和制度化。1982 年 2 月，中共中央发出《关于建立老干部退休制度的决定》，废除了干部领导职务终身制，建立干部离退休制度，保证新老成员的合理接替。1986 年 11 月，中共中央组织部下发《关于领导班子年轻化几个问题的通知》和《关于调整不胜任现职领导干部职务几个问题的通知》，提出坚持领导班子年轻化改革，坚决实行干部职务能上能下、能下能上的原则。2005 年 4 月，十届全国人大常委会第十五次会议通过《中华人民共和国公务员法》。这是我国第一部属于干部人事管理总章程性质的重要法律，涵盖公务员管理的基本制度和各个主要环节，体现了干部人事制度改革的深化，标志着中国特色公务员制度已经形成。

在素质要求方面，随着改革开放的深入，党中央循着德才兼备、又红又专路线，逐渐梳理形成“四化”方针，对公务员队伍素质建设提出了新要求。邓小平提出：“要有一支坚持走社会主义道路的、具有专业知识和能力的干部队伍。”[①] 1980 年 12 月，邓小平在中共中央工作会议上首次提出了党员干部的“四化”要求，指出“要在坚持社会主义道路的前提下，使我们的干部队伍年轻化、知识化、专业化”[②]。“四化”人才评价标准的提出，明确了改革开放后公务员队伍建设的根本方向，提供了干部选拔、任用、评价的总体依据。

在能力培养方面，改革开放后，党中央在沿用新中国成立后的干部培训制度的基础上，大力推进后备干部制度和干部交流制度。1982 年 10 月，中共中央、国务院下发《关于中央党政机关干部教育工作的决定》，要求党政机关干部分期、分批参加轮训，实现教育工作的经常化、正规化、制度化。1983 年 10 月，中共中央组织部出台《关于建立省部级后备干部制度的意见》，建立了后备干部制度。1990 年 7 月，中共中央下发《关于实行党和国家机关领导干部交流制度的决定》，实行各级党和国家机关领导干部的交流制度，用于培养锻炼干部，增强干部队伍活力。1993 年，随着《国家公务员暂行条例》的出台，公务员交流代替干部交流的概念，我国公务员交流制度正式走上法制化的道路。1996 年，人事部又出台了《国家公务员职位轮换（轮岗）暂行办法》这一配套法规，公务员交流法制化和规范化程度进一步加深。

在考核评价方面，改革开放后，公务员评价制度趋于完善，党中央注重对公务员综合素质的考察，并主张从多渠道、应用多方法综合评价领导干部的政治素质与能力。1979 年 11 月，中共中央组织部颁发《关于实行干部考核制度的意见》，规定干部考核的标准和内容，要求坚持“德才兼

① 邓小平．邓小平文选：第 2 卷．2 版．北京：人民出版社，1994：248.
② 同①361.

备”原则，从德、能、勤、绩四个方面对干部进行考核。随着 1993 年《国家公务员暂行条例》的出台，干部考核开始分为平时考核和年度考核，且考核同干部职务升降和奖惩等结合起来，并形成正式制度。2009 年 7 月，中共中央办公厅下发《关于建立促进科学发展的党政领导班子和领导干部考核评价机制的意见》。《意见》提出，对干部的考核评价，要把政治标准放在首位，以党性作为德的核心内容，包括注重考核宗旨意识，重点了解求真务实、联系群众、恪尽职守、为民奉献等情况。

总体而言，改革开放和社会主义现代化建设新时期，中国经济、社会发展经历了大的转型并走向平稳，这一时期的公务员队伍建设主要是对前一时期相关制度建设的恢复和健全，同时逐步建立了包括公务员选拔任用、教育培养、考核评价在内的各项制度与法规，推动了公务员队伍管理向着制度化、规范化、法制化、科学化方向良性发展。

（三）中国特色社会主义新时代（2012 年至今）

党的十八大以来，复杂的国际形势和艰巨的国内发展任务对我国公务员队伍建设提出了新要求。党的十九大以习近平新时代中国特色社会主义思想为指导，立足于新时代新使命新征程，对建设公务员队伍做出了重大部署：“建设高素质专业化干部队伍。”“注重培养专业能力、专业精神，增强干部队伍适应新时代中国特色社会主义发展要求的能力。”① 这指明了新时代公务员队伍建设的目标和要求。按照习近平总书记关于公务员队伍建设的重要论述，党中央在公务员管理机制、选拔任用、素质要求、能力

① 习近平：决胜全面建成小康社会 夺取新时代中国特色社会主义伟大胜利：在中国共产党第十九次全国代表大会上的报告.（2017-10-27）[2022-03-12]. http://www.gov.cn/zhuanti/2017-10/27/content_5234876.htm.

培养、考核评价等方面深化改革，取得了诸多显著成效。

在管理机制方面，党中央着力加强公务员管理工作的统一性和规范性。2018 年 3 月，中共中央印发了《深化党和国家机构改革方案》。方案提出，“中央组织部统一管理公务员工作”，负责“公务员录用调配、考核奖惩、培训和工资福利等事务”。同时，方案还提出，“为更好落实党管干部原则，加强党对公务员队伍的集中统一领导，更好统筹干部管理，建立健全统一规范高效的公务员管理体制，将国家公务员局并入中央组织部”。公务员的统一管理，可以让组织部门更全面地掌握所有公务员的基本情况，了解每个公务员个体的能力特点、履职经历等，从而为更好地统筹干部工作打下良好基础。此外，新修订的《公务员法》于 2019 年 6 月 1 日起施行，在旗帜鲜明地坚持党管干部的总原则下充分展现了新时代中国公务员管理“优选、严管、厚爱”的新思路。

在选拔任用方面，习近平总书记指出，选拔干部“要广泛听取意见，但必须把加强党的领导和充分发扬民主结合起来，发挥党组织在干部选拔任用工作中的领导和把关作用”①。2013 年 11 月，党的十八届三中全会审议通过了《中共中央关于全面深化改革若干重大问题的决定》，要求改进竞争性选拔干部办法，改进优秀年轻干部培养选拔机制，区分实施选任制和委任制干部选拔方式。2015 年 7 月，中共中央办公厅下发《推进领导干部能上能下若干规定（试行）》，以制度形式对干部能上能下问题做出具体规定。2016 年 8 月，中共中央办公厅下发《关于防止干部“带病提拔”的意见》，要求全面深入掌握干部情况，严肃追究“带病提拔”问题。2017

---

① 中共中央文献研究室．十八大以来重要文献选编：上．北京：中央文献出版社，2014：345.

年9月，中共中央办公厅、国务院办公厅印发了《聘任制公务员管理规定（试行）》。《规定》明确了实行聘任制的职位范围，围绕聘任制公务员进、管、出的主要环节做了细化。

在素质要求方面，习近平总书记对党员干部提出了新时代下的新标准。对于干部素质的总体要求，2015年1月，习近平总书记总结为“心中有党、心中有民、心中有责、心中有戒”的“四有”干部标准①。“四有”干部标准的提出为新时代干部选拔、任用、评价、监督提供了重要依据。在具体能力方面，2017年10月，习近平总书记在党的十九大报告中明确提出了当前领导干部迫切需要提高的“八项本领”，即学习本领、政治领导本领、改革创新本领、科学发展本领、依法执政本领、群众工作本领、狠抓落实本领、驾驭风险本领。2019年10月，党的十九届四中全会明确提出“把提高治理能力作为新时代干部队伍建设的重大任务”，“把制度执行力和治理能力作为干部选拔任用、考核评价的重要依据”，这标志着对公务员的要求已经突破了“管理”的范围，提升到了国家治理体系和治理能力现代化的高度。2020年10月，在中央党校（国家行政学院）中青年干部培训班开班式上，习近平总书记发表重要讲话并强调，干部特别是年轻干部要提高“七种能力”，即政治能力、调查研究能力、科学决策能力、改革攻坚能力、应急处突能力、群众工作能力、抓落实能力。这些重要论述阐明了提高新时代公务员队伍能力的具体标准，为新时代公务员队伍能力建设树立了时代标尺。

在能力培养方面，党中央不断强化公务员教育培训的先导性、基础

---

① 习近平同中央党校县委书记研修班学员座谈强调 做焦裕禄式的县委书记 心中有党心中有民心中有责心中有戒．人民日报，2015－01－13.

性、战略性作用，且尤其重视对青年干部的培养。2015 年 10 月，中共中央印发《干部教育培训工作条例》，进一步推进干部教育培训工作科学化、制度化、规范化。2018 年 11 月，中共中央下发《2018—2022 年全国干部教育培训规划》，强调培养造就忠诚干净担当的高素质专业化干部队伍。在青年干部的培养上，2018 年 6 月，中共中央政治局召开会议审议《关于适应新时代要求大力发现培养选拔优秀年轻干部的意见》，要求健全年轻干部选拔、培育、管理、使用的全链条机制。

在考核评价方面，新时代公务员考核评价制度不断完善，逐步建立起严管和厚爱结合、激励和约束并重的科学化考核机制。2013 年 12 月，中共中央组织部下发《关于改进地方党政领导班子和领导干部政绩考核工作的通知》，纠正干部考核中的“唯票、唯分、唯 GDP、唯年龄”现象，精简各类专项业务工作考核，加强对政绩的综合分析。2014 年 10 月，十八届四中全会提出，要把法治建设成效作为衡量各级领导班子和领导干部工作实绩的重要指标，这拓展了干部考核内容，使干部考核更加全面。2018 年 5 月，中共中央办公厅印发《关于进一步激励广大干部新时代新担当新作为的意见》，强调建立激励机制和容错纠错机制，充分发挥干部考核评价的激励鞭策作用。2019 年 4 月，中共中央办公厅印发《党政领导干部考核工作条例》，进一步明确了新时代干部考核内容指标、考核方式方法以及考核结果运用。

（四）我国公务员队伍建设的历史经验

纵观新中国成立以来公务员队伍建设的历史脉络，可以发现我国公务员队伍建设在实践探索中不断向前发展，取得了诸多重要成就，积累了极其宝贵的经验。主要成就表现为公务员队伍建设科学化、民主化、制度化水平的不断提高①。(1) 科学化方面的成就包括：公务员队伍建设的理论化水平不断增强；中国特色公务员制度基本形成并逐渐优化；公务员制度的管理功能不断建立健全。(2) 民主化方面的成就也显而易见，主要包括：公务员队伍管理的公平、公正、公开、透明程度持续提高；公务员个体的民主权利不断得到保障；公民在公务员管理活动中的参与度越来越高。(3) 在制度化方面的主要成就包括：公务员队伍管理的规范性文件体系逐步建立；相关规范性文件的执行意识和执行力度不断强化。

与此同时，在更高能力的公务员队伍建设过程中，各级政府部门也取得了较为丰富的实践经验，主要包括：

(1) 顺应时代潮流，对经济、社会发展要求做出切实回应。我国公务员队伍建设的改革与发展既从一个时期经济社会发展的总体趋势上把握了历史的方位感和大方向，又从某一时期社会关注的热点焦点问题上确定了改革与发展的切入点和着重点。新中国成立初期，党根据全面建设社会主义的需要，按照“又红又专”的标准，确立了党管干部原则和基本管理制度。党的十一届三中全会以后，适应改革开放和社会主义现代化建设需要，积极稳妥地推进干部人事制度改革，实行干部人事的分类管理，废除实际存在的干部领导职务终身制。党的十八大以来，为推进国家治理体系和治理能力现代化，中央有关部门进一步完善公务员绩效评价考核机制，强调全方位、多渠道评价考核公务员的作风、能力和素质，同时，逐步建立完善合理的奖惩机制，形成一种能上能下的新机制。这些措施，有力保证了高

---

① 林弋．干部人事制度改革四十年．中国人事科学，2018 (9)；薛立强．改革开放以来干部人事制度改革的重大成就．领导科学论坛，2018 (21)；吴江，张敏．我国公务员制度的发展历程与改革．中国人事科学，2018 (Z1).

素质专业化公务员队伍的建设，推动了党在不同历史时期中心任务的实现[①]。

（2）立足国情，走中国特色的制度发展之路。在建设我国公务员队伍的过程中，党中央既保持开放态度，学习和借鉴了国外先进的管理经验，又立足国情，走中国自身的制度发展道路。20 世纪 80 年代到 90 年代初，在酝酿建立我国的公务员制度时，中央有关部门组织翻译了多个国家公务员管理的法律法规，比较研究了不同国家的公务员制度，借鉴了国外公务员管理的先进技术和方法。21 世纪初，西方主要国家的公务员制度在新公共行政改革的浪潮中发生了较大变化，比如公务员由统一管理改为部门、单位分散管理，由依规管理转向放松规制、弹性管理等。由于我国与西方国家的政治体制、社会条件、发展阶段、面对的矛盾和问题极为不同，我国在起草《公务员法》时并未照搬照抄西方主要国家的制度和做法，而是制定了具有中国特色的公务员管理模式，比如坚持公务员统一管理、严格依法依规管理等。后来的实践证明，《公务员法》这一选择是正确的，不仅有效地加强了国家能力建设，还为改革开放和社会主义现代化建设提供了坚强的组织保证[②]。

（3）坚持"自上而下"和"自下而上"的统一，实现顶层设计和基层探索有机结合。我国公务员队伍管理制度的制定和变革一方面是自上而下的推进，即中央有关部门通过顶层设计，制定出台总体的发展方向和制度措施，自上而下推进改革，从而达到统筹谋划、环环相扣、协调配套的效果；同时，也有自下而上的探索，即发挥地方和基层的积极性、主动性，鼓励地方和基层按照改革的方向探索创新，再以试点、示范区等形式逐步

① 李超平，赵庆营．改革开放 40 年干部人事制度的变革与创新．河南社会科学，2018（12）．
② 林弋．干部人事制度改革四十年．中国人事科学，2018（9）．

推广，以此既保证整体方向的正确性，又充分贴近基层实际。现行的如民主推荐、公开选拔、干部轮岗、干部问责制等诸多改革措施，都是上层推动和基层首创有机结合的成果①。

二、现实挑战

目前，我国公务员队伍建设已经取得了巨大进展，初步探索出了具有中国特色的公务员队伍管理体系。进入新时代后，面对新任务、新要求，中国特色公务员队伍建设依然任重道远，仍有一系列潜在挑战和现实问题亟待解决。

（一）选拔任用科学性有待提高

党的十八大以来，国家相继出台各项政策法规创新公务员选拔措施，规范公务员任用机制，在制度建设方面取得了突出进展。然而在具体实施过程中仍面临诸多挑战，具体体现在以下方面：

一是在选拔环节充分、准确鉴别干部政治素质和能力水平仍存在不足。部分地方政府、机关疏于日常考察，未能全方位、多渠道地了解公务员的日常行为表现与思想意识形态，导致甄选环节流于形式，未能有效衡量候选公务员的政治素质。此外，政治素质鉴别工作本身具有隐匿性、复杂性、艰难性等特点，容易受到不正之风的影响，导致选拔出来的公务员政治素质不合格，甚至出现“带病提拔”等现象。

二是存在干部选拔标准与用人单位的实际岗位需求不匹配的问题。部

① 薛立强．改革开放以来干部人事制度改革的重大成就．领导科学论坛，2018（21）；吴江，张敏．我国公务员制度的发展历程与改革．中国人事科学，2018（Z1）．

分地方政府、机关在公务员选聘过程中对各区域、层级、类型的岗位采用同一选拔标准，导致“上下一般粗、左右一个样”，没有体现出选拔指标应有的科学性、针对性和系统性。此外，由于考察指标相对单一，实际岗位任职要求难以有效体现，降低了选拔工作的有效性，甚至出现部分公务员虽然能力优但是不胜任的问题。蔡延东和吴志华通过问卷调查发现，公众、应聘者和组织部门干部三个群体比较一致地认为“高分低能”现象以及评价应聘者的岗位匹配度是选拔干部所面临的主要难题①。

三是公务员聘任制的走向不明晰。为了激发公务员的工作积极性，新《公务员法》中对专业性较强和辅助性的职位实行聘任制。《聘任制公务员管理规定（试行）》明确规定对不称职、未能履行公务员义务或存在违法违纪行为的公务员均予以解聘。然而现实中，大多数聘任制公务员在聘期结束后均被续签，出现了只进不退现象。此外，对于综合素质较差、工作能力不足的聘任制公务员，部分机关单位选择将其调任到非重要岗位，而不是淘汰，这违背了退出机制的设计初衷。如深圳市自 2010 年 1 月起启动的“政府新职员全员聘任”改革，行政机关的所有新进公务员一律实行聘用制，首聘期满后，无一人解聘，聘任制的“瓷饭碗”被质疑有熬成“铁饭碗”的嫌疑②。

四是选人用人过程的监督工作仍需加强。全国党建研究会的调查表明，尽管当前干部选拔任用的贪污腐败问题得到了有效惩治，但选人用人的不正之风有隐性化趋势，增加了监督工作的难度③。当前，少数地方政

---

① 蔡延东，吴志华．竞争性选拔干部的绩效评价：基于问卷调查数据的分析．中共浙江省委党校学报，2016（2）．

② 胡威，蓝志勇．《中华人民共和国公务员法》十年回顾、思考与展望．南京社会科学，2018（1）．

③ 全国党建研究会课题组．党的十八大以来精准科学选人用人的探索实践．党建研究，2018（10）．

府、机关缺乏清晰的选拔任用思路，相关制度执行不到位，出现了选拔任用程序不规范、操作随意等现象，这些现象的存在也说明在选人用人的监督工作方面仍存在漏洞。

（二）教育培训机制有待健全

新时代以来，党和国家将公务员的教育培训上升到战略高度，制定了《干部教育培训工作条例》等相关政策制度以推进公务员培训体系的科学化、制度化和规范化，为公务员培训工作的开展提供了明确方向和参考依据。虽然这些政策措施在涵养和锤炼公务员队伍方面取得了重大成就，但公务员教育培训仍面临以下挑战：

一是公务员的能力教育培训有待提升。目前部分党政机关开展的教育培训工作主要讲授理论知识，缺少对公务员实践操作能力的培养，培训内容往往重理论轻实践，未能充分体现新时代干部教育培训的特点和需要。接受培训后，公务员仅仅掌握了理论层面的知识，并不能很好地将其与工作实践结合起来应用在具体的工作过程中，使得教育培训的效果大打折扣。陈家刚和周永杰基于 G 省 1 009 名干部的问卷调查发现，能力教育是当前干部教育培训的主要短板，围绕能力教育衍生出来的系列问题影响着干部教育培训的针对性和有效性[①]。

二是公务员教育培训的吸引力有待提高。目前公务员培训主要在上级部门的指导下进行，培训课程内容和时间安排较为固定，使得公务员自身的选择性较少。同时，培训范围主要集中在系统内部，跨部门、跨专业、跨领域

---

① 陈家刚，周永杰．新时代干部教育培训的针对性和有效性分析：基于 G 省 1 009 名干部的问卷调查．岭南学刊，2020（1）．

的沟通交流不多，难以充分激发公务员的学习热情和主观能动性。此外，公务员培训形式主要以课堂讲授为主，对新技术新手段的探索应用还较为初级，培训现代化进程相对缓慢，这也在一定程度上降低了培训的吸引力。

三是公务员教育培训考核评估有待完善。目前公务员培训往往重点强调培训环节，对培训结束后的评估反馈环节重视不足。有的机关单位在培训结束后，仅仅凭借主观判断对培训效果进行衡量，并未获取受训人员的真实评价，也未从长期角度分析受训人员行为、态度的变化和实际工作中的具体应用情况，难以为后续培训的改进提供建设性的参考建议。卢锋以中国井冈山干部学院 5 个培训班次近 300 名学员为样本进行问卷调查发现，20.6%的调查对象“不清楚”单位在干部任职、晋升中是否会参考干部接受教育培训情况，54.4%的调查对象认为“考核与选拔任用脱节”是当前干部教育培训考核存在的主要问题，67.6%的调查对象赞同“干部教育培训考核激励机制建设必须与干部人事管理工作相结合”这一观点[①]。

（三）绩效考核实效性尚需加强

进入新时代以来，党和国家针对公务员考核评价提出了诸多新论断和新举措，促使公务员考核评价更加科学、合理、规范。虽然新时代公务员考核体系在价值导向、制度框架、工作方法等方面取得了重大创新成果，但在具体执行层面仍有部分问题需要进一步健全完善。

一是公务员平时考核工作有待加强。平时考核作为公务员考核工作中的基础性工作，能够了解掌握公务员日常工作表现，为选人用人提供重要

---

① 卢锋．干部教育培训考核评估状况研究：以中国井冈山干部学院为例．中国井冈山干部学院学报，2019（2）．

决策参考依据。然而部分机关单位在执行过程中往往对平时考核不够重视，缺乏具体的平时考核机制和规则，对平时考核相关档案材料疏于管理，使平时考核流于形式，难以充分发挥平时考核的重要作用。福建省人力资源和社会保障厅课题组对 942 名福建公务员开展问卷调查，发现大部分受访公务员提出，当前平时考核的指标设计不科学、操作性不强，特别是结果运用不充分①。

二是公务员考核指标的针对性和差异性有待加强。处于不同地区、不同岗位、不同职务职级的公务员面临着不同的发展任务和岗位工作要求，因此，在考核过程中有必要考虑地域差异和岗位差异。然而目前部分机关单位在开展公务员考核过程中，仍存在"一刀切""上下一般粗"等问题，对不同岗位、不同职务职级的公务员采取同一套考核评价内容和标准，使得考核缺乏针对性和可操作性。

三是公务员考核主体较为单一，群众参与不足。当前我国对地方政府绩效的评估还主要采用目标责任制考核、组织考察和工作检查等方式。这些评估方式的主要特征是政府评议政府，政府既是运动员，又是裁判员，缺乏政府服务对象、人民群众的参与、监督和批评②。在这种情况下，部分公务员容易为了获取理想绩效评价结果而"唯上不唯实"，这使得考核结果失实失真，缺乏客观性和有效性，导致考核的评价、筛选作用未能得到充分发挥。

四是公务员考核结果与其他公务员管理制度仍需有效衔接。公务员绩效考评作为公务员人事管理体系的重要组成部分，是公务员激励、晋升、再培

---

① 福建省人力资源和社会保障厅课题组．公务员平时考核机制的试点分析与改进对策．中国人事科学，2020（2）.

② 吴江，张敏．我国公务员制度的发展历程与改革．中国人事科学，2018（Z1）.

训的重要依据。部分机关单位对于公务员考核结果重视度不够，未能与公务员的绩效、晋升、问责等方面建立有效的衔接和统筹机制，导致考核结果与奖惩措施相脱节，难以发挥考核的导向性作用。此外，配套制度不完善也使得公务员无法从考核结果中获得有效反馈，难以针对暴露出的问题及时改正。

（四）监督管理工作尚存短板

党的十八大以来，以习近平同志为核心的党中央提出全面从严治党，着重强调党坚定不移的反腐败决心。此后，公务员监督政策及举措相继出台，相互融合促进，形成了对公务员队伍强有力的纪检监察，走出了中国特色腐败治理之路，强化并保证了党员队伍的先进性与纯洁性。尽管新时代下公务员队伍的监督管理取得了令人瞩目的成就，但是在一些细节和执行层面仍有提升和改进的空间。

一是部分机关单位在落实“两个责任”方面仍有待加强。全面从严治党作为一项系统工程，需要各级党委落实主体责任，各级纪委落实监督责任。然而部分基层党委领导出于对纪检部门的信任，将监督工作全权交于纪检部门，缺乏自检和监察的主动性；此外，少数基层党委领导怕得罪人，只管事不管人，绕着监督问题走，把问题习惯性地往纪委监委推，导致主体责任履行不到位；还有部分纪检干部超越纪委的监督职责，干涉具体事务性工作，出现越俎代庖等问题。

二是公务员日常监督管理有待提升。部分机关单位虽然对公务员违规违纪问题开展了定期重点巡查，但是对于日常监督的认识不够深刻，未能做到防患于未然。有的机关单位对公务员监督仅侧重于八小时工作圈，对八小时外的生活圈、社交圈等隐蔽领域疏于监管；有的机关单位对公务员日常监督暴露出的问题不够重视，碍于情面不愿意处理，或避重就轻不及时处理，导致小毛病得不到及时纠正，最终酿成大问题。

三是民主监督和网络监督工作有待加强。尽管纪检监察机关能够对公务员队伍进行重点监督和细致排查，但工作精力毕竟有限，需要与其他监督形式进行相互支持和补充。基于事实、客观公正的民主监督与网络监督能够有效帮助公务员队伍履职尽责，勤政为民。然而，部分机关单位在对公务员进行监督管理过程中未能充分重视民主监督和网络监督的作用，对微信、微博、知乎等新媒体监督渠道的认知不够充分，存在鸵鸟心态和抵触心理。

我国公务员队伍在选拔、培训、考核和监管方面尚存在一定的欠缺和短板，2018 年中国人民大学中国地方治理综合调查中的有关数据提供了佐证。调查中询问公众对“政府工作人员能力素质较高”的认同态度，结果见图 11－1。从图中可以看出，仅有约四成的公众认为政府工作人员能力素质较高，其中“完全同意”政府工作人员能力素质很高的公众不到 10%，“比较同意”的占比为 32.65%。约四成的公众认为政府工作人员能力素质一般，并没有做出积极评价。可见，我国公务员队伍的建设仍然不够优化，公务员的能力素质仍然存在一定的不足之处，需要进一步探索和发展。

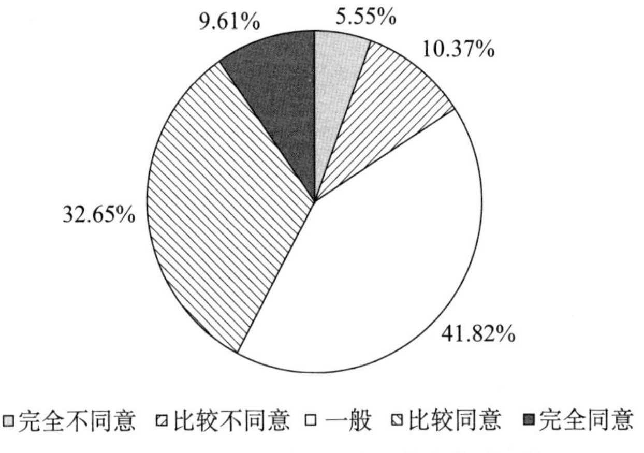

图 11－1　公众对政府工作人员能力素质评价图

三、未来发展

2021年7月1日，习近平总书记在庆祝中国共产党成立100周年大会上发表重要讲话，指出，“新的征程上，我们必须坚持党的全面领导，不断完善党的领导，增强‘四个意识’、坚定‘四个自信’、做到‘两个维护’，牢记‘国之大者’，不断提高党科学执政、民主执政、依法执政水平，充分发挥党总揽全局、协调各方的领导核心作用”①。习近平总书记的重要讲话站在政治和战略高度，统揽全局，纵贯百年，远眺未来，是指引全党干部立足百年新起点，置身百年未有之大变局，接力百年奋斗新征程的重要纲领，也为公务员队伍建设提出了根本要求和重要方向。

新时代开启新征程，新征程要有新作为。党的二十大报告明确强调，全面建设社会主义现代化国家，必须有一支政治过硬、适应新时代要求、具备领导现代化建设能力的干部队伍。建设更有能力的公务员队伍应该从战略和操作两个层面系统规划实施。在战略层面，公务员队伍能力建设包括适应推进国家治理体系和治理能力现代化总体要求，协同有关部门，做好整体规划，明确责任分工，加强统筹保障，合理规划配置公务员队伍，提升新时代公务员治理能力现代化水平。此项任务应该由中央公务员管理部门承担。

在操作层面，建设更有能力的公务员队伍具体包括识别公务员能力素质，科学设计能力建设的核心内容，引入创新的培养方法和技术，系统提升公务员可持续发展能力。此项任务应在中央公务员管理部门领导下，由不同地区、不同系统的公务员管理部门承担。具体而言，新时代下的公务

① 习近平．在庆祝中国共产党成立100周年大会上的讲话．北京：人民出版社，2021：11.

员队伍建设需要着重关注以下几个方面：

（一）强化政治信仰引领

中国特色社会主义进入新时代，必须用坚定的政治信仰切实武装公务员头脑。习近平总书记指出："理想信念就是共产党人精神上的'钙'，没有理想信念，理想信念不坚定，精神上就会'缺钙'，就会得'软骨病'。"[①] 公务员是党各项路线、方针、政策的执行者，是为广大人民群众提供公共服务的制度设计者和实施者。新时代的公务员工作，最鲜明的特征就是坚持和强化党管干部原则，我国公务员队伍建设的前提和根本在于要求全体公务员必须树立远大的共产主义理想，坚定正确的政治方向，确保对党绝对忠诚。

一是强化理论武装。大力提高公务员队伍的马克思主义理论素养，教育引导公务员增强"四个意识"、坚定"四个自信"、做到"两个维护"。二是突出政治标准。坚持把政治能力作为第一位能力，把好政治关、品行关、廉洁关。从严政治素质测查考察，把政治标准贯穿选拔任用、教育培训、管理监督等各个环节，政治品德不过关，就要一票否决。三是加强政治历练。在参与重大政治活动、应对处理各种矛盾挑战、守初心担使命抓落实中，培养斗争精神，提高斗争本领，强化政治担当[②]。

（二）制定总体能力规划

坚持以习近平新时代中国特色社会主义思想为指导，深入贯彻党的二

---

① 习近平．紧紧围绕坚持和发展中国特色社会主义 学习宣传贯彻党的十八大精神．人民日报，2012－11－17．

② 中共中央组织部公务员二局．把提高治理能力作为新时代公务员队伍建设的重大任务．党建研究，2021（4）．

十大精神，从宏观上科学把握新时代党的建设总要求，依据新时代党的组织路线，对公务员队伍建设进行总体设计和规划，推动公务员队伍建设在战略规划指引下健康有序发展。

一是提高公务员管理工作的规划意识，树立公务员管理的战略理念。要认真落实习近平总书记提出的“建设一支忠实贯彻新时代中国特色社会主义思想、符合新时期好干部标准、忠诚干净担当、数量充足、充满活力的高素质专业化年轻干部队伍”[①] 的指示要求，着眼公务员“七种能力”，研究制定公务员队伍建设的中长期规划，明确新时代公务员队伍建设的发展方向。二是要客观分析和研究本地区、本层级机关公务员队伍数量、结构、素质等现状与发展需求，着眼于未来经济社会发展和宏观管理任务要求，遵循中央干部人事制度改革总体部署和国家中长期人才发展规划纲要目标要求，科学编制本单位公务员队伍能力发展规划[②]。三是在战略规划的基础上，进一步细化和规范公务员队伍建设的实施方针和具体举措，完善公务员选拔任用、培养锻炼、考核评价和管理监督的全链条机制。同时设计科学合理的评价指标、评价方法，定期对各部门、各地区的公务员能力建设落实情况和实际效果进行评价，不断改进公务员队伍能力建设的制度设计和管理模式。

（三）实行动态能力管理

不合理的能力评价容易在公务员队伍配置中产生误导，在实施中流于形式，影响“人岗匹配”。十八大以来，党中央明确指出，要改革和完善

---

① 习近平在全国组织工作会议上强调 切实贯彻落实新时代党的组织路线 全党努力把党建设得更加坚强有力．人民日报，2018－07－05.

② 郝玉明．新形势下公务员管理改革面临的重点任务．中国党政干部论坛，2017（4）.

干部能力评价机制，用好评价结果，解决突出问题。为适应新征程中政府治理现代化建设的要求，公务员队伍的能力评价工作可以从以下三个方面进一步完善：

一是健全分类、科学、常态化的公务员能力评价体系，建立系统的能力档案，以此作为公务员绩效评价、人员配置、人才培养的重要依据，同时积极推进公务员能力评价理念、内容、方法等方面的改革创新。二是在公务员考核制度总体框架下，科学合理制定可操作化的能力评价内容和标准。另外，不同行业领域、不同岗位职责、不同环境性质的公务员能力评价指标应有各自的特点，要将通用性指标与特殊性指标整合起来，进一步推进评价工作的量化、客观化与科学化。三是建立动态的公务员能力管理机制，定期根据新出现的治理情境和治理挑战，收集大数据，对公务员能力素质要求进行及时更新，确保新的能力素质要求在已有的能力基础上不断累积更新。

（四）优化选拔配置制度

党的十九届四中全会阐释的我国国家制度和国家治理体系的十三个显著优势之一就是“坚持德才兼备、选贤任能，聚天下英才而用之，培养造就更多更优秀人才的显著优势”。选拔配置工作是公务员队伍建设的基础性环节，优化公务员选拔配置制度，是新时代建设高素质专业化干部队伍的奠基性工作。

一是基于新时代特点和中央最新精神，针对公务员系统“金字塔”型的编制结构，更新各级、各类公务员的岗位需求，以提升公共服务质量为目标，明确各个岗位的优先工作事项。二是在研判公务员队伍数量结构、专业缺口和能力短板的基础上，围绕本地区本部门中心任务、发展重点等细化各级、各类公务员的招录要求。三是确保人员配置的系统性和动态性，注重人才队伍的多样性和领导班子的相互匹配性。通过辨识岗位业务水平、专业能力要求，量化、细化选拔指标，确保选拔标准与岗位要求精确匹配，做到“精准识才”，逐渐优化人员配置的体制框架。四是不断优化选拔流程和方法，严格规范选拔程序，防止“带病提拔”。定期对公务员配置系统进行“审计”，对选拔过程和选拔结果进行质量把控，系统提升公务员选拔、配置的精准度。

（五）完善系统激励机制

激励体系对行政组织健康运行和治理能力持续提升具有长期影响。新修订的《公务员法》在鼓励新担当新作为的同时，继续提出了对公务员的激励保障和监督约束并重、严管与厚爱结合的要求。因此，有必要进一步健全完善公务员长效激励机制，探索多种方法结合的激励方式，并注重不同激励方式间的协调性，以此全面激发各级各类公务员干事创业的积极性、主动性和创造性，形成“组织为干部担当，干部为事业担当”的良性循环。

一是进一步完善公务员工资福利制度。科学合理确定公务员的经济性薪酬待遇水平，并根据经济增长、物价水平和生活成本等建立及时的、定期的增长机制。要加快建立完善公务员工资调查比较机制，为合理确定公务员工资水平提供依据①。二是创新公务员非经济性报酬激励方式。在科学调查和了解公务员激励现状和现实需求基础上，结合公务员分类管理改

---

① 郝玉明．新公务员法基本特征与制度展望：基于公务员法最新修订条款的制度文本分析．新视野，2020（2）．

革，依据不同层级机关和不同部门及类别的公务员实际情况，对非经济性报酬激励方案进行可行性论证，有针对性地、创造性地制定出台精细化的非经济性报酬激励政策。三是建立健全统筹发展机制。确保公务员实际业绩与其选用、流动、培养紧密相关，避免“做贡献是一些人，被提拔或奖励是另外一些人”。四是建立和完善容错纠错机制。把“三个区分开来”贯彻于公务员队伍建设中，准确把握容错纠错的政策界限，保护改革者、鼓励探索者、宽容失误者、纠正偏差者、警醒违纪者，从源头上保护和涵养公务员的干事热情。

（六）推进能力培养开发

习近平总书记在第五批全国干部学习培训教材序言中指出：“善于学习，就是善于进步。党的历史经验和现实发展都告诉我们，没有全党大学习，没有干部大培训，就没有事业大发展。”[①] 加强对公务员能力素质的培养开发，进一步优化能力提升的方法路径，是新时代公务员队伍建设的重要任务。

一是提高教育培训的系统性、有效性。坚持以适应新发展阶段、贯彻新发展理念、构建新发展格局、推动高质量发展为主题，紧紧围绕“十四五”规划提出的重点任务，分行业、分地域、分层级开展专题培训。二是增强实践锻炼的针对性、实效性。深入开展年轻公务员走基层活动，加强年轻公务员在艰苦边远地区、关键岗位、重大任务等方面的历练。三是创新教育培养方法，提升培养效能。针对不同级别的公务员、不同类型的素

① 习近平：第五批全国干部学习培训教材序言．（2019－02－28）［2022－03－12］．http：//www.12371.cn/2019/02/28/ARTI1551341051391875.shtml.

质能力分别设计培训开发方法。将最新的人才开发研究成果，如“元认知”理论融合进课堂培训设计；更充分发挥基层工作经验在人才培养中的作用，针对挑战性强的工作，进行集中、问题导向的培训和研讨，确保公务员不断突破思维定式、寻求治理创新方案。四是强化反馈机制。一方面，及时通过调研和访谈等方式了解受训公务员的学习情况与反馈意见，同时通过相关测试考查其学习效果；另一方面，在培训结束一段时间后，对比公务员受训前后工作态度、行为、能力等方面的变化，衡量培训项目是否达成预期效果，以此为基础对后续培训内容进行改进调整和完善优化。

图书在版编目（CIP）数据

新征程中的政府治理现代化/杨开峰等著. -- 北京：中国人民大学出版社，2022.9

（中国式现代化研究丛书/张东刚，刘伟总主编）

ISBN 978-7-300-30734-3

Ⅰ.①新… Ⅱ.①杨… Ⅲ.①国家行政机关-行政管理-研究-中国 Ⅳ.①D630.1

中国版本图书馆 CIP 数据核字（2022）第 097123 号

中国式现代化研究丛书

张东刚　刘　伟　总主编

新征程中的政府治理现代化

杨开峰 等　著

Xin Zhengcheng zhong de Zhengfu Zhili Xiandaihua

出版发行	中国人民大学出版社		
社　　址	北京中关村大街 31 号	**邮政编码**	100080
电　　话	010－62511242（总编室）		010－62511770（质管部）
	010－82501766（邮购部）		010－62514148（门市部）
	010－62515195（发行公司）		010－62515275（盗版举报）
网　　址	http://www.crup.com.cn		
经　　销	新华书店		
印　　刷	涿州市星河印刷有限公司		
规　　格	165 mm×238 mm　16 开本	**版　　次**	2022 年 9 月第 1 版
印　　张	20.5 插页 2	**印　　次**	2023 年 12 月第 5 次印刷
字　　数	214 000	**定　　价**	68.00 元